U1070720

总第73集

行政执法与行政审判

中华人民共和国最高人民法院
行政审判庭 编

中国法制出版社
CHINA LEGAL PUBLISHING HOUSE

目录

【大法官论坛】

1 跨越公法私法界限，构建行政协议诉讼新格局 黄永维

【理论探索】

6 党和国家机构改革与行政审判若干问题研究 赖峨州

29 论程序违法处理方式不当情境下的行政赔偿困境与出路
——基于合法权益认定的视角 甄树清 张晓鹏

43 “连环型诉讼”与“同类型诉讼”引发“程序空转”的困境与出路
——以中部某省2013—2017年五年数据为样本
蔡超 花卉 赵庆飞

57 举报投诉人行政诉讼原告资格探讨
——兼论行政诉讼原告资格的判断方法 霍振宇

77 论行政规范性文件不予适用与被诉行政行为合法性之间的关系 王留一

98 行政机关负责人出庭应诉制度的实证分析及完善建议
——以《行诉解释》相关规定为基础的构建 陈良刚 周孟伟

117 行政赔偿与行政补偿竞合之诉的司法审查规则研究
——以房屋征收与行政强制拆除行为为视角 冉依依 徐海艳

133 关于查处违法建筑案件司法审查若干问题的思考 陈舜川

145 非诉行政执行若干实务问题研究
——以法院审查和执行为视角 秦绪栋

【案例分析】

159 政府信息公开判决要促进当事人进行平等友善沟通 陈振宇

166 行政机关明显超越职权订立的协议可以宣告无效 于元祝
172 无效行政协议的认定与裁判 林　沛　吴宇龙　刘　斌
180 规范性文件的制定机关职权及内容合法性审查 马媛婧
190 房屋征收评估报告不属于行政复议的受案范围 马小莉

【调查研究】

198 福建省高级人民法院全省法院行政案件司法审查白皮书（2017年） 福建省高级人民法院
213 行政公益诉讼若干问题研究
——以延边地区行政公益诉讼审判工作为视角 李红广
223 关于甘肃省行政案件管辖制度改革后诉讼便利问题的调研报告 冯　江　吕　强　马中林
229 行政案件集中管辖制度下的便民诉讼问题探析 刘大琳

【实务争鸣】

236 论行政诉讼监督功能的实然弱化和应然改进
——以《最高人民法院工作报告》和全国行政诉讼数据为考察样本 陈希国　刘连义
256 高等学校针对博士后出站作出准驳行为不属于行政诉讼受案范围 夏文浩　李广娟
263 兜底条款在资格考试违规行为处理中的具体适用 姚佐莲　陆　华
270 依职权引入专业人员协助法庭调查质证时应遵循正当程序 吴华兵

【司法文件】

276 最高人民法院关于行政机关在履行职责过程中使用其指定经营者免费提供的商品的行为如何定性问题的批复
277 最高人民法院关于当事人因征地批复行为起诉省级人民政府不履行行政复议职责类案件是否属于行政诉讼受案范围问题的答复

大法官论坛

跨越公法私法界限，构建行政协议诉讼新格局

黄永维

2015年《行政诉讼法》的修改，将行政协议纳入行政诉讼的范围。这既给行政审判带来了新的机遇，也为行政审判提出了新的课题。按照工作安排，最高人民法院将制定关于审理行政协议案件的司法解释，为行政审判工作提供新的思路，开创行政协议案件审理的新局面。

一、跨越公法、私法，思考行政审判的新使命

作为法律分类的基本方法，传统的公法与私法的区分，有力地推动了法学的发展。特别是在西方自由资本主义时期，公法、私法的区分成为近代法律体系建立的基本原则，对行政法学的建立与发展发挥了重要作用，促进行政法学形成独立的学科体系。进入20世纪后，国家对社会经济生活的介入越来越强化，政府与市场在资源的分配方面发挥着不同的作用，同时又相互渗透、融合，整个国家逐步发展成为“社会法治国”，更强调“合作国家”的概念。同时，行政管理也出现了从“管制行政”到“协商行政”“引导行政”的转变，政府的管制手段也呈现多样化的趋势，更多地体现“非强制性”“灵活性”和“协商性”的特点。这种政府管制的变化，带来了法律体系的变化。在整个法律体系的建设上，出现了“私法公法化”“公法私法化”以及“混合法”的现象。特别是在行政法学领域，私法的基本原则、理念、方式等逐步渗透到传统的公法领域。

因此，我们在行政审判中，需要摒弃那种固守公法、私法的抽象概念区分与封闭的体系思维，应该积极回应这种法律体系上的变化。目前，行政法学界不再将行政法的研究对象和范围严格限定在典型的公法问题上，而是超越高权行为，适应政府管制措施的变化，关注行政指导、行政计划、政府购买公共服务等非权力支配关系的新领域，而行政协议是新型公共管理的重要领域。

行政机关通过与公民、法人或者其他社会组织签订的行政协议，在行使行政管理职权和履行行政管理职责的过程中实现社会公共利益。行政协议既是行政机关履行职责的行为，需要依法行政，具有公法上的特点，同时又要和行政相对人平等协商、诚信履行，具有私法上的特征。行政协议是现代协商民主和人民主体地位的必然要求，是经济社会快速发展后满足公众社会治理参与权和公共资源分享权的必然结果，同时也是现代"服务行政""给付行政"发展理念的具体体现，说明我们国家的治理方式从以行政处罚为主向协商对话转变。

因此，行政审判面临新的使命，即从过去单纯的维护公民、法人或者其他组织的合法权益，维护社会公共秩序，到现在的加强利益平衡审判理念，倡导实质解决行政争议，完善行政审判的内在结构，更好地处理政府监管与市场竞争的相互关系，促进国家治理方式的重要转型。

二、跨越公法、私法，推动行政改革的新思路

行政协议作为国家治理的一种方式，具有行政处罚、行政强制等干涉行政所不具有的诸多优点。国家治理体系和治理能力，是一个国家制度和制度执行力的集中体现。行政协议体现了协商行政、服务行政的特点，这一新型行政管理方式的利用，可以推动我国国家治理体系和治理能力现代化进程。

推进国家治理体系和治理能力现代化要求加快转变政府职能，优化政府组织结构，创新行政管理方式，增强政府公信力和执行力，建设法治政府和服务型政府。同时要把市场这只"无形的手"和政府"有形的手"有机结合起来，发挥各自优势，做到相辅相成，推动社会主义市场经济更有效率、更加公平、更可持续发展。坚持法治政府与法治市场、法治社会一体推进，用法治思维和法治方式，依照法定权限和法定程序行使职权，履行职责，是建

设法治政府的核心。

第一，利用行政协议的方式实施行政管理，更能获得行政相对人的支持。在传统行政法理论中，国家对社会经济生活并不过多介入，而只是负责建立一种法律秩序，至于社会生活中的细节则采取自由放任的态度，所以政府多是以行政处罚等干涉行政的方式实现监管。但是现代社会的发展导致政府对社会生活的深入介入，行政任务也日益繁杂，在这个背景下，只能出现公私合作，在特定情况下，私人承担政府的部分职能，政府行政管理的方式也从过去的强制和命令到后来的沟通与合作，而公私合作最主要的形式就是行政协议。通过行政协议的方式，政府可以在行政管理过程中获得私人的帮助，在公私合作的基础上迅速实现行政管理目的，同时，在行政处罚等干涉行政的方式无法实现行政管理的目的时，可以通过行政协议的方式解决相关问题。

第二，以行政协议的方式进行行政管理，有助于减少争议与冲突。传统的行政管理方式更看重行政职权的行使，而往往忽视行政相对人的利益诉求，这种管理方式虽然更直接，但是也更容易产生冲突。在公私合作的背景下，可以适应时代变化的需要，将传统的行政法与现代私法相结合，推动行政管理方式的现代化。在订立、履行行政协议的过程中，行政相对人与行政机关有充分的沟通与交流，既能注意维护公民、法人或者其他组织的合法权益，也能充分实现行政机关的行政管理目标，更能兼顾国家和社会公共利益。在现代行政管理中，不仅行政相对人对行政机关存在利益诉求，行政机关也需要行政相对人的积极配合，特别是在城市规划、拆迁、环境、治安、反恐、社会救助等许多领域，都需要政府和民众的有效合作，通过这种公私合作的方式实现行政管理，可以有效减少行政机关与行政相对人的利益冲突，减少行政争议，既避免了官民对抗等社会矛盾，又彰显了行政管理的文明有序，取得了良好的法律效果和社会效果，实现社会秩序的稳定和谐发展。

第三，行政协议的方式能够有效减少行政管理成本，提高行政管理效率。基于公私合作的行政协议，是需要建立行政机关与行政相对人之间的长期合作关系，这种合作关系要求政府机关与私人之间通过发挥各自的资源优势来提供公共服务，共同分担风险与分享收益。利用行政协议来实现行政管理目标，提供公共福利，可以帮助政府大幅度减轻自身的财政预算压力，同时可以充分利用私人部门的运营效率和竞争优势，提高公共部门的生产和技术效率，实现公共利益的最大化，而私人部门则可以从合同管理中减少由于监管机构行使自由裁量权带来的损失，在稳定的法律环境中寻求自我发展的空间，追求自身的利润。

三、跨越公法、私法，构建行政协议的新秩序

行政协议既有一般合同的协商性的特点，具有行政法上权力性的特征，因此，如何有效地平衡二者之间存在的冲突，就成为行政协议案件审理的焦点。

早在 20 世纪初，德国就出现行政协议的雏形，后德国在 20 世纪 30 年代承认了行政协议（公法合同）的合法性，在 1976 年制定《行政程序法》时，正式将行政协议纳入法制化的轨道。该法明确规定了行政机关享有的单方解除、变更协议的行政优益权，同时规定行政协议可以作为行政机关申请强制执行的依据，这些规定对大陆法系国家的行政协议的司法实践产生了广泛影响。

对行政协议案件的审查，既要注重当事人之间合议的基础，即是否符合平等自愿、协商一致的特征，同时也要注意行政机关是否依法行政，即是否存在法定职权、符合正当程序、具有相应职责等。这种审查的目的是规制行政机关的行为，既要避免其依职权强迫缔约，或者恶意履约等，损害公民、法人或者其他组织的合法权益，又要避免其在实施行政行为时可能存在的权力寻租、内部交易、消极腐败等诸多漏洞。基于行政协议具有的行政性和协议性特点，我们需要借鉴法国行政协议诉讼的经验，建立行政审判对行政协议案件的全面管辖原则。这样做的益处有以下几点：

第一，这样可以充分发挥行政审判的职能，通过对行政协议案件的司法审查，通过对行政协议的订立、变更、履行、解除等各个环节进行合法性审查，规范行政机关的行为，可以有效地实现加强监督、减少腐败。

第二，避免民事诉讼与行政诉讼对行政协议案件的相互推诿，避免对行政协议产生的争议属于行政争议还是民事争议的争论，同时避免两种不同的诉讼体系之间存在的冲突，加重当事人的诉累，进而降低行政效率，浪费司法资源，损害行政目的的实现。

第三，可以有效地确保国有资产的保值增值。我国是一个以公有制为主

体的国家，主要自然资源为国家所有，而大量的行政协议都涉及国有自然资源的转让与使用，如果将这些协议理解为民事法律行为，无疑会让国有自然资源的出让逃避司法监督，导致国有资产在合同自由的掩盖下流失。但是通过行政诉讼的监督，既可以对协议的有效性进行审查，也可以对相关行为的合法性进行审查，避免民事诉讼不能审查公法行为的弊端，能够有力地维护国家利益。

第四，通过行政审判，可以更好地规范行政机关的履约行为。我们既要允许行政机关因国家利益或者社会公共利益的缘由行使行政优益权，同时，我们应该严格审查行使行政优益权的行为，要求其在符合法定要件的情况下行使该权力，避免行政权的过度扩张而损害市场经济秩序。

第五，利用行政诉讼对行政协议案件进行审查，可以更好地平衡行政相对人、行政机关之间的利益，同时可以更好地兼顾国家与社会公共利益。首先，我们严格行政协议无效或者撤销的条件，对于宣告行政协议无效，可能导致国家和社会公共利益受到严重损害的，可以要求行政机关采取补救措施，或者不宣告无效，但是确认行政机关违法；其次，对于发生当事人签订协议时无法预见的重大变化，导致当事人履行协议显失公平的，人民法院可以变更行政协议的内容，只有在不能继续履行协议或者无法实现协议目的的情况下，才能解除行政协议；再次，对于行政机关单方变更、解除行政协议的，严格相关适用条件，只有在严重损害国家和社会公共利益的情况下才可以适用，同时要求行政机关的行为符合正当程序的要求；最后，加强违约责任的救济，维护行政相对人的合法权益。

综上，审理相关行政协议案件，既需要坚持维护当事人合法权益的原则，也要坚决维护国家和社会公共利益，既要维护契约自由，保护当事人的意思自治，也要坚持依法行政，加强合法性审查，以充分实现行政协议的目的，实现行政协议促进良法善治的制度价值。

（作者单位：最高人民法院）

理论探索

党和国家机构改革与行政审判若干问题研究

赖峨州

【摘要】本调研报告以党和国家机构改革与行政审判为主题，从机构改革的基本情况、机构改革对行政审判工作的影响、人民法院的应对措施等方面做了调查、分析。报告认为，本轮机构改革是以推进党和国家机构职能优化为着力点展开的，突出表现在机构改革进一步强化了党的领导职能。机构改革将在行政诉讼被告识别、行政主体的法律适用、行政复议的制度运作、司法与行政良性互动、行政审判管理等方面对行政审判工作产生影响。报告就相关具体法律问题和机制建设进行了分析研究，提出了相关意见、建议。

【关键词】机构改革　行政复议　行政诉讼　机制建设

2018年3月21日，中共中央印发了《深化党和国家机构改革方案》，新一轮具有系统性、整体性、重构性的党和国家机构改革正式拉开帷幕，部分党政机构“一体化”的改革趋势将使行政复议、行政诉讼理念得到更新，也带来挑战。在党和国家机构改革大力推进、新司法解释施行的背景下，行政审判不可避免地面临各种新情况、新问题。为及时掌握相关情况，解决我省行政审判面临的实际问题，省法院行政庭课题组积极组织调研，对有关问题进行了总结归纳，并提出一些解决对策，以供参考借鉴。

一、党和国家机构改革的基本情况

党的十九届三中全会审议通过的《中共中央关于深化党和国家机构改革

的决定》和《深化党和国家机构改革方案》指出，深化党和国家机构改革，是以习近平同志为核心的党中央着眼党和国家事业发展全局作出的重大改革部署，是提高党的执政能力和领导水平的重大措施，是实现“两个一百年”奋斗目标、全面建成社会主义现代化强国、实现中华民族伟大复兴的必然要求。因此，本轮党和国家机构改革是以加强党的全面领导为统领，以国家治理体系和治理能力现代化为导向，以推进党和国家机构职能优化协同高效为着力点展开的，突出表现在机构改革进一步强化了党的领导职能，特别强调统一、权威、高效，一件事情由一个部门统一管理，重点解决多头管理的问题，以更好适应经济社会发展需要。

本轮机构改革并不局限于国务院或者行政层面的机构改革和职能优化，而是涉及党、政府、人大、政协、司法、军队、事业单位、群团、社会组织等全方位的机构改革。改革的方式包括：新设，即将一个及以上机构整体职责与多个机构部分职责合并，组建具有整体性治理职能的新机构；合并，即将职能相近的部门合并或合署办公；重组，即把原来跨部门领导的一些业务相近的职能重新组合，统一管理；归口，即理顺关系，将业务相近的部门归口管理。[①] 根据改革方案，组建新设的行政机关包括：自然资源部、生态环境部、农业农村部、文化和旅游部、国家卫生健康委员会、退役军人事务部、应急管理部、国家市场监督管理总局、国家广播电视总局、中央广播电视总台、中国银行保险监督管理委员会、国家国际发展合作署、国家医疗保障局、国家粮食和物资储备局、国家移民管理局、国家林业和草原局；重新组建的行政机关包括：科学技术部、司法部、国家知识产权局；机构或职能并入党的工作机关的包括：国家公务员局、国家宗教局、国家新闻出版署、国家版权局、国家电影局等；归口的包括：国家民委由中央统战部统一领导等。

根据改革方案，中央和国家机关机构改革要在 2018 年年底前落实到位。省级党政机构改革方案要在 2018 年 9 月底前报党中央审批，在 2018 年年底前机构调整基本到位。省以下党政机构改革，由省级党委统一领导，在 2018 年年底前报党中央备案。所有地方机构改革任务在 2019 年 3 月底前基本完成。从国务院网站显示的情况看，多数组建新设的部委已经挂牌成立。5 月

---

① 参见马海燕：“专家解读机构改革方案：合并归类重组改革力度空前”，载中国新闻网，http://www.chinanews.com/gn/2018/03-21/8473157.shtml。

11 日，中央全面深化改革委员会第二次会议审议了《深化党和国家机构改革进展情况报告》，审议通过了《关于地方机构改革有关问题的指导意见》，会议要求地方机构改革要抓紧启动、压茬推进，全面准确贯彻落实党中央关于机构改革的部署要求。省（区、市）党委职能部门和政府组成部门总体上要同中央和国家机关机构对应，在此基础上，各地可以根据本地经济社会特点和工作需要因地制宜设置相关机构。据了解，我省机构改革已经开始的领域集中在税务、工商、质检等领域。国家税务总局福建省税务局已于6 月 15 日挂牌成立，标志着原福建省国税局、原福建省地税局完成合并。此前，省以下工商、质检、食药组建的市场监督管理部门也已改革到位。

根据中央机构改革方案，改革后的党和国家机构调整情况主要如下表所示。

表 1　党和国家机构改革情况一览表

机构	改革后名称	增加职责	减少职责	备注
中纪委（监察部）	中纪委（国家监察委员会）	1. 划入监察部职责； 2. 划入国家预防腐败局职责； 3. 划入查处贪污贿赂、失职渎职以及预防职务犯罪等反腐败相关职责。	国家预防腐败局原为监察部挂牌机构，不再保留。	新设
中央组织部	中央组织部（国家公务员局）	1. 统一管理中央编办； 2. 统一管理公务员工作，并入国家公务员局职责。		机构合并
中央宣传部	中央宣传部（国家新闻出版署、国家版权局、国家电影局）	1. 划入新闻出版管理职能； 2. 划入电影管理职责； 3. 归口管理中央广播电视总台（国务院直属事业单位）。		职能合并 职能归口
中央统战部	中央统战部（国家宗教局、国务院侨务办公室）	1. 统一领导国家民委（国务院组成部门）； 2. 统一管理宗教工作； 3. 统一管理侨务工作。		机构合并
中央网信办		划入管理国家计算机网络和信息安全管理中心职责。		职能合并

续表

机构	改革后名称	增加职责	减少职责	备注
国土资源部	自然资源部（国家海洋局）	1. 划入国土资源部、国家海洋局、国家测绘地理信息局职责； 2. 增加组织编制主题功能规划职责； 3. 增加城乡规划管理职责； 4. 增加水资源调查和确权登记管理职责； 5. 增加草原资源调查和确权登记管理职责； 6. 增加森林、湿地等资源调查和确权登记管理职责； 7. 管理林业和草原局； 8. 增加原武警黄金部队转成的事业单位。	1. 划出监督防止地下水污染职责给生态环境部； 2. 划出农田整治项目职责给农业农村部； 3. 划出地质灾害防治相关职责给应急保障部； 4. 划出所属的自然保护区、风景名胜区、自然遗产、地质公园等管理职责给国家林业和草原局； 5. 划出相关污染防治和生态保护执法职责、队伍，整合入生态环境执法队伍。	新设职能合并
国家海洋局			1. 整体划归自然资源部； 2. 划出海洋环境保护职责给生态环境部； 3. 划出所属的自然保护区、风景名胜区、自然遗产、地质公园等管理职责给国家林业和草原局； 4. 划出海警队伍给武警部队。	
环境保护部	生态环境部（国家核安全局）	1. 划入环保部职责； 2. 增加应对气候变化和减排职责； 3. 增加监督防止地下水污染职责； 4. 增加编制水功能区划、排污口设置管理、流域水环境保护职责；		

续表

机构	改革后名称	增加职责	减少职责	备注
国家海洋局		5. 增加监督指导农业面源污染治理职责； 6. 增加海洋环境保护职责； 7. 增加南水北调工程项目区环境保护职责； 8. 整合环境保护、国土、农业、水利等部门相关污染防治和生态保护执法职责、队伍。		新设
农业部	农业农村部	1. 划入中央农村工作领导小组办公室、农业部职责； 2. 增加农业投资项目、农业综合开发项目、农田整治项目、农田水利建设项目等管理职责； 3. 整合兽医兽药、生猪屠宰、种子、化肥、农药、农机、农产品质量等执法队伍。	1. 划出监督指导农业面源污染治理职责给生态环境部； 2. 划出渔船检验和监督管理职责给交通运输部； 3. 划出草原资源调查和确权登记管理职责给自然资源部； 4. 划出草原防火相关职责给应急保障部； 5. 划出草原监督管理职责给国家林业和草原局； 6. 划出所属的自然保护区、风景名胜区、自然遗产、地质公园等管理职责给国家林业和草原局； 7. 划出相关污染防治和生态保护执法职责、队伍，整合入生态环境执法队伍。	新设

续表

机构	改革后名称	增加职责	减少职责	备注
文化部	文化和旅游部	1. 划入文化部、国家旅游局职责； 2. 划入旅游市场执法职责和队伍、文化市场综合执法队伍，统一行使对文化、文物、出版、广播电视、电影、旅游市场行政执法职责。		新设
卫计委	卫生健康委员会	1. 划入卫计委、国务院深化医药卫生体制改革领导小组办公室职责、老龄委办公室职责，老龄委、老龄协会合署办公； 2. 增加牵头《烟草控制框架公约》履行工作职责； 3. 增加职业安全监督管理职责； 4. 管理国家中医药管理局。	划出新型农村合作医疗职责给医疗保障局。	新设
	退役军人事务部	1. 增加退役军人优抚安置职责； 2. 增加军官转业安置职责； 3. 增加中央军委政治工作部、后勤保障部有关退役军人的职责。		新设
国家安监总局	应急管理部	1. 划入国家安监总局职责； 2. 增加应急办职责、消防管理职责、救灾职责、地质灾害防治职责、水旱灾害防治职责、草原防火职责、森林防火职责、震灾应急救援职责； 3. 整合国家防汛抗旱总指挥部、国家减灾委员会、国务院抗震救灾指挥部、国家森林防火指挥部职责；		新设

续表

机构	改革后名称	增加职责	减少职责	备注
国家安监总局	应急管理部	4. 管理综合性常备应急骨干力量（公安消防转制、武警森林部队转制、安全生产等应急救援队伍）； 5. 管理中国地震局、国家煤矿安全监察局。	划出职业安全健康监督管理职责给卫生健康委。	
	中国地震局		1. 划归应急管理部管理； 2. 划出震灾应急救援职责、国务院抗震救灾指挥部职责给应急管理部。	
工商总局 质检总局 食药监总局	国家市场监督管理总局	1. 划入工商总局、质检总局、食药监总局职责； 2. 划入价格监督检查与反垄断执法职责、经营者集中反垄断执法职责； 3. 管理国家知识产权局、国家药品监督管理局，保留食品安全委员会、反垄断委员会； 4. 划入国家认证认可监督管理委员会、国家标准化管理委员会职责，对外保留牌子； 5. 整合工商、质检、食品、药品、物价、商标、专利等队伍，将商务执法、盐业执法队伍整合划入，承担药品经营销售等行为的执法。	1. 工商总局划出商标管理职责给国家知识产权局； 2. 质检总局划出原产地地理标志管理职责给国家知识产权局； 3. 质检总局划出出入境检验检疫管理职责和队伍给海关总署。	新设

续表

机构	改革后名称	增加职责	减少职责	备注
	国家广播电视总局	划入广播电视管理职责。		新设
	中央广播电视总台	1. 由中央电视台、中央人民广播电台、中国国际广播电台整合组建，三台均撤销建制，对内保留原呼号，对外称“中国之声”； 2. 归口中宣部管理。		新设
	中国银行保险监督管理委员会	整合中国银行业监督管理委员会和中国保险监督管理委员会的职责。		新设
	国家国际发展合作署	1. 划入商务部对外援助工作有关职责； 2. 划入外交部对外援助协调等职责。		新设
	国家医疗保障局	1. 划入城镇职工和城镇居民基本医疗保险、生育保险职责； 2. 划入新型农村合作医疗职责； 3. 划入药品和医疗服务价格管理职责； 4. 划入医疗救助职责。		新设
国家粮食局	国家粮食和物资储备局		划入国家粮食和物资储备局，不再保留。	新设
	国家移民管理局（出入境管理局）	1. 划入公安部出入境管理、边防检查职责； 2. 适当整合原公安边防部队机构、人员。		新设

续表

机构	改革后名称	增加职责	减少职责	备注
国家林业局	国家林业和草原局（国家公园管理局）	1. 划入国家林业局职责； 2. 划入草原监督管理职责； 3. 划入自然保护区、风景名胜区、自然遗产、地质公园等管理职责； 4. 由自然资源部管理。	1. 划出森林湿地资源调查和确权登记管理职责给自然资源部； 2. 划出森林防火相关职责给应急管理部； 3. 划出国家森林防火指挥部职责给应急管理部。	新设
科技部	科技部（外国专家局）	1. 划入国家外国专家局职责； 2. 管理国家自然科学基金委员会。		重组
司法部		1. 增加中央全面依法治国委员会办公室职责； 2. 并入国务院法制办职责。		重组
国家知识产权局		1. 划入商标管理职责； 2. 划入原产地地理标志管理职责； 3. 由国家市场监督管理总局管理。	划出专利执法队伍给市场监督管理执法队伍。	重组
审计署		1. 增加中央审计委员会办公室职责； 2. 增加重大项目稽察职责； 3. 增加中央预算执行情况和其他财政收支情况监督检查职责； 4. 增加国企领导干部经济责任审计职责； 5. 划入国有重点大型企业监事会职责，不再保留监事会。		调整

续表

机构	改革后名称	增加职责	减少职责	备注
工信部			1. 划出国家计算机网络和信息安全管理中心给中央网信办； 2. 划出牵头《烟草控制框架公约》履行工作职责给卫生健康委； 3. 划出盐业执法队伍给市场监管综合执法队伍。	调整
民委			民族工作归口统战部领导。	归口
国家宗教事务局			并入中央统战部。	合并
国务院侨务办公室			并入中央统战部。	合并
公安部		1. 划入中央防范和处理邪教问题领导小组及办公室有关职责； 2. 管理国家移民管理局； 3. 管理原公安边防部队改制后的机构； 4. 仍然管理原公安警卫机构。	1. 划出出入境管理、边防检查职责给国家移民管理局； 2. 划出消防管理职责给应急管理部。	调整
民政部			1. 划出退役军人优抚安置职责给退役军人事务部； 2. 划出老龄委及办公室职责给卫生健康委，老龄协会由卫生健康委代管； 3. 划出救灾职责给应急管理部，划出减灾委员会职责给应急管理部；	调整

续表

机构	改革后名称	增加职责	减少职责	备注
民政部			4. 划出医疗救助职责给国家医疗保障局； 5. 划出所属的国家战略和应急储备物资收储、轮换和日常管理职责给国家粮食和物资储备局。	
财政部		管理全国社会保障基金理事会（不明确行政级别）。	1. 划出农业综合开发项目管理职责给农业农村部； 2. 划出中央预算执行情况和其他财政收支情况监督检查职责给审计署。	调整
人力资源和社会保障部			1. 划出国家公务员局给中央组织部； 2. 划出军官转业安置职责给退役军人事务部； 3. 划出城镇职工和城镇居民基本医疗保险、生育保险职责给国家医疗保障局； 4. 划出管理国家外国专家局职责。	调整
住房和城乡建设部			1. 划出城乡规划职责给自然资源部； 2. 划出所属的自然保护区、风景名胜区、自然遗产、地质公园等管理职责给国家林业和草原局。	调整

续表

机构	改革后名称	增加职责	减少职责	备注
交通运输部		1. 增加渔船检验和监督管理职责； 2. 整合路政、运政等交通运输执法职责、队伍。		
水利部		1. 划入国务院三峡工程建设委员会及办公室职责； 2. 划入国务院南水北调工程建设委员会及办公室职责。	1. 划出水资源调查和确权登记管理职责给自然资源部； 2. 划出编制水功能区划、排污口设置管理、流域水环境保护职责给生态环境部； 3. 划出农田水利建设项目管理职责给农业农村部； 4. 划出水旱灾害防治相关职责给应急管理部； 5. 划出防汛抗旱总指挥部给应急管理部； 6. 划出所属的自然保护区、风景名胜区、自然遗产、地质公园等管理职责给国家林业和草原局； 7. 划出相关污染防治和生态保护执法职责、队伍，整合入生态环境执法队伍。	调整
国务院南水北调工程建设委员会办公室			1. 划出南水北调工程项目区环境保护职责给生态环境部； 2. 划归水利部。	调整

续表

机构	改革后名称	增加职责	减少职责	备注
商务部			1. 划出经营者集中反垄断执法职责给市场监督管理总局，商务执法队伍也可整合入市场监管综合执法队伍； 2. 划出国务院反垄断委员会办公室（反垄断局）职责给市场监督管理总局； 3. 划出对外援助工作有关职责给国家国际发展合作署； 4. 划出所属的国家战略和应急储备物资收储、轮换和日常管理职责给国家粮食和物资储备局。	调整
中国人民银行		拟订银行业、保险业重要法律法规草案和审慎监管基本制度。		
国有资产监督管理委员会		增加管理中国安能建设总公司职能（原武警水电部队）。	1. 划出国有企业领导干部经济责任审计职责给审计署； 2. 划出国有重点大型企业监事会（国务院派出单位，原归国资委管辖）职责给审计署。	调整
海关总署		划入出入境检验检疫管理职责和队伍。		合并
国家税务总局		省级和省级以下国税地税机构合并，承担各类税收、非税收入征管等职责，实行税务总局为主、省级政府双重领导管理机制。		合并

续表

机构	改革后名称	增加职责	减少职责	备注
国家新闻出版广电总局			1. 划出广播电视管理职责给国家广播电视总局； 2. 划出新闻出版管理职责、电影管理职责给中宣部； 3. 不再保留。	调整合并
国务院法制办			划入司法部，不再保留。	合并
国家旅游局			划入文化和旅游部，不再保留。	合并
公安边防部队			划归公安机关，转为人民警察编制。	转编
公安消防部队			划入应急管理部。	合并
公安警卫部队			由同级公安机关管理，转为人民警察编制。	转编
海警队伍			转隶武警部队。	转隶
武警黄金部队			1. 转为财政补助事业编制，转为非现役专业队伍后并入自然资源部； 2. 部分企业职能转中国黄金总公司。	转编合并
武警森林部队			转为行政编制，转为非现役专业队伍后并入应急管理部。	转编合并
武警水电部队		组建为中国安能建设总公司。	转为非现役专业队伍，归国资委管理。	转编归口
武警海关执勤兵力			归建武警部队。	归口

二、党和国家机构改革对行政审判工作的影响

行政审判以行政行为作为审理对象，行政行为不仅包括行政机关作出的行政行为，也包括法律、法规、规章授权的组织作出的行政行为。在机构改革的背景下，不论是国务院内部行政机构合并、调整，还是跨国务院的党政机构合并、归口，只要改革后的机构基于法律的授权实施相关行为，所产生的争议都可能引发行政诉讼。同时，机构改革还将引起围绕行政审判的外围制度的变化，包括行政复议制度、司法与行政良性互动机制、法院司法审判管理制度等。机构改革对行政审判的影响，主要表现在以下几个方面。

第一，机构改革后的行政主体认定问题。突出表现在大量行政机构与党的机构合并或归口管理，在党政机构职能界限模糊的情况下，应如何正确识别行政主体的资格。

第二，机构改革过程中的法律适用问题。主要表现为在相关部门法律法规被制定、修改、调整到位前，应如何根据行政诉讼法及司法解释的规定以及《全国人民代表大会常务委员会关于国务院机构改革涉及法律规定的行政机关职责调整问题的决定》（2018 年 4 月 28 日）、《国务院关于国务院机构改革涉及行政法规规定的行政机关职责调整问题的决定》（2018 年 5 月 24 日），妥善解决好行政机关适用法律的合法性评判问题。

第三，机构改革所引发的行政复议协调问题。主要体现为政府法制办、司法行政部门的职责整合后，司法行政部门作为行政复议应诉机构履职与现有行政复议法、行政诉讼法的协调问题。同时，有关行政机关并入党的工作机关后，对于其作出的行政行为如何确定复议机关，目前亦无明确的法律规定。

第四，机构改革对司法与行政良性互动的影响问题。主要体现为机构改革后行政主体更加丰富，使得互动的对象、层级、范围、内容以及方式需要作出相应的调整，需要在原有的良性互动平台基础上，打造全新的、更高层次的良性互动平台。

第五，机构改革对行政审判管理的影响问题。主要体现为机构改革后需要重新确定行政案件的案由，新类型案件可能增加，涉及党的工作机关的行政案件、行政公益诉讼案件应如何归口统计等问题。

三、相关问题的分析与应对

（一）机构改革与行政主体的识别

机构改革反映到行政审判，首要的是行政诉讼被告主体资格的取得、继受和变更问题。根据《深化党和国家机构改革方案》的规定，国务院机构改革主要涉及两种情形：一是国务院内部机构改革，即原来国务院的职能部门在改革之后，职能仍归属于国务院系统，只是在各组成部门或直属机构之间进行了调整；二是跨国务院机构改革，主要是原属国务院部门的职能，改革后不再归属国务院系统，而属于其他系统。前者引发的问题相对单一，根据现有的行政诉讼法及其司法解释和中央两个决定的规定，可以得到较好处理；后者涉及的法律问题则相对复杂，需要区分情形处理。具体分析如下。

1. 国务院内部机构改革涉及的行政主体识别问题

国务院内部机构改革，主要涉及组建新设和职能优化。组建新设，是指在整合原来分散于不同部门职能的基础上，设立一个全新的部门。职能优化，则是本部门名称不变，整合其他部门部分或全部的职责。对于改革后的行政机关职责承担，《全国人民代表大会常务委员会关于国务院机构改革涉及法律规定的行政机关职责调整问题的决定》规定："现行法律规定的行政机关职责和工作，《国务院机构改革方案》确定由组建后的行政机关或者划入职责的行政机关承担的，在有关法律规定尚未修改之前，调整适用有关法律规定，由组建后的行政机关或者划入职责的行政机关承担；相关职责尚未调整到位之前，由原承担该职责和工作的行政机关继续承担。"《国务院关于国务院机构改革涉及行政法规规定的行政机关职责调整问题的决定》规定："现行行政法规规定的行政机关职责和工作，《国务院机构改革方案》确定由组建后的行政机关或者划入职责的行政机关承担的，在有关行政法规规定尚未修改或者废止前，调整适用有关行政法规规定，由组建后的行政机关或者划入职责的行政机关承担；相关职责尚未调整到位之前，由原承担该职责和工作的行政机关继续承担。"据此，不论是组建新设还是职能优化，只要是《国务院机构改革方案》确定的由组建后的行政机关或者划入职责的行政机关承担的行政职能，即使法律、法规未修改，根据全国人大常委会和国务院的决定，组建后的行政机关或者划入职责的行政机关取得行使原法律、法规规定职责的行政主体资格。例如，在国务院机构改革方案中，原国家林业局的森林、湿地等资源调查和确权登记管理职责已经整合到新组建的自然资源部中，在相关法律被修改前，自相关自然资源管理部门成立始，应承认自然资源行政管理部门依法具有相关确权、登记的行政管理职能，发生争议时，依法应以其作为被告。

值得注意的是，在组建新设改革中，一些部门被并入新的组建部门后，仍保留原来的牌子。比如，国家海洋局并入自然资源部后，自然资源部仍对外保留国家海洋局牌子。对此，我们认为，由于国家海洋局牌子得到保留，在并入自然资源部后，仍可以作为行政主体依法行使相关法定职权。

2. 跨国务院机构改革涉及的行政主体识别问题

对于跨国务院的机构改革，主要涉及党政机构之间的合并。如根据《深化党和国家机构改革方案》，国家公务员局并入中央组织部，国家新闻出版广电总局的电影管理职责划入中央宣传部，国家宗教事务局并入中央统战部，这些部门划入党的工作机关后，其在国务院系统内部不再保留。对于行政主体资格的识别，我们认为应当以该部门并入党的工作机关后是否继续保留原行政机关牌子作为识别其是否仍具有行政主体资格的基本依据。根据方案规定，前述国家公务员局、国家宗教事务局在并入中央组织部、中央统战部后，其牌子仍得以保留，而中央宣传部则对外加挂国家电影局牌子，因此，其依法行使相关行政职权，仍应以自己的名义作出相关行为，而不宜直接以党的工作机关的名义对外行使行政权。在有的情况下，如果党的工作机关以自己名义行使并入的行政职权，是否可以将其视为法律法规授权的组织，纳入到行政诉讼之中，确认其被告资格，则需要中央出台相关规定或者最高法院作出司法解释。据了解，我省平潭综合实验区在推行改革的过程中，存在较多党政合并的现象，司法实践中，已经有将党的工作机关列为行政诉讼被告的案例。

我们注意到，跨国务院机构改革还存在一种情形，就是仅仅改变国务院部门的归口管理部门，但仍作为国务院组成部门。例如，改革后国家民族事务委员会归口中央统战部领导，但仍作为国务院组成部门。这种改革由于不涉及职能和机构属性的变动，因此，对行政主体的定性并不产生影响。至于原监察部、国家预防腐败局整合组建国家监察委员会，同中央纪律检查委员会合署办公的问题，我们认为，改革后的国家监察委将依据《监察法》行使宪法和法律赋予的监察权，是行使国家监察职能的专职机关，不是行政机关，不能成为行政诉讼被告。

综上，关于跨国务院机构改革行政主体的识别，应主要考虑三个因素：(1) 是否改变行政机构的归口管理；(2) 是否改变行政机构的隶属；(3) 是否改变行政机构的职能。具体认定如下：第一，对于仅改变归口管理的，一般不影响其作为行政主体的定性，如国家民族事务委员会。第二，对于既改变归口管理，又改变机构隶属并入党内机构的，如国家公务员局、国家宗教事务局，由于其牌子得到保留，行政职能并未发生改变，仍有权以自己名义对外作出行政行为，并承担责任。第三，在第二种情形下，如果党的工作机关以自己名义行使并入的行政职权，在相关法律、司法解释明确之前，如何处理存在不同观点。一种观点认为，宜将其直接作为法律法规授权的机构列为被告，参与到行政诉讼中。另一种观点则认为，由于党的工作机关以自己名义行使的行政职权本质上源于被并入的原行政机关，因此仍应当以被并入的对外保留牌子的机关作为被告。第四，对于机构改革后，机构性质、职能已发生改变的，因不具有行政职能，不能再视其为行政机构，不具有行政主体资格。

3. 其他情形

除上述两种情形外，还存在一类特殊的机构改革，主要涉及公安消防、边防、警卫部队的改制。我们认为，上述机构改革前依法承担的行政职能，根据全国人大常委会决定的精神，改革后可由划入职责的行政机关承担；而其原有的其他职能，是否能作为行政职能并由划入职责的行政机关继受，则有待法律的修改和明确。

（二）机构改革过程中的法律适用

关于机构改革过程中，涉改革机构适用法律的合法性评判问题主要有以下四个方面。

一是关于法律适用的时点问题。根据全国人大常委会和国务院的决定，现行法律、法规规定的行政机关职责和工作，《国务院机构改革方案》确定由组建后的行政机关或者划入职责的行政机关承担的，在有关法律、法规规定修改之前，调整适用有关法律、法规规定，由组建后的行政机关或者划入职责的行政机关承担，相关职责调整到位之前，由原承担该职责和工作的行政机关继续承担。因此，“相关职责是否调整到位”是判断新机构是否开始依法履职的标准，对此，我们认为主要应以是否具有“三定”方案作具体认定。[①]

二是关于部门规章、规范性文件的适用问题。除了法律、法规，实践中大量的行政行为是依据部门规章、规范性文件作出的。在本次机构改革中，职责转移和部门撤并将导致承担原职责的部门所颁布的规章和规范性文件发生实施主体的变化。在对相关规章和规范性文件进行系统修改和清理前，需要从法律上明确实施主体。[②] 根据国务院决定的规定，在修改、废止相关部门规章和规范性文件前，由承接该项工作的机关作为相关规章和规范性文件的实施主体。如此，就可能出现新组建或职责调整后的部门，执行其他原国家部委制定的规章的情形。例如，住房和城乡建设部的城乡规划管理职责划入自然资源部后，住房和城乡建设部所颁布的城乡规划管理方面的部门规章和规范性文件就将由自然资源部作为主体统一实施。

三是地方机构改革的法律适用问题。根据全国人大常委会和国务院的决定，地方各级行政机关承担法律、行政法规规定的职责和工作需要进行调整的，按照国务院改革调整原则执行。例如，《国务院机构改革方案》规定，将国土资源部的地质灾害防治职责转入应急管理部行使。根据这一要求，国务院《地质灾害防治条例》中所规定的县级以上地方人民政府国土资源主管部门的地质灾害防治责任也需要相应调整由县级以上地方人民政府负责应急管理的部门承担。需要注意的是，根据《深化党和国家机构改革方案》的要求，“市县要加大党政机关合并设立或合署办公力度”，这表明层级越往下，改革力度会越大，机构整合力度越强，基层管理机构适用不同上级管理机构规章、规范性文件的现象会越普遍。

四是《行政诉讼法》、新司法解释相关规定的调整适用问题。《行政诉讼法》第二十六条第六款规定：“行政机关被撤销或者职权变更的，继续行使其职权的行政机关是被告。”《行诉解释》第二十三条规定：“行政机关被撤销或者职权变更，没有继续行使其职权的行政机关的，以其所属的人民政府

---

① 所谓“三定”一般主要是指主要职责、内设机构和人员编制等内容。

② 魏哲哲：“为机构改革提供坚强法治保障——访中国政法大学副校长马怀德”，载《人民日报》2018 年 6 月 8 日，第 11 版。

为被告；实行垂直领导的，以垂直领导的上一级行政机关为被告。”上述规定是处理机构改革过程中行政诉讼被告识别问题的基本法律指引，但其适用范围应仅限于国务院内部机构改革，对于党政机构合并后形成的特殊情形，则应调整适用。党政机构合并后形成的特殊情形是，原行政机关并入党的工作机关后一般不再具有行政机关资格，但在保留牌子的情况下，仍可以对外行使行政职权，具有行政主体资格。因此，原行政机关并入党的工作机关后，虽然属于《行诉解释》第二十三条规定的“行政机关被撤销或者职权变更，没有继续行使其职权的行政机关”的情形，却不能根据《行诉解释》第二十三的规定确定其原属的人民政府为被告，而应当根据《行政诉讼法》第二条的规定，以并入党的工作机关后保留牌子并继续行使行政职权的机构为被告。①

（三）机构改革过程中的行政复议问题

机构改革的职责调整将引起上下级机关之间领导关系的变化，在行政复议工作中，由谁承担复议职责将影响行政诉讼被告的确定等一系列问题。根据全国人大常委会和国务院的决定，只要上级行政机关职责已经调整到位，即便下级行政机关职责尚未完全调整到位，也应当由改革方案确定的承担职责的上级机关履行管理监督指导职责。因此，复议职责原则上应由职责调整到位的机构行使。例如，按照《党和国家机构改革方案》的规定，国家安全生产监督管理总局的职业安全健康监督管理职责整合到国家卫生健康委员会。在改革到位之前，公民、法人或其他组织对下级安全生产监督部门的职业安全健康管理行政行为不服的，就应当向上级人民政府卫生健康委员会提出复议申请。

较有争议的是，国务院法制办和司法部合并后引发的行政裁决问题。根据现行行政复议法的规定，对国务院部门或者省级人民政府的具体行政行为不服的，向作出该具体行政行为的国务院部门或者省级人民政府申请行政复议。对行政复议决定不服的，可以向法院提起行政诉讼，也可以向国务院申请裁决。根据改革方案，重组后的司法部将承接原国务院法制办的行政裁决

① 《行政诉讼法》第二条规定：“公民、法人或者其他组织认为行政机关和行政机关工作人员的行政行为侵犯其合法权益，有权依照本法向人民法院提起诉讼。前款所称行政行为，包括法律、法规、规章授权的组织作出的行政行为。”

职能。由此，针对司法部自身的行政行为经复议后申请国务院裁决的，也将由司法部继续受理，其裁决的中立性受到质疑。地方司法行政部门重组后，也同样面临类似的问题，即司法厅（局）将受理针对其自身的行政复议申请。有意见提出，在相关法律、法规调整到位前，针对司法厅（局）自身行政行为提起的复议，原则上应由上级司法行政部门受理，而不再由同级司法行政部门受理。同时，在现有体制下，司法行政部门作为同级人民政府的复议机构，处理针对同级政府组成部门的行政复议申请，其处理争议的权威性和有效性也受到质疑，未来针对复议决定不服的行政诉讼是否大量增加，还有待观察。

此外，对与党的工作机关合并但保留牌子的机构依法作出的行政行为如何提起行政复议，也需要作进一步分析。由于改革后合并到党委并保留牌子的机关已不再受同级人民政府管理，因而不能再以同级人民政府作为复议机关申请复议，根据行政复议法精神，宜以其改革后的上级管理机关作为复议机关。

（四）机构改革对司法与行政良性互动的影响

机构改革对司法与行政良性互动的影响主要体现在以下几方面：

1. 良性互动范围和层级需要扩大。党和国家机构改革的结果是产生了一批新的机构，一些行政机关职能得以调整，一些行政机关被合并且不再保留，一些党的工作机关获得了行使行政权的资格。因此，需要对照改革后的行政机关和行使行政权的党的工作机关进行全面梳理，尤其需要关注新设的行政机关和并入行政职能的党的工作机关，做好对接，将其纳入司法与行政良性互动范围。同时，由于行政权已经从行政机关延展到部分的党的工作机关，良性互动的层级也需要从原来的政府和法院的层级提升至党委、政府和法院的层级。考虑到行政公益诉讼将是今后检察机关的主要业务之一，还有必要将检察院列入良性互动的范围。在机构改革后，将可能形成党的工作机关－行政机关－人民法院－人民检察院四方多头互动的格局，有必要在原有的基础上将良性互动机制提升至党委、政府、法院、检察院的层级，打造一个新的、更高的平台，更加有效地促进依法行政、法治政府建设和公正司法，提升司法公信。

2. 良性互动的理念需要升华。机构改革后将形成的多主体良性互动的格局，虽然拓展了互动范围，但由于主体增多，有可能导致意见无法集中统一、互动的形式重于内容等问题。因此，需要积极推动由党委领导下的良性互动机制，充分运用好党委总揽全局的优势和特点，依托党委领导和各方支持配合，尽量将良性互动的成果以党委的名义固定化，使之更具有权威性和执行力。

3. 良性互动的模式和内容要更有针对性。在多头互动的机制下，针对不同的互动主体要区分互动模式和内容。（1）和党的工作机关互动重在调研，加大业务培训和负责人出庭应诉的指导。建议通过开展专题总结调研，尤其是分类型、分专题的深入调研，及时掌握总结分析机构改革后党的工作机关在行政执法、行政诉讼中存在的突出问题，有针对性地提出建议。通过对党的工作机关的行政审判专项白皮书和司法建议及时向党的工作机关提出建议，促使其提升依法行政的水平和能力。同时要积极参与有关党的工作机关的规范性文件的起草、调研、论证等工作，提供专业意见，避免党政不分、以党代政现象发生。通过有针对性地开展相关机构负责人应诉能力的专项培训，避免负责人出庭问题成为整个出庭应诉工作的短板。（2）和行政机关的互动重在深化、强化预防和实质性化解行政争议的机制建设。一要进一步深化行政首长出庭应诉制度。实践中，行政机关负责人出庭应诉的仍然不多，有必要在良性互动机制中明确规定行政首长出庭的具体要求。二要进一步完善司法建议工作。司法建议不仅对个案有化解矛盾、解决争议的作用，对解决行政行为普遍存在的各种问题也有积极作用。在良性互动机制建设中，要明确规定对人民法院提出司法建议和行政机关处理司法建议的具体要求。三要完善行政争议化解协调机制，构建诉调对接机制和大调解机制，进一步健全约谈制度，最大限度地在判前化解行政争议。（3）和检察机关互动重在协调、统一起诉和审理的裁判尺度。在检察机关的反贪职能划归监察委后，通过提起公益诉讼的方式开展检察监督，将成为检察业务新的增长点。在行政诉讼法和相关司法解释的框架下，省高院和省检察院有必要就工作中的更具体的问题展开协调，规范我省行政公益诉讼案件的审理。在行政公益诉讼案件累积到一定量的时候，应适时进行梳理，展开专项研究，通过公益诉讼白皮书向社会通报人民法院审理公益诉讼案件的成果。

（五）机构改革对行政审判管理的影响

随着机构改革的最终确立，将影响行政诉讼案件的总体结构。尤其要关注新成立的机构可能引发的新类型的行政案件，如退役军人事务部、应急管理部、国家医疗保障局等新成立的部门，都将有可能成为机构改革后行政案件较为集中的领域。其中，退役军人事务部的成立，凸显了涉军管理行为的行政性质，这和人民法院之前将涉军行政争议排除在受案范围之外的做法可能产生冲突。机构改革后，对退役军人事务部的行政争议是否仍然延续这一做法，需要进一步研究。

从法院统计和管理的角度看，需要做好以下几点：（1）要对行使行政职权的行政机关、党的工作机关作全面梳理，根据改革后的机关结构重新调整确定行政诉讼的案由，相应增加退役军人管理、应急管理等行政职能案由。（2）重点关注合并后的党的工作机关的行政案件，在司法统计和管理上应当单列，以有利于今后对这一类案件进行专项分析，提出建议对策。（3）对行政协议案件和检察机关提起的行政公益诉讼案件，需要重新设计单独的统计模块，突出案件特点，丰富统计内容和项目。（4）全新的党和国家机构需要有相应的行政审判队伍与之相适应。当前，我省行政审判队伍的主要问题是绝对数量少、案人比高、流动性强、专业性不足、非集中管辖法院行政审判队伍严重弱化，要加强行政审判队伍建设，建立与行政案件相适配的行政审判法官队伍，加大教育培训力度，培养高层次专门行政审判人才，并保持行政审判队伍的相对稳定。

（作者单位：福建省高级人民法院）

论程序违法处理方式不当情境下的行政赔偿困境与出路

——基于合法权益认定的视角

甄树清　张晓鹏

【摘要】我国行政赔偿制度确立了违法归责原则和合法权益标准，行政相对人只有在其合法权益受到违法行政行为侵害时才能获得行政赔偿。因此，当行政行为因违反法定程序被确认违法时，对合法权益的认定便成为行政相对人能否获得行政赔偿的关键。通常情况下，行政相对人提起行政赔偿诉讼之前，行政复议机关或者人民法院对行政行为合法性已经进行全面审查并作出认定，特别是对行政行为认定的事实予以审查认定，此时，行政相对人的权益是否属于合法权益已经不言自明。比如在违法建筑拆除案件中，行政机关认定建筑的违法性会受到行政复议机关或者人民法院的合法性审查，受生效文书既判力的约束，在后续的行政赔偿中，行政相对人权益的合法性便根据生效文书直接认定，一般没有争议。但是，当行政复议机关或人民法院未履行合法性的全面审查义务，对行政行为认定的事实未予审查认定，仅以违反法定程序为由撤销原行政行为或确认其违法时，行政行为认定的事实仍处于真伪不明状态。但是，受生效文书既判力的约束，在后续的行政赔偿案件中，行政审判法官对合法权益的认定将处在生效文书效力拘束与实现实体正义的两难境地之间，导致行政赔偿案件审理陷入困境。这在违法建筑拆除案件中非常典型和突出，严重困扰着行政审判法官。笔者试图通过对一起违法建筑拆除案件进行分析，为司法实践提供一条有益的思路。

【关键词】程序违法　合法权益　非法利益　举证责任

行政赔偿制度是指国家行政机关和行政机关工作人员在行使职权过程中

对公民、法人或者其他组织的合法权益造成损害，由国家向受损人承担赔偿责任的制度。[①] 行政赔偿制度作为国家赔偿制度的一部分，对于限制政府公权力、保护公民合法权益，平衡公权和私权，建设法治政府和法治社会发挥着重要作用。我国行政赔偿制度确立了违法归责原则和合法权益标准，当一个行政行为的程序违法性被有权机关依法确认后，行政相对人便可以通过提起行政赔偿请求，使其受损的合法权益获得司法救济。但是，当有权机关对程序违法的行政行为处理方式不当时，如应当撤销行政行为却选择确认行政行为违法，往往导致行政相对人的合法权益在后续的行政赔偿案件中难以得到依法认定，致使行政赔偿案件的审理陷入困境。这在违法建筑拆除案件中非常典型和突出，严重困扰着行政审判法官。笔者试图通过对一起违法建筑拆除案件进行分析，为司法实践提供一条有益的思路。

某区政府经比对卫星影像图，发现农户郭某某在自己承包的耕地上建设了蔬菜大棚、养猪棚及部分永久性建筑物。于是，某区政府向郭某某下达了《行政强制执行决定书》，认定郭某某违反了《中华人民共和国土地管理法》的规定擅自进行违法建设，限郭某某在指定日期前对非法建筑物自行拆除，否则将组织相关部门对违法建筑予以强制拆除。因郭某某未在规定时间内自行拆除，某区政府组织相关人员强行拆除了郭某某建造的建筑物。郭某某不服，向某市政府提起行政复议申请，要求确认《行政强制执行决定书》违法并予以撤销。某市政府审查后认为：第一，行政强制执行是对不履行行政决定的公民、法人或者其他组织，依法强制履行义务的行为。某区政府在作出《行政强制执行决定书》之前，没有行政机关对郭某某的建设行为作出过认定为违法建设的行政决定，该行政强制执行决定缺乏执行依据。第二，在强制执行前，应当催告郭某某履行义务。第三，某区政府没有在《行政强制执行决定书》中明确陈述强制执行的法律依据。因此，某区政府作出的《行政强制执行决定书》违反法定程序，故某市政府依法确认《行政强制执行决定书》违法。郭某某在行政复议决定生效后，向某区政府申请行政赔偿，某区政府不予赔偿，后郭某某依法向人民法院提起行政赔偿诉讼。

针对郭某某的行政赔偿请求能否得到法院的支持，主要存在三种不同的认识。第一种观点认为不应当赔偿。主要理由是行政行为被确认程序违法只

---

① 董晓文："浅论行政赔偿制度"，载《法制与社会》2014 年第 33 期。

是否定了行政行为的合法性，行政行为的效力仍然存在，行政行为认定郭某某的建筑为违法建筑的事实并未被行政复议决定否定，因违法建筑属于非法利益，故不应当赔偿。第二种观点虽然也赞成不应当赔偿，但是理由不同。该种观点认为虽然行政行为被行政复议机关确认程序违法，但是行政复议机关对行政行为认定违法建筑的事实是否正确并未予以审查，导致事实不明。在郭某某不能举证证明其主张的权益是合法权益时，法院应驳回郭某某的诉讼请求。第三种观点认为应予赔偿。理由是按照《中华人民共和国国家赔偿法》（以下简称《国家赔偿法》）的规定，行政行为被确认违法后，行政相对人有获得行政赔偿的权利。在行政机关不能举证证明郭某某的建筑属于违法建筑时，行政机关应当承担赔偿责任。笔者认为，本案出现不同观点主要源于对下列问题的认识不同：（1）行政赔偿中合法权益如何认定；（2）程序违法处理不当对合法权益认定的影响；（3）行政赔偿案件中合法权益的举证责任应由谁承担。要妥善解决本案，需要对上述三个问题予以明确。

一、行政赔偿中合法权益的认定

（一）程序违法与行政赔偿的逻辑关系

《国家赔偿法》第二条第一款规定，国家机关和国家机关工作人员行使职权，有该法规定的侵犯公民、法人和其他组织合法权益的情形，造成损害的，受害人有依照该法取得国家赔偿的权利。《国家赔偿法》第三条、第四条规定的侵犯公民、法人和其他组织合法权益适用行政赔偿的行政行为，均是违法行政行为。从上述规定可以看出，行政相对人要获得行政赔偿，至少需要满足行政行为违法与合法权益受到损害两个条件。行政行为的程序违法属于行政行为违法的一种表现形式，在行政赔偿司法实践中，人民法院认定行政行为程序违法有两种主要途径：一是以《中华人民共和国行政复议法》（以下简称《行政复议法》）第二十八条第一款第（三）项和《中华人民共和国行政诉讼法》（以下简称《行政诉讼法》）第七十条规定作为判断行政行为程序违法性的标准；二是根据生效文书直接认定行政行为程序违法性。[①]但是，行政行为程序违法性被确认，并不能直接产生行政赔偿责任。因为行

① 实践中行政机关有时会自认其行政行为违法，作出撤销或变更的决定，但是仍然要受人民法院的合法性审查，此时人民法院对程序违法性的确认实际上属于第一种情况，故在此并未将其单独罗列。

政行为程序违法既可能侵害行政相对人的合法权益，还可能侵害行政相对人不受法律保护的非法利益，因此，行政行为程序违法仅仅是获得行政赔偿的必要条件而不是充分条件。能否获得行政赔偿，关键在于程序违法的行政行为是否侵害了行政相对人的合法权益。如果程序违法的行政行为未造成行政相对人的合法权益损失，或者侵害的是行政相对人的非法利益，则不发生行政赔偿责任。

（二）行政赔偿中合法权益要件的认定

1. 合法权益与非法权益的界定

合法权益，顾名思义，就是符合法律规定的权利和利益。行政赔偿的实质在于使行政相对人的损失得到弥补，既然是一种弥补，赔偿的基本要素就是得到赔偿的主体的损失要有合法性，适宜或者值得法律予以承认和保护。因此，对合法权益的界定是实现行政赔偿的重要前提。对于行政赔偿中合法权益包含的权益范围，学界存在不同的认识。例如有观点认为，由于“重实体、轻程序”传统观念长期泛行，凡涉及权利与义务，人们一般都认为指的是实体上的权利与义务。在《国家赔偿法》上，通常亦认为只有针对实体权利造成损害的，国家才应承担赔偿责任。① 也有观点认为，有权利必有救济是法律界的共识，程序违法意味着当事人程序性权利受到损害，为弘扬程序性权利的独立价值，可拓展纳入应予赔偿的非财产利益损失范围，但以重要程序性权利被侵犯为限。② 笔者认为，根据《国家赔偿法》第三条、第四条的规定，行政赔偿中的合法权益是指受到法律承认和保护的人身权益和财产权益。因此，只有法律承认和保护的人身权益和财产权益受到侵害，才发生行政赔偿。正如有学者指出，涉及损害的特定性特征的还有一个受损害利益的保护性问题。受损害利益的受保护性是指，只有当受损害的利益是受法律保护的情况下，国家才承担赔偿责任，对违法利益的侵害不发生损害赔偿问题。这一点似乎是各国赔偿实务上的通例。从不受保护的范围来说，违章建筑、非法所得、不当得利不受保护在各国大体相同。③

与合法权益相对应的概念是非法利益。非法利益，是法律禁止的利益，

---

① 刘嗣元、石佑启、朱最新编著：《国家赔偿法要论》，北京大学出版社 2005 年版，第 54 页。

② 李婕妤：“行政程序违法赔偿责任三题”，载《湖北警官学院学报》2015 年第 10 期。

③ 江必新：《国家赔偿法原理》，中国人民公安大学出版社 1994 年版，第 163 页。

是违反法律禁止性规定获得的利益，是法律所否定或不承认的利益。[①]准确理解非法利益，对于正确认定合法权益具有重要的作用。可以这样说，只要不属于非法利益，即只要是法律没有禁止的、没有违反法律禁止性规定获得的利益，都应当属于受法律保护的合法权益。有观点认为，在国家赔偿的实践中，对于合法权益损害的认定，不是一定要找到受害人所受之损害是否属于对法律规定赋予权利的损害，而需要确定所损害的对象是否属于非法利益，只要不是非法利益，就是国家承认的利益，应当受到法律的保护，行政主体就应当承担国家赔偿责任。[②]

这里需要特别说明的是，当程序违法的行政行为造成行政相对人的非法利益受损时，行政相对人受非法剥夺的利益是两个层面的：一是实体层面的非法利益，二是程序层面的合法权益。实体层面的非法利益不受法律的承认和保护，因为若对非法利益予以救济，将与法律的规定与精神相违背。程序层面的合法权益属于《行政诉讼法》保护的权益范畴，但不是行政赔偿中合法权益的应有之义。因此，单纯的程序性权益受到侵害，也不能获得行政赔偿。

2. 人民法院对合法权益和非法利益的认定

人民法院是行政赔偿中合法权益的认定主体，其认定合法权益主要有两种途径：一是生效的行政复议决定和行政判决已经对行政相对人的合法权益进行了明确认定的，受生效文书既判力的约束，人民法院在行政赔偿案件中可以直接根据生效文书对合法权益直接予以认定；二是生效文书未对合法权益认定的，人民法院根据法律对合法权益的规定并结合当事人提供的证据，依据证据规则确定权益的合法性。

如前文所述，对非法利益的排除也可以产生合法权益认定的效果。行政赔偿中人民法院对非法利益的认定需要注意两点：一是生效的行政复议决定和行政判决已经对行政相对人的非法利益进行了明确认定的，受生效文书既判力的约束，人民法院在行政赔偿案件中可以直接根据上述生效文书对非法利益直接予以认定；二是行政机关对非法利益未予以先行认定，也没有生效

---

① 杨小君："国家赔偿中的合法权益与非法利益分析"，载《修宪之后的中国行政法——中国法学会行政法学研究会 2004 年年会论文集》。

② 杨小君："国家赔偿中的合法权益与非法利益分析"，载《修宪之后的中国行政法——中国法学会行政法学研究会 2004 年年会论文集》。

文书对非法利益认定的，原则上人民法院在行政赔偿案件中不对非法利益进行直接认定。我国法律规定能够直接认定非法利益的主体主要是行政机关，人民法院通过司法审查的方式对行政机关认定非法利益的合法性进行判定。从这个意义上说，人民法院对非法利益的认定具有最终决定权，但是在行政机关对非法利益未进行明确表态或者行政机关对非法利益的认定未得到生效行政复议决定或者行政判决的支持时，人民法院不宜在行政赔偿案件中直接认定行政相对人主张的权益为非法利益。因为对非法利益的认定往往是行政行为最终处理的前提和基础，是行政主体依照法律所进行的合法性评判，应当是一个法律问题。但基于司法审查对象的特殊性，如果法院在诉讼中直接认定非法利益，纵使其是法律问题的决定者，亦难免有司法权替代行政权之嫌。①

二、程序违法处理不当对合法权益认定的影响

（一）程序违法的法定处理方式

1. 程序违法处理方式的法律规定

行政程序是保障行政相对人合法权利，防止渎职、失职、越权或者滥用职权，提高行政效率的重要保障，是保证行政机关依法行政的必要条件。②因此，行政行为应当严格遵守行政程序的要求，否则就有被行政复议机关或者人民法院撤销或者确认违法的风险。③《行政诉讼法》第七十条规定，行政行为违反法定程序的，人民法院判决撤销或者部分撤销。第七十四条规定，行政行为程序轻微违法，但对原告权利不产生实际影响的，人民法院判决确认违法，但不撤销行政行为。《行政复议法》第二十八条第一款第（三）项规定，具体行政行为违反法定程序的，行政复议决定撤销、变更或者确认该具体行政行为违法。从上述规定可以看出，《行政诉讼法》明确了人民法院可以认定行政行为程序违法，并可以根据违法情形严重程度适用撤销判决和确认违法判决。《行政复议法》笼统规定行政复议机关可以认定行政行为违反法定程序，并适用撤销或者确认违法行政复议决定，但是并未明确二者适

① 李婕妤：“行政程序违法赔偿责任三题”，载《湖北警官学院学报》2015 年第 10 期。

② 江必新、梁凤云：《行政诉讼法理论与实务》，法律出版社 2016 年版，第 1609 页。

③ 行政机关对于违反法定程序的行政行为，当然也可以自行纠正。鉴于本文主要是探讨行政复议机关和人民法院对程序违法行政行为处理方式不当时行政赔偿的相关问题，因此，本文所指的程序违法处理方式特指行政复议机关和人民法院的处理方式。

用条件的区别。笔者认为，行政复议制度和行政诉讼制度作为监督行政行为、解决行政争议的两种衔接紧密的制度设计，在裁判标准上应保持一致。从后法优于先法原则和司法最终裁判原则角度考虑，行政复议决定对违反法定程序行政行为的处理方式选择上，应当与《行政诉讼法》规定的方式一致。

2. 正确适用程序违法处理方式的前提——行政行为合法性的全面审查

程序一般违法时适用撤销的处理方式，程序轻微违法时适用确认违法的处理方式，但是并不是说只要满足程序一般违法的情形就可以适用撤销的处理方式，或者满足程序轻微违法就可以适用确认违法的处理方式。要适用正确的处理方式，还需要对行政行为合法性进行全面审查。按照《行政复议法》和《行政诉讼法》的规定，对行政行为合法性的全面审查，包括审查行政行为认定事实是否证据确凿，适用法律、法规是否正确，是否符合法定程序，是否超越职权、滥用职权或者明显不当。只有当行政行为认定事实清楚，适用法律、法规正确，不存在超越职权、滥用职权及明显不当情形，不存在公共利益等考量，仅仅存在程序违法时，才可以依法适用撤销或者确认违法的处理方式。但是实践中，行政复议机关或者人民法院有时并没有对行政行为合法性进行全面审查，只要确定行政行为未遵守法定程序，便予以撤销或确认违法，遗漏了对行政行为所认定事实的审查，导致行政行为认定事实的真实性、合法性未能得到生效文书的肯定或者否定评价。未对行政行为合法性进行全面审查，可能会导致错误的的处理方式，继而影响后续的行政赔偿。

（二）撤销与确认违法处理方式对行政行为效力的影响

1. 行政行为有效性与合法性的关系

在探讨撤销与确认违法两种处理方式对行政行为的效力有何影响之前，我们先要明确行政行为有效性与合法性之间的关系。行政行为的有效性是指行政行为有法律上的效力，能够产生预期的法律后果。一般情况下，除附期限、附条件和无效行政行为外，行政行为一经成立即生效，并产生公定力、确定力、拘束力和执行力等效力。行政行为具有的这种效力是出于法的安定性的考虑，而不是因为行政行为的不可质疑性。[①] 因此，这种效力更多的是

① 江必新、梁凤云：《行政诉讼法理论与实务》（下），法律出版社2016年版，第1680页。

一种形式上的，行政相对人可以通过提起行政复议或行政诉讼对其效力提出质疑，当行政复议机关或人民法院确认撤销行政行为时，行政行为的效力就丧失了。行政行为的合法性是指已成立的行政行为在行为主体、行为权限、行为内容、行为程序及行为方式上均符合法律规定的情形，得到了法律的肯定性评价。[①] 行政行为的合法性与有效性并不是一一对应的关系，合法性只是行政行为效力判断的一个基准而非全部基准，是进行判断的重要条件而非充分条件。[②] 有德国学者曾将行政行为合法性和有效性的关系归纳为四种模式：（1）完美的行政行为：行政行为合法并且有效，行政行为的法律后果具有法律上的稳定性；（2）不完美的行政行为：行政行为合法但未生效，行政行为的法律后果悬而未决；（3）有瑕疵的行政行为：行政行为违法却有效，行政行为的法律后果表现为行政行为的可诉请撤销性及重新作出的可能性；（4）严重、明显违法的行政行为：行政行为违法并且无效，法律后果表现为无效。[③] 因此，有效的行政行为并非一定是合法的行政行为，违法的行政行为也并非一定是无效的行政行为。正确辨析行政行为合法性与有效性的关系，对于准确理解撤销和确认违法两种处理方式具有重要的作用。

2. 撤销与确认违法处理方式对行政行为的效力影响

《行政诉讼法》针对违法行政行为，规定了撤销、确认违法和无效的判决方式。确认无效一般针对重大且明显的违法行政行为，不涉及程序违法的情形，因此，本文主要讨论撤销与确认违法两种处理方式对行政行为效力影响的区别。撤销判决是指法院经审查认为被诉行政行为违法，使之失去效力的判决方式。[④] 撤销判决属于形成判决，以通过撤销对原告设定负担的行政行为的方式形成权利，达到消除行政行为效力的目的。法院的判决自产生既判力那一刻起，就取消了行政行为的效力。[⑤] 由于撤销判决直接否定行政行为的效力，因此，出于行政效率的考虑，在因程序违法作出撤销判决时，要求程序违法须达到一定的程度。确认违法判决是指法院通过对被诉行政行为

---

① 郑传坤主编：《行政法学》，法律出版社 2007 年版，第 153 页。

② 江必新："行政行为效力判断之基准与规则"，载《法学研究》2009 年第 5 期。

③ ［德］汉斯·J. 沃尔夫、奥托·巴霍夫、罗尔夫·施托贝尔：《行政法》（第二卷），高家伟译，商务印书馆 2002 年版，第 70 页。

④ 江必新、梁凤云：《行政诉讼法理论与实务》（下），法律出版社 2016 年版，第 1600 页。

⑤ ［德］弗里德赫尔穆·胡芬：《行政诉讼法》，莫光华译，法律出版社 2003 年版，第 211 页。

的审查，确认行政行为的违法性状态的判决。确认违法判决具有补充性、替代性，只有在撤销诉讼不能提供救济的时候，确认违法判决才是必要和适当的。确认违法判决仅具有宣示行政行为违法的意义，无法据以强制执行，同时也不具备消灭行政行为效力的作用。当行政行为因违反法定程序被确认违法后，该行政行为仍然是有效力的，其效力的存续不因法律对其合法性作出否定性评价而受到影响。

如前文所述，基于相同的理由，《行政复议法》规定的撤销与确认违法两种行政复议决定方式，其效力区别与撤销判决、确认违法判决是相同的，这里不再赘述。

（三）程序违法处理方式不当时对合法权益认定的影响

程序违法处理方式不当是指对程序违法的行政行为，行政复议机关或者人民法院未按照法律规定的方式予以处理，主要包含两方面的含义：一是行政复议机关或者人民法院对程序违法的行政行为，未依法适用撤销或者确认违法的处理方式，在撤销或者确认违法的方式上选择错误；二是未履行全面审查原则，在未查明行政行为认定事实是否正确的基础上，仅仅以程序违法为由作出撤销或者确认违法的处理。如果行政复议机关或者人民法院履行了全面审查义务，只是选择了错误的处理方式，不会影响行政赔偿案件中对合法权益的认定。程序违法处理方式不当对合法权益认定的影响主要出现在未履行全面审查义务便径行以程序违法为由作出撤销判决或者确认违法，特别是仅仅以程序违法为由确认行政行为违法的情形。造成这种负面影响的根源在于行政复议决定和行政判决具有的拘束力和确定力。

判决的拘束力是指法院在作出判决之后，除非有特殊的理由，不能任意变更或取消。拘束力包括自缚力和限他力两个方面的内容。自缚力是对法院本身的约束力，限他力是指判决对于其他法院包括上级法院的拘束效力，从更广泛的意义上讲，甚至包括当事人尤其是行政机关不能再就同一事项进行再次处理。[①] 判决的确定力分为形式上的确定力和实质上的确定力。形式上的确定力是指判决一经生效，当事人就不得对判决认定的事实提起行政诉讼或者提出上诉。实质上的确定力是指确定判决承认或者否认的权利或者法律

---

① 江必新、梁凤云：《行政诉讼法理论与实务》（下），法律出版社2016年版，第1590页。

关系使之在后诉中不变的效力。实质上的确定力与既判力的概念相当，即强调前诉判决的事项已经构成已决事项以后对于后诉程序上的效力，其效果一般包括当事人和法院不能提出相异的主张或者作出相互抵触之判决两个方面。① 行政复议决定作为准司法行为，生效的行政复议决定也应当具有上述效力。由于生效的确认违法行政判决和行政复议决定具有拘束力和确定力，且其对行政行为效力的维持包含对行政行为认定事实的肯定，即对行政行为认定非法利益的肯定，因此，在这种情况下，行政赔偿法官被要求对非法利益的认定不能作出与生效文书相悖的结论。但是，这种不当的行政复议决定和行政判决未对行政机关认定非法利益的事实进行审查，如果径行承认行政机关对非法利益的认定，相当于行政机关对非法利益的认定享有了司法审查豁免权，有违司法审查原则，对行政相对人也不公平，此时，行政赔偿案件对合法权益的认定便陷入了进退两难的困境。

三、程序违法情形下合法权益的举证责任

（一）行政赔偿举证责任的内涵

根据证据法理论通说，举证责任主要包括两方面的含义：一是行为意义上的举证责任，是指当事人对自己提出的主张有提供证据的责任，即通常所称的“谁主张，谁举证”；二是结果意义上的举证责任，即待证事实真伪不明时，由依法负有证明责任的人承担不利后果的责任。②《国家赔偿法》第十五条第一款规定：“人民法院审理行政赔偿案件，赔偿请求人和赔偿义务机关对自己提出的主张，应当提供证据。”《最高人民法院关于审理行政赔偿案件若干问题的规定》第三十二条规定：“原告在行政赔偿诉讼中对自己的主张承担举证责任。被告有权提供不予赔偿或者减少赔偿数额方面的证据。”《最高人民法院关于行政诉讼证据若干问题的规定》第五条规定：“在行政赔偿诉讼中，原告应当对被诉具体行政行为造成损害的事实提供证据。”因此，我国行政赔偿举证责任既包括行为意义上的举证责任，即原告对损害事实的诉讼主张应当提供证据，被告对不予赔偿或者减少赔偿的诉讼主张应当提供证据；

---

① 江必新、梁凤云：《行政诉讼法理论与实务》（下），法律出版社2016年版，第1590页。

② 江必新主编：《〈中华人民共和国国家赔偿法〉条文理解与适用》，人民法院出版社2010年版，第151页。

也包括结果意义上的举证责任，即行为意义上的举证和言词辩论完成之后，行政赔偿损害事实仍然真伪不明的，原告应当承担不利后果。

（二）程序违法情形下的合法权益的举证责任分配

笔者认为，程序违法情形下的合法权益的举证责任分配主要分为三种情况。一是不需要双方另行承担举证责任，人民法院直接对合法权益的事实予以认定。《最高人民法院关于行政诉讼证据若干问题的规定》第七十条规定，生效的人民法院裁判文书或者仲裁机构裁决文书确认的事实，可以作为定案依据。但是如果发现裁判文书或者裁决文书认定的事实有重大问题的，应当中止诉讼，通过法定程序予以纠正后恢复诉讼。因此，在因违反法定程序对行政行为予以撤销或者确认违法的情况下，如果行政行为中包含对合法权益认定的事实，且行政复议机关或者人民法院已经履行全面审查的义务，则行政相对人的损害是否属于合法权益已经在生效文书中予以明确，在行政赔偿诉讼中不需要再另行举证证明。例如在违法建筑的拆除案件中，行政复议机关或者人民法院对行政行为的合法性进行全面审查，包括对行政机关认定违法建筑的事实进行审查后，仅仅因为程序违法确认行政行为违法，在这种情况下，确认违法的行政复议决定或者行政判决实际上肯定了行政机关对违法建筑的认定，则行政相对人是否存在合法权益一目了然，不需要双方另行举证。二是由行政相对人承担举证责任。如果行政行为中未包含对合法权益认定的事实，则当行政行为被撤销或者被确认违法时，行政相对人受到的损害是否属于合法权益处于事实不明状态，在行政赔偿时有待人民法院对其权益的合法性进行认定。根据《国家赔偿法》第十五条的规定，双方均应承担行为意义上的举证责任，即行政相对人应提供证据证明其受损害的属于合法权益，行政机关应举证证明行政相对人受到的损害不属于受保护的人身权益、财产权益或者属于非法利益。结果意义上的举证责任应由行政相对人承担，即法院经对双方提供的证据质证后仍无法确定损害是否属于合法利益的，由行政相对人承担不利后果。因为根据《最高人民法院关于审理行政赔偿案件若干问题的规定》第三十二条和《最高人民法院关于行政诉讼证据若干问题的规定》第五条的规定，行政相对人对损害的事实承担举证责任，合法权益的认定应属于损害事实认定的一部分。但是行政相对人承担举证责任应当有例外，即行政相对人证明受阻时，应当由行政机关承担举证责任。证明受阻，也称为举证妨碍，是指负有举证责任的一方当事人，由于对方当事人的违法行为妨碍了其证据的提出，导致证明不能，面临败诉的风险。[①] 如果因为行政机关程序违法导致行政相对人证明受阻，仍由行政相对人承担举证不能的法律后果，显然有失公平。此时，从公平的角度考虑，应由行政机关承担举证责任。三是由行政机关承担举证责任。如果行政复议决定或者行政判决未对行政行为合法性进行全面审查，尤其是对行政行为认定是否属于非法利益的事实未予审查，便以程序违法为由选择撤销或者确认违法的处理方式时，合法权益的举证责任应由行政机关承担。因为生效的行政复议决定或者行政判决未对行政机关认定是否属于合法权益的事实进行审查，行政赔偿案件中对合法权益的审查可以被看作对行政复议决定或者行政判决未履行合法性全面审查的补救与延续，故其举证责任的分配应参照行政复议及行政诉讼中的举证规则。由于行政复议及行政诉讼中由行政机关承担行政行为认定事实是否正确的举证责任，故在此类行政赔偿案件中的合法权益举证责任也应由行政机关承担。

四、程序违法处理不当时的行政赔偿解决路径

（一）程序违法处理不当时行政赔偿的解决方式

1. 依法纠正错误的行政复议决定和行政判决

当行政复议机关和人民法院未履行全面审查义务，对行政行为认定合法权益的事实未予审查时，如果选择径行撤销行政行为，由于撤销行政行为导致行政行为丧失了效力，一般情况下，不会影响后续行政赔偿中合法权益的认定。如果在这种情况下选择了确认违法的处理方式，由于确认违法维持了行政行为的效力，受生效行政复议决定和行政判决的拘束力和确定力影响，人民法院难以对合法权益依法作出正确认定。因此，为了解决错误的行政复议决定和行政判决对行政赔偿案件中合法权益认定的不利影响，可以适用法定的纠错机制，通过法定途径纠正错误的行政复议决定和行政判决。《行政诉讼法》第九十一条规定："当事人的申请符合下列情形之一的，人民法院应当再审：……（三）原判决、裁定认定事实的主要证据不足、未经质证或者

---

① 李年清："行政强拆赔偿案件中损害事实的举证责任"，载《时代法学》2015年第1期。

系伪造的；（四）原判决、裁定适用法律、法规确有错误的……”因此，对于未履行全面审查义务，选择错误处理方式的生效行政判决，可以通过再审程序纠正其错误。对于行政复议机关能否自己纠正生效行政复议决定的问题，《行政复议法》与《中华人民共和国行政复议法实施条例》均没有明确规定，但是《最高人民法院关于复议机关是否有权改变复议决定请示的答复》（〔2004〕行他字第5号）明确认为，行政复议机关认为自己作出的已经发生法律效力的复议决定有错误，有权自行改变。因行政机关改变或者撤销其原行政行为给当事人造成损害的，行政机关应该承担相应的责任。因此，对于已经超过起诉期限的行政复议决定，行政复议机关有权自行纠正，人民法院也可以建议行政复议机关自行纠正。通过自我纠正的方式，重新作出的生效判决和行政复议决定应当对行政行为认定的事实进行了全面审查，依法作出了撤销或者确认违法的处理方式，此时，合法权益的认定难题便迎刃而解。

2. 合理运用举证责任，保障实体正义

虽然理论上行政复议机关和人民法院应当纠正自身的错误，但是实践中，基于某些原因，行政复议机关或者人民法院对错误的生效文书未能依法纠正。此时，人民法院在认定行政相对人的合法权益时，便处在受生效判决和行政复议决定的效力拘束与实现实体正义的两难境地之间。笔者认为，在法院不能拒绝裁判的情况下，从实体正义的角度考量，人民法院应有限度地突破生效文书确定力和拘束力的约束，根据证据规则对行政相对人的损害是否属于合法权益进行审查，但不对其是否属于非法利益进行表态，仅仅将非法利益的认定作为行政赔偿的一个考量因素对待。例如人民法院审查认为行政机关对非法利益的认定合法，行政相对人要求赔偿的权益属于非法利益，则人民法院不能直接认定行政相对人的权益属于非法利益，而应以行政相对人不能证明其合法权益受损害为由驳回其行政赔偿请求。

（二）对郭某某行政赔偿一案的回应

本案中行政复议机关对《行政强制执行决定书》作出确认违法的决定主要存在两个方面的问题：一是未履行全面审查义务，对《行政强制执行决定书》认定郭某某建筑为违法建筑的事实未进行合法性审查，属于认定事实不清；二是行政复议机关认为《行政强制执行决定书》缺乏执行依据，违反法定程序，没有明确法律依据，应当适用撤销的处理方式，但是错误地作出了确认程序违法的行政复议决定。虽然行政复议决定不当，但是行政复议决定生效后，当事人未在法定起诉期限内对该行政复议决定提起行政诉讼，该行政复议决定便具有拘束力和确定力，人民法院、行政复议机关及当事人均受该行政复议决定的拘束。该行政复议决定确认《行政强制执行决定书》程序违法，则《行政强制执行决定书》仍然具有法律效力，理论上《行政强制执行决定书》中对郭某某建筑属于违章建筑的认定也是有效的，但是因为行政复议机关未履行对行政行为合法性进行全面审查的义务，未对行政机关认定违法建筑的事实进行审查，如果在行政赔偿中根据行政复议决定径行认定郭某某的建筑为非法建筑，则郭某某便不具有合法权益，其行政赔偿请求便不能得到支持，这样显然对郭某某不公平。为实现实体公平正义，人民法院应向行政复议机关提出司法建议，建议其自行纠正错误的行政复议决定，并在纠正的基础上作出裁判。如果行政复议机关因故未能自行纠正，从实体正义和司法最终审查原则的角度考虑，人民法院在郭某某提起的行政赔偿案件中不宜直接依据行政复议决定得出郭某某被拆除建筑属于违法建筑的结论，应有限度地突破生效文书的拘束力和确定力，就郭某某对被拆除建筑是否享有合法权益，即是否享有受法律保护的财产权益进行审查。郭某某与被诉行政机关均应就被拆除建筑是否合法提供证据。如果郭某某能够提供证据证明其被拆除的建筑属于合法建筑，则其行政赔偿请求应依法得到支持；如果行政机关提供的证据能够证实郭某某被拆除的建筑属于违法建筑，人民法院在行政赔偿案件中也不宜直接认定该建筑为违法建筑，而应以郭某某不能证实其合法权益受到损失为由驳回行政赔偿请求；当行政机关提供的证据不能证实郭某某的建筑属于非法建筑，郭某某也不能提供其建筑属于合法建筑的充分证据时，应由行政机关承担不利的法律后果，人民法院应推定郭某某具有合法权益，判决行政机关对郭某某的损失予以赔偿。

（作者单位：河北省高级人民法院）

“连环型诉讼”与“同类型诉讼”引发“程序空转”的困境与出路

——以中部某省2013—2017年五年数据为样本

蔡 超 花 卉 赵庆飞

【摘要】 近年来，行政诉讼“程序空转”现象越来越严重。“程序空转”主要指当事人非理性地利用法律规定和程序设置的漏洞，多次提起诉讼，不解决实际问题，造成司法资源浪费。主要表现在两个方面：一是同一原告主诉利益未获满足，会围绕某一行为“上下游”开展连环诉讼；二是同一原告先后以不同行政机关为被告提起同类型诉讼。本文以这两种现象为重点，分析“程序空转”现实表现以及行政相对人维权意识与法律素养不对等、行政机关追求行政效率却忽视执法方式、法院基于抽象规定以及认定标准单一导致事实难以认定、诉讼费导向功能缺失四大原因，在考量诉权保护与合理行使、诉权与上诉权、司法权与行政权、程序设计与成本控制四大关键性因素基础上，探索性地提出通过行政预审、诉讼目的自我说明、不同案件类型多元化诉讼费收取标准、区别对待起诉和上诉、尊重当事人自我权利处分、赋予法官更多自主调查权、明确当事人之间舍弃上诉权约定法律效力等，避免行政诉讼“程序空转”，努力促进行政争议实质化解。

【关键词】 程序空转 诉权保护 司法资源 实质性化解

一、捕捉：由两个案例引发“程序空转”联想

【案例1】“同一原告连环型诉讼”

2008年，王某通过受让方式获得37.011亩集体土地使用权和办公用房所

有权，在此基础上成立了公司。2011年，省政府批复同意市政府征收方案，王某公司在征收范围内，同年10月，新区建设指挥部、区征迁安置事务管理局和王某公司共同委托评估公司进行评估，区征迁安置事务管理局依据评估报告作出《征迁补偿告知书》。王某认为应当按国有土地而非集体土地标准给予补偿，因此对评估结果和征收补偿不认可，拒绝搬迁。2013年至2016年，王某就同一征收事实，先后以公司和自己名义，对区征迁安置事务管理局、区城市管理执法局、市城乡规划局、新区建设指挥部、区政府、市政府提起32起行政诉讼。

【案例2】“同一原告同类型诉讼”

2017年，李某因不满治安处罚，不断向县交通运输局申请公开“该单位录用人员考试情况”“该单位机构设置、职能、办事程序”“该单位财政预算和决算报告”“该单位局长和副局长学习工作经历和收入情况”等，无论交通运输局如何答复，李某均向县政府申请行政复议，并不断对交通运输局的答复行为和县政府的复议决定提起行政诉讼（一审、二审）。之后，李某又以县政府为对象提出类似申请，并对县政府的答复行为提起诉讼。2017年，李某提起该类型行政诉讼47起。

二、透视：放大“程序空转”现实影像

为深入研究上述两个案例呈现的“程序空转”，本文选取A省2013—2017年五年行政诉讼案件办理情况为样本进行分析，虽然每年收案、结案数量较上一年度相比都有所增长，但总体处于平衡状态。

（一）在行政诉讼中占有一定的比率

分析行政法律关系，不仅要看行政行为，行政主体也是不可或缺的重要组成部分。以一审为例，A省2013年收案2865件、2014年收案2973件、2015年收案3841件、2016收案4552件、2017年收案5368件。其中，同一原告提起连环型诉讼案件数：2013年99件、2014年107件、2015年131件、2016年204件、2017年233件；同一原告提起同类型案件数：2013年108件、2014年121件、2015年178件、2016年284件、2017年392件。各自占比如图1所示。

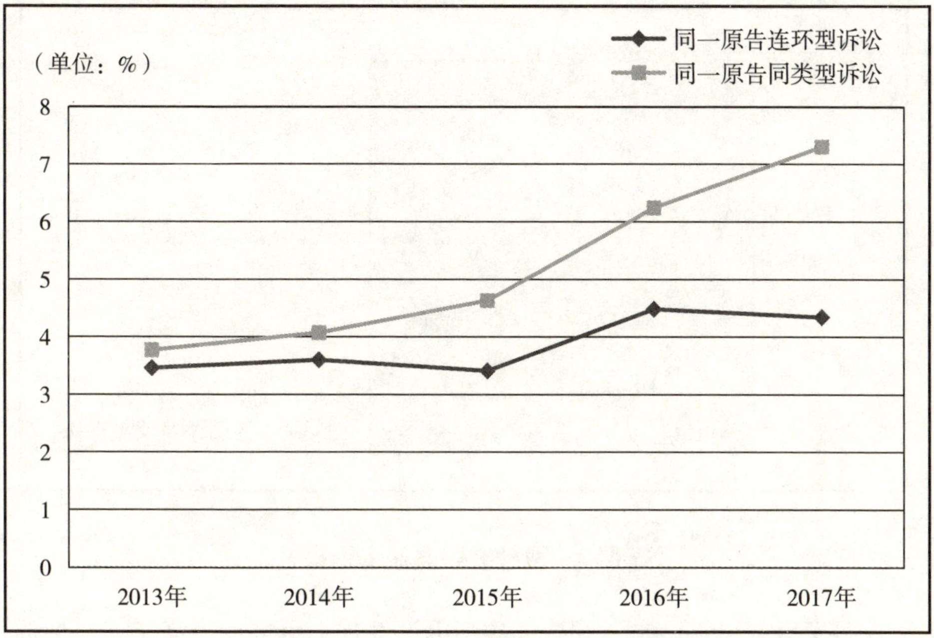

图 1　两种类型案件一审占比示意图

上图所示，正常区间“两类案件”占比在 3%—4% 之间，2015 年之后两类案件占比波幅较大。在统计时发现，“两类案件”主体上有“原被告和第三人均相同”“原被告相同，第三人不同”“原告相同，被告不同”三种常见情形。存在“常年诉讼”情形，即有相对固定的原告每年诉讼案件量在 8—20 件左右。

（二）程序用尽上诉率高

同一原告提起连环诉讼的上诉情况如下：2013 年审结 98 件，上诉 43 件；2014 年审结 106 件，上诉 57 件；2015 年审结 130 件，上诉 62 件；2016 年审结 204 件，上诉 88 件；2017 年审结 233 件，上诉 105 件。同一原告提起同类型案件数的上诉情况如下：2013 年审结 108 件，上诉 84 件；2014 年审结 120 件，上诉 97 件；2015 年审结 176 件，上诉 153 件；2016 年 284 件，上诉 225 件；2017 年审结 390 件，上诉 361 件。上诉率如图 2 所示。

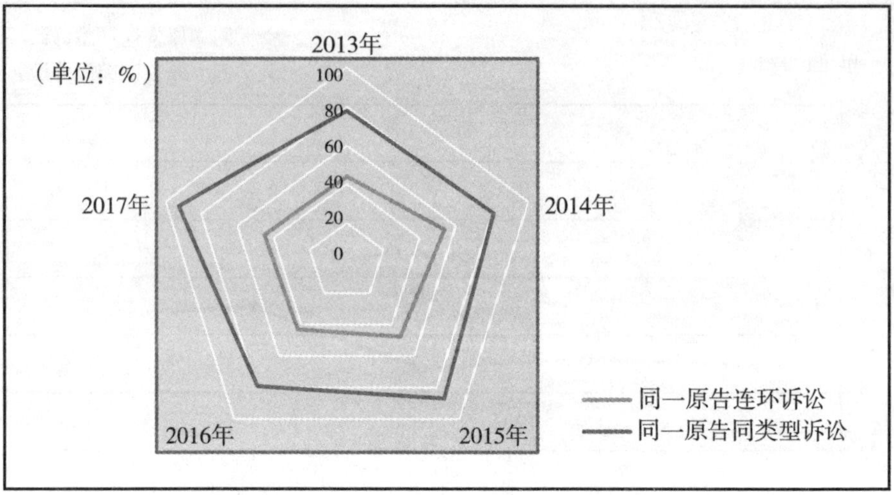

图 2　两种类型案件上诉率

明显可以看出：1. 同一原告同类型诉讼案件上诉率明显高于连环型诉讼案件。2013—2017 年，同一原告提起同类型诉讼案件上诉率在 77%—95% 之间，同一原告提起连环型诉讼案件上诉率在 40%—55% 之间。2. 除 2016 年外（因为 2016 年调撤率较高），上诉率有逐年提高趋势。以同类型诉讼为例，2013 年上诉率为 77. 78%，2014 年为 80. 83%，2015 年为 86. 93%，2017 年为 92. 56%。

事实上，上诉率高不仅限于同一原告提起连环诉讼和同类型诉讼，也包含不同原告提起同类型诉讼，典型如工伤认定案件。不少案件案情并不复杂，一审判决实体和程序以及法律适用很少出现问题，但有的当事人仅从自身利益出发，不考虑一审裁判合法合理，凭个人意愿提起上诉，引发“程序空转”，影响诉讼效率和浪费司法资源。

（三）结果不支持但判法不一致

主要表现为不予立案、驳回起诉和驳回诉讼请求三种情形。有重复起诉而不予立案的；有起诉主体不适格或有诉讼请求不明，法院释明后当事人变更而被驳回起诉的；有超过法定起诉期限而被驳回起诉的；有进入实体审理后发现不具有诉的利益而被驳回诉讼请求的；等等。我们对 2013—2017 年两类案件裁判结果比率作了一个初步统计，如图 3 所示。

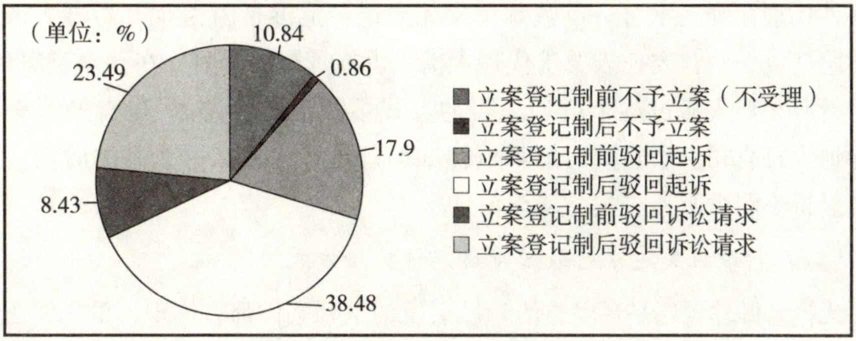

图3　两类案件裁判结果分布图

可以看出：1. 无论立案登记制实施前还是实施后，驳回起诉与驳回诉讼请求比率均大于不予立案的比率，诉权保护良好；2. 实施立案登记制后，不予立案比率下降明显，驳回起诉率和驳回诉讼请求率上升明显，不少案件流入审理程序。

三、剖析：探究“程序空转”深层原因

行政诉讼经过三十多年的发展，行政审判理念也经历了“控权论——平衡论——合法权益优先保护论”的转变。以人民为中心的司法制度已深入人心，可为何有的行政相对人深陷“程序空转”不能自拔？有学者将行政诉讼“程序空转”原因归咎于立案登记制改革降低立案门槛。[①] 而任何一种现象的产生都是内因和外因共同作用的结果，透过现象看本质，导致“程序空转”有行政相对人、行政机关、法院、诉讼程序设计等多方面原因。

（一）行政相对人维权意识高但缺乏法律意识

这里所说的维权不仅是指维护合法权益，也包括维护行政相对人认为自己“应该享有的利益”。同样，法律意识不仅包括选择法律程序解决问题，也包括对法律知识的了解和法律后果的接受。调查发现，同一行政相对人多次提起的行政诉讼中，土地和房屋征收案件占比56.14%，违章建筑拆除案件占比20.17%，多数行政相对人认为政府没有给予利益补偿或补偿不到位。有

① 胡嘉金、徐丹：“行政案件立案登记中存在的几个问题及应对”，载《中国应用法学》2018年第1期。

的案件代理律师表示对一审裁判结果无异议，上诉是因为双方当事人未就履行问题达成一致，委托人要求代理人借上诉拖延履行时间。在涉众型案件中，不少行政相对人通过逐个增加原告的方式不断提起诉讼，① 也有的人串联或指导他人打官司。法官判后解释法律如何规定、为什么这么判的时候，当事人会显得不耐烦听不进去，缺乏信任感。

（二）行政机关追求行政效率却忽视执法方式

无论新区建设还是环境整治领域引发的系列案件都有体现，事先缺乏对执法依据搜集、执法事实固定、执法意见征询和执法流程的科学论证，有的行政机关单凭一份上级机关文件和一份限期履行通知书就采取强制措施。在行政行为被确认违法后，有的行政机关不愿作出赔偿决定，也不同意与行政相对人达成和解协议，存有“法院判多少赔多少”思想。面对行政相对人的诉求，不论诉求是否合理，行政机关均缺乏解释和引导的耐心，发生纠纷后，一句“不行，你去法院告我”，更容易激发行政相对人的不满和对抗情绪。有的行政机关为鼓励某项活动顺利实施，在制定奖励政策时没有考虑全面，导致同样情况的行政相对人有的享受到了奖励政策，有的则没享受，容易引起行政相对人心理失衡。

（三）法院基于抽象规定和单一标准难以对事实进行认定

难认定表现在两个方面。一是关于原告主体资格的认定。行政诉讼法为保障当事人正当行使诉权，对原告主体资格进行了规定。行政诉讼法解释也进一步明确，尤其在投诉举报人、债权人、非营利性法人、涉及业主共有利益等主体资格认定方面具有一定指导意义。② 但司法实践不仅如此，特别是以“诉的利益”为标准判断是否存在利害关系，以诉讼目的判断是否构成滥诉，以及对重复起诉的概念和类型的理解把握难度较大。③ 当事人主义与职权主义诉讼要件相比，虽然会扩大诉权保护，但规定不具体、主观性强。法官一般会本着谦抑性原则慎用，甚至不用。因此，很难将一些不合理诉讼拦在法院门外。二是关于案件事实的认定。行政诉讼以“案件事实清楚，证据确实充分”为主要证明标准，结合双方举证能力和优势地位，形成举证责任

---

① 李雨菡：“论重复起诉中相同当事人的判断”，载《南方论刊》2017 年第 12 期。

② 江必新：“论行政诉讼法司法解释对行政诉讼制度的发展和创新”，载《法律适用》2018 年第 7 期。

③ 程琥：“行政法上请求权与行政诉讼原告资格判定”，载《法律适用》2018 年第 11 期。

倒置规则。此举有利于保护行政相对人，但不利于引导行政相对人加强对自己财产的重视。行政机关没有作出具体行政行为时，无法提供证据证明自己作出具体行政行为，行政相对人要求赔偿，判决任何一方败诉都会形成上诉、申诉循环模式。法律真实不一定达到客观真实，但尽可能接近，这就需要对证明模式和证明标准进行一定的修正，在法定证明基础上辅之适度自由心证，对事实问题的证明应当建立具有说服力、表面真实、高度盖然、优势证明和排除合理怀疑等多元化证明标准。①

（四）程序上收费杠杆导向功能缺失且上诉门槛低

行政诉讼费是当事人分摊司法资源的表现之一，具有重要的调节功能。行政诉讼有维护相对人合法权益和监督行政机关依法行政的目的，兼具私益救济和公益监督性质，所以不应当对当事人苛以高额诉讼费，但合理的行政诉讼收费制度有利于保障当事人诉权的正当行使，有利于实现案件分流，在有限司法资源充分利用与防止滥诉之间形成平衡点。② 现行《诉讼费用交纳办法》关于行政诉讼费的规定基本采用“一刀切”做法。商标、专利、海事行政案件每件 100 元，其他行政案件每件 50 元，以调解方式结案或者当事人撤诉则减半。没有从案件类型划分、城乡居民人均收入变化、司法资源投入等多个角度综合考量，较少的诉讼费用会降低当事人防范法律风险的内在动机。同样，较小的败诉风险会推动诉讼案件量的增加。这在上诉程序中表现尤为明显，行政诉讼不论诉讼标的额大小、案情复杂程度，只要当事人递交上诉状都可以启动二审程序，在没有代理费的情形下，败诉承担的风险很小。这样无法保障标的额小、案情简单的案件得到快速有效审结，容易架空一审简易程序功能发挥，不符合争议解决方式与争议性质相适应的要求，违背了“目的与手段相当”原则，给当事人滥用上诉拖延履行留下空间。③

四、思索：扭转“程序空转”关键性因素

（一）诉讼保护和合理行使之间的内在联系

行政诉权是行政案件当事人请求法院公正审判的程序性权利。除具备一

① 曹恒民：“行政诉讼中证明标准的重构”，载《法学杂志》2012 年第 8 期。

② 唐娅西：“行政诉讼费用制度研究”，2008 年电子科技大学硕士学位论文。

③ 闫映全：“行政滥诉的构成及规制”，载《行政法学研究》2017 年第 4 期。

般诉权特征外，还具有两造不对等、权力制约和公益私益兼备的特性。行政诉权包含起诉权和获得裁判权等，贯穿行政诉讼活动始终。[①] 诉权保障是当前司法改革的重要环节，保障行政诉权是人权保障理念深化的结果，能直接反映一个国家的法治化水平。“有权利必有救济”，司法实践坚持问题导向，行政诉讼通过扩大受案范围、放宽原告起诉主体资格、实施立案登记制等举措，成功化解了“立案难”问题，可以说保障效果明显。但权利的实质是自由，而自由具有相对性，所以任何一项权利的行使也不是绝对的，至少以不损害他人权益为限制。在逻辑学视野下，如果将行政诉权看作一个集合，那么行政诉权合理行使的保护与非合理行使的规制就是两个不相交的子集。行政起诉条件的设置本身就是限定诉权在合理限度内行使。[②] 通过当事人诉前诉讼目的陈述和对滥诉的规制与惩戒，可以平衡诉权保护与有限司法资源充分利用的价值追求，因此滥诉判断标准的制定和出台是保障诉权在合理范围内行使的重要环节。

（二）诉权与上诉权之间的逻辑关系

有学者认为上诉权就是诉权，与审判权一起共同推动诉讼活动进行，否定上诉权的诉权属性不利于上诉程序启动和案件化解；也有学者认为上诉权与诉权不同，诉权具有天然性，即使法律没有规定，当事人也应该享有。[③] 而上诉权不具有天然性，是法律规定的权利，即“法律规定即享有，法律不规定不享有”，否则，不能有效解释当事人为何不可以选择一直处在上诉状态。我们同意第一种观点，即上诉权从诉权中衍生出来，具有诉权属性。理由是，不可以无限制上诉是由纠纷必须及时化解、事物效力不可一直待定决定的，即便是诉权本身，在行使的时候也会受到一定的限制，所以不能从诉权行使有限性来否定上诉权的诉权属性。从程序设置的目的来看，一审是对当事人诉益的救济，二审主要是对一审程序的监督。[④] 实践中之所以出现上诉程序可以随意启动，主要是因为法律没有对上诉实质条件作出限定，利益是权利

---

① 梁君瑜：“行政诉权论：研究对象、现实意义与轴心地位”，载《河南财经政法大学学报》2018年第1期。

② 付辉：“行政诉权行使的合理限度——诉权保障的逆向思考”，载《法学杂志》2018年第5期。

③ 任瑞兴：“论诉权的属性与价值——一种法理学的视角”，载《河南大学学报》（社会科学版）2010年第4期。

④ 胡煜：“我国行政诉讼模式的理论探讨及制度重塑”，载《理论月刊》2018年第6期。

的重心，起诉要求有起诉的利益，那么上诉也应该有上诉利益。毫无上诉利益的上诉不可避免地会出现借故拖延和恶意诉讼现象，[①] 因此确定上诉利益是规范行政诉讼当事人合理行使上诉权的基础和前提。按照“讼争不变”规则，上诉利益并非上诉程序中出现的新利益，而是诉益在一审程序中未得到满足的部分。所以，上诉利益小于或等于诉讼利益。换言之，上诉权虽然具有诉权属性，但其外延明显小于诉权。因此，对上诉权合理行使的限定条件应当多于对诉权的限定才更加合理。

（三）司法权与行政权之间的监督关系

司法权与行政权都是国家权力，根本目的都是维护社会稳定和促进社会发展。行政权本质上是管理权，而司法权是“判断权”（中央事权），权力属性不同决定任务分工不同，但二者又共同服务国家治理和社会治理，所以在行政诉讼化解行政案件中既有联系又有区别。主要表现在以下几个方面：一是行政不干预司法、司法不代替行政；[②] 二是司法与行政进行有限度的良性互动，不能进行个案指导和针对性咨询，基于共同社会治理可以信息资源共享，防范群体性矛盾；[③] 三是以促进行政纠纷实质性化解为目的，建立开放型行政审判模式，改变单一的撤销、合法性审查审判模式。[④] 从多元化纠纷解决机制创新到审查标准、裁判方式的变化，在不影响国家利益和法律权威的前提下，适度尊重行政相对人和行政机关权益自我处分。

（四）程序设计与成本控制之间的正向关系

行政诉讼作为化解行政争议的重要途径，应当遵循普适性、效率性、最优化、激励相容原则。法谚有云，“公正要以看得见的方式去实现”，程序公正是实体公正的重要保障，没有程序保障的公正难免会出现“毒树之果”，诉讼程序除了具有化解个案功能，还可以对社会产生积极的引导。[⑤] 只有公

---

① 波斯纳：《法律的经济分析》（下），蒋兆康译，中国大百科全书出版社 1997 年版，第 665 ~ 672 页。

② 彭涛：“司法权与行政权的冲突处理规则”，载《法律科学》（西北政法大学学报）2016 年第 6 期。

③ 黄先雄：“司法与行政互动之规制”，载《法学》2015 年第 12 期。

④ 章志远：“开放合作型行政审判模式之建构”，载《法学研究》2013 年第 1 期。

⑤ 雷磊：“法律程序为什么重要？——反思现代社会中程序与法治的关系”，载《中外法学》2014 年第 2 期。

正、高效的诉讼程序，才会赢得当事人的尊重和信任，相反则会降低当事人的信赖，也会造成司法资源浪费。有学者认为程序公正可以缓解当事人之间的紧张关系，增加撤诉率，降低诉讼成本。对此，我们持怀疑态度，并认为程序公正会增加实体公正可能性，对“滥诉”“缠诉”并不能起到缓解关系和降低成本的作用，理由如下：1. 样本统计表明，当事人相同的诉讼中，一审撤诉率为0.1%，二审撤诉率仅为0.05%；用人单位提起工伤认定二审诉讼撤诉率为0.03%，与投诉司法成本相比，撤诉率过低。2. 在对行政机关负责人出庭应诉的调查中，37.25%的行政机关认为负责人不出庭的重要原因之一是相对人存在“滥诉”，出庭毫无意义，并表示反感。3. 一个案件立案后，从流程上一般经过“受理——阅卷——诉讼文书制作送达——证据交换——庭审——合议——裁判文书制作——裁判文书送达——报结案——卷宗装订——归档”，上诉后流程会继续循环。行政诉讼建议程序适用范围较小，统计样本未曾出现简易程序，办案人员至少有3名法官、1名法官助理和1名书记员；从审限来看，样本地区行政诉讼一审为81.43天/案，二审为61.63天/案。此计算尚不包含行政机关为应诉而付出的准备和成本（包括代理费的支出），因此，如果不能将无正当事由的案件拦在门外，诉权滥用的后果必然是司法资源和行政资源的巨大浪费。正当程序设计在考虑价值追求的同时，应当考虑程序风险以及防控成本，在公正、效率、成本之间寻求制度性平衡。[①]

五、重构：破除“程序空转”重要路径

行政诉讼法和司法解释的实施体现了当事人诉权保护和司法为民的价值追求[②]，难点在于如何平衡价值追求和司法资源合理利用，只有符合司法规律和司法实践的司法改革才会展现出强大的生命力。避免“程序空转”关键是要把握好“度”的问题，既要引导行政相对人合理表达诉求，也要通过行政机关和法院的共同努力，推动行政争议实质性化解。我们在前期分析基础上提出基本设想（图4），并结合“审前”“审中”“审后”时间节点进行系统阐述。

---

① 李怀、赵万里：“制度设计应遵循的原则和基本要求”，载《经济学家》2010年第4期。
② 江必新：“行政审判中的立案问题研究”，载《法律适用》2018年第3期。

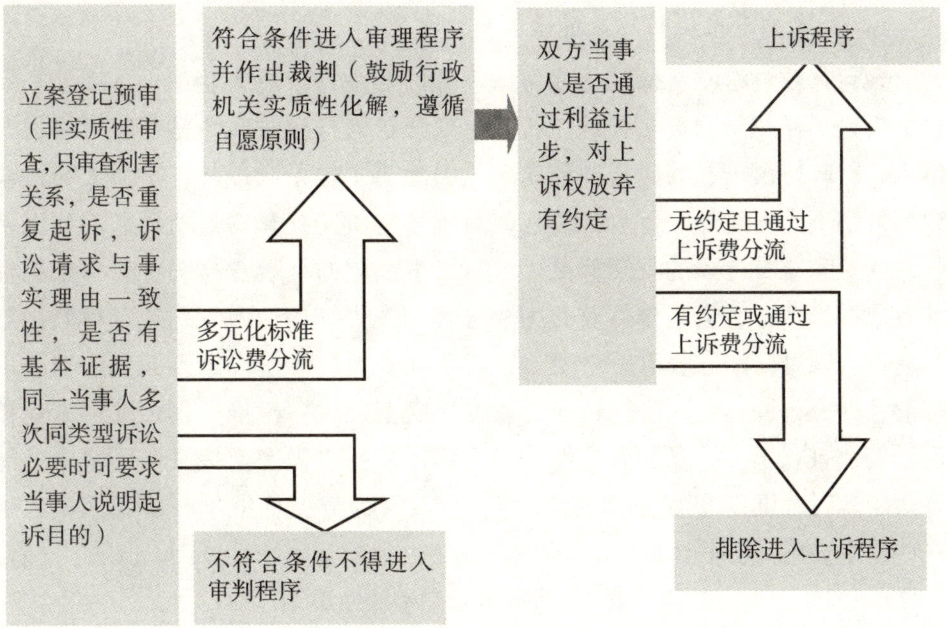

图4 破除“程序空转”基本设想图

（一）建立行政诉讼预审制度

通过行政诉讼预审制度从宽把握“利害关系”，对“直接利害还是间接利害”“法律上利害还是事实上利害”不作区分，直接在立案阶段排除“无利害关系”案件进入实体审理。也可以通过预审制度引导和规范诉讼请求与事实理由，不考虑证据的法律效力，但诉讼请求应当与事实理由相互对应，且有一定的证据材料质证。对诉讼请求与事实理由不对应且毫无证据支撑的案件进行释明，拒不更正的应当排除出实体审理范围。

（二）建立反复起诉同类型案件“诉讼目的自我说明”制度

同一诉讼主体多次提起同类型诉讼，法院可以要求当事人自己说明诉讼目的。拒不说明或所说目的与诉讼请求指向目的不符的，可以排除案件进入实体审理，防止滥诉。这样做的意义在于由当事人自己说明诉讼目的比法官推断诉讼目的更加明确，也会让当事人更加信服。此外，尽可能从立法解释或司法解释层面细化缠诉、滥诉认定标准，避免实践认定过宽或过严造成“同案不同立”和“同案不同判”现象。

（三）建立多元化的行政诉讼收费标准

现行行政诉讼收费标准主要考虑审理内容是行政行为合法性，无法按照民事诉讼那样与财产直接挂钩。行政诉讼法扩大行政收案范围，将行政协议纳入，行政协议虽然与履行职能有关，但除了主体不同以外，本质上与民事合同区别不大。此外，行政补偿也兼有民事等价交换理念。所以，应当区别行政受益和监督行政的收费标准。带有民事性质的行政受益案件应当根据标的收取诉讼费；完全监督行政行为合法性的案件，如行政处罚类、行政强制类案件，则可以按件收取诉讼费。针对不同的类型诉讼设定不同诉讼费收取标准，区分起诉和上诉法律程序，适度提高上诉收费标准，仍由败诉方承担诉讼费，有利于引导当事人理性对待上诉，在一定程度上提升滥诉成本，能有效阻却行政诉讼“程序空转”。鉴于行政行为分类标准不一，我们提出了一些基本设想（如表1）。

表1　行政诉讼费缴纳办法

（结合案件性质、居民人均收入上涨等因素）

	案件类型	性质	建议收取方式	建议收取金额	承担
行政诉讼案件受理费	行政征收	无偿	按件计取	200元	败诉方承担
	行政征用	有偿	不涉财产按件计取；不涉及财产按标的计取	不涉及财产200元；涉及财产5万元以下200元，5万元以上按0.5%	
	行政给付	保障	按件计取	200元	
	行政奖励	授益	按标的计取	5万元以下200元，5万元以上按0.5%	
	行政裁决	居中	按件计取	200元	
	行政确认	居中	按件计取	200元	
	行政许可	授益	不涉财产按件计取；涉及财产按比例计取	涉及财产200元；涉及财产5万元以下200元，5万元以上按0.5%	
	行政强制	监督	按件计取	200元	
	行政处罚	监督	按件计取	200元	
	行政检查	调查	暂不可诉		
	行政协议	有偿	按标的计取	5万元以下200元，5万元以上按0.5%	

续表

其他建议	调解结案、当事人撤诉、适用简易程序减半收取
	涉及按标的收费，上诉或再审受理费仅以上诉、再审请求涉及标的计取
	按件计取，上诉费、再审受理费上浮 10%；按标的计取，比例不变，同一审

（四）尊重行政机关自我处分权

按照职责分工和监督制约理论，司法权不能代替行政权是不可以逾越的"红线"，但不能代替并不等于完全不能处理，在行政机关主动同意后续处理一并放在诉讼程序中协调且不损害法律权威的情况下，应当尊重行政机关和当事人意愿协调处理。2013—2017 年，M 市一审调撤率 16.7%、二审调撤率 13.69% 得益于此。当然，当事人或行政机关不同意在司法程序中一并协调的，应当回归行政程序，由行政机关自行处理。

（五）赋予法官更多案件调查主动权

《最高人民法院关于行政诉讼证据若干问题的规定》第二十二条规定，对涉及国家利益、公共利益、他人合法权益事实认定或追加当事人、终止诉讼等程序性事项的，人民法院有权向有关行政机关以及其他组织、公民调取证据。其他情形则只能依据当事人申请调取，办案法官不能主动调取。实践中，双方当事人对诉争事实可能都拿不出充足的证据，特别在房屋强制拆除领域，原告谴责行政机关强拆，行政机关说自己没拆。此时，赋予法官调查权比直接判决驳回当事人诉讼请求或判决行政机关败诉可能效果更好。

（六）明确当事人约定上诉权舍弃的法律效力

与一审不同，二审处理的事项实际上已经经过一审程序处理，所以对上诉权的限定应当比诉权更加灵活。当然，当事人对上诉权的处分指的是行政机关与行政相对人之间的约定，而不是当事人在法院宣判时作出上诉与否的意思表示。有学者认为舍弃上诉权是当事人向法院所作的不上诉的意思表示。[①] 我们不同意此种观点，因为法院向当事人宣判后征求当事人上诉意见仅仅是意向了解，并不能直接构成对当事人上诉权的制约。也有的学者认为上诉权是由诉讼程序法规定的，具有公法性质，不允许当事人之间对诉权进

① 占善刚、刘芳："论舍弃上诉权"，载《南昌大学学报》（人文社会科学版）2014 年第 2 期。

行约定。此种观点我们亦不赞同，理由有两点：一是上诉权不完全等于诉权。前文已表述，上诉利益小于或等于诉讼利益，当事人上诉请求法院予以保护的利益在一审程序中已经进行过审理，上诉主要是法院层级监督。二是行政法上很多制度是从民事诉讼中进化而来的，权利也不例外。《民事诉讼法》第十三条第二款明确规定："当事人有权在法律规定的范围内处分自己的民事权利和诉讼权利。"行政诉讼在私权处分领域也应当遵循意思自治原则，特别是当事人通过利益让步取得的"上诉权舍弃"更应该值得保护。当然，给予限制就应当给予救济，当事人若有证据证明放弃上诉是受对方胁迫或欺诈所致，则上诉权处分无效，这也符合诚实信用原则。

六、结语

"程序空转"是司法实践产物，面对行政诉权保护和有限司法资源，应当坚持问题导向，深挖背后原因，在追求诉权保护司法价值的基础上，通过诉讼目的自我说明、诉前诉中实质性化解、多元化行政诉讼收费标准、赋予法官更多调查权限在一定程度上解决"程序空转"问题，符合行政诉讼法理论与实践发展的趋势。这样不仅有利于平衡行政诉讼中的公正与效率，还有利于理性缓和行政法律关系中权力与权利的碰撞，对维护相对人合法权益和监督依法行政具有不可替代的功能和作用，对破除行政滥诉和随意上诉也大有裨益。

（作者单位：安徽省马鞍山市中级人民法院）

举报投诉人行政诉讼原告资格探讨

——兼论行政诉讼原告资格的判断方法

霍振宇

毋庸讳言，行政诉讼原告资格问题是最令人困惑的法律问题之一，举报投诉人行政诉讼原告资格由于涉及多面法律关系，在司法实践中更显荆棘丛生。然而，深入细致探讨这一复杂多变的审判难题，对于行政法官而言，非但不容回避，更应主动承担。本文通过梳理我国理论与实践中有关举报投诉人行政诉讼原告资格的表达，尝试探索一种相对合理且有效的判断标准或规则，以回应司法实践的分歧，并进而将视野扩展至行政诉讼原告资格问题的整体，提出方法论层面的思考。

一、司法实践中的分歧

我们先来看两组案例。

第一组

【案例一】[①] 逯某向海淀区食品药品监督管理局（以下简称海淀食药局）举报其在某超市购买的食品的配料表中未标明添加食用油的具体名称等违法行为，请求依法查处。海淀食药局立案调查后作出投诉举报处理结果回复，将处理结果告知逯某。逯某不服，认为海淀食药局未履行法定职责，向法院提起行政诉讼。此案经两审法院审理，均认为根据食品安全法的规定，食品安全监管机关是出于保障食品安全秩序，保护不特定公众的身体健康和生命安全而履行监管职责，逯某作为消费者，不足以构成行政诉讼所保护的个人合法权益，与海淀食药局履行查处职责不具有法律上的利害关系，据此，裁

---

① 北京市第一中级人民法院（2018）京01行终493号。

定驳回逯某的起诉。

【案例二】[①] 周某向朝阳区食品药品监督管理局（以下简称朝阳食药局）举报其在某商店购买的食品中违法添加中药材，请求依法查处，朝阳食药局立案调查后作出举报事项的答复，告知周某举报的违法事实不成立，不予处罚。周某不服，诉至法院，请求撤销举报事项答复，判令朝阳食药局对其举报事项重新处理。此案经两审法院实体审理，均认为朝阳食药局对周某举报事项调查尚不充分，仍存在进一步履行职责的空间，故判决撤销被诉答复，判令朝阳区食药局针对周某举报事项重新进行调查处理。

第二组

【案例一】[②] 杨某向中国证监会江苏监管局（以下简称江苏证监局）举报其持有股票的某公司存在信息披露违法行为，请求予以查处。江苏证监局调查后作出复函，告知杨某未发现某公司存在被举报的违法行为。杨某不服，向中国证监会申请行政复议，中国证监会认为复函仅告知杨某举报事项的核查结果，未侵害其合法权益，杨某与复函之间不具有法律上的利害关系，不符合行政复议受理条件，决定驳回杨某的复议申请。杨某不服复议决定，诉至法院，两审法院经审理均认为根据证券法规定，证券监管机关应当且仅应当为整个证券市场及所有投资者之共同利益而依法全面履行监管职责，证券监管并不直接对个别投资者所涉及的权利冲突和市场纠纷进行考量和处理，其保护的投资者合法权益，应当且仅应当是所有不特定证券投资者的集合性利益。证券监管机关不负有针对个别举报而启动证券监管程序的义务，这与举报人是否参与证券市场投资活动无关。因此，杨某不具有请求江苏证监局履行职责的主观权利，其申请不符合行政复议受理条件，被诉复议决定并无不当，据此，判决驳回杨某诉讼请求。

【案例二】[③] 杨某（同前案当事人）向中国证监会深圳监管局（以下简称深圳证监局）举报其持有股票的某公司存在信息披露违法行为，请求予以查处。深圳证监局调查后作出答复函，告知杨某未发现某公司存在被举报的违法行为。杨某不服，向中国证监会申请行政复议，中国证监会经实体复议后

---

① 北京市第三中级人民法院（2018）京03行终342号。

② 北京市第一中级人民法院（2018）京01行初892号。

③ 北京市第二中级人民法院（2017）京02行终833号。

维持了答复函。杨某诉至法院，两审法院经审理均认为答复函并无不当，被诉复议决定亦符合法律规定，故判决驳回杨某的诉讼请求。

以上两组案例仅仅展现了审判实践中举报投诉人行政诉讼原告资格问题的冰山一角，而其间反映出的分歧与争议已不容忽视。包括但不限于上述食品药品和证券监管领域，至少在产品质量监督、工商行政管理、银行业监管、保险业监管、外汇管理、电信管理、司法行政管理、税收监管等领域均已出现举报投诉人因不服行政机关针对其举报投诉作出的答复申请行政复议或提起行政诉讼，不同复议机关或法院在举报投诉人复议、诉讼主体资格认识上存在很大差异。这些差异存在于同一时期不同法院之间，这些法院位于不同省市，有的则属于同一省市的不同地区；也存在于同一法院的不同时期；还存在于上下级法院之间、法院与复议机关之间以及不同的复议机关之间乃至同一复议机关的不同时期。从举报投诉的内容考察，通常是举报投诉人认为第三方存在违法行为，对其合法权益造成侵害，要求行政机关予以查处并给予奖励。从复议或诉讼的对象考察，则主要包括行政机关不履行答复职责，对举报投诉不予立案、不予受理、转办、撤案、不予查处、不予奖励等告知、答复以及行政机关对被举报投诉人作出的相关处理、处罚决定。争议或分歧主要集中于是否承认举报投诉人的复议申请人资格或行政诉讼的原告资格。正如上述两组案例所反映的，在案情基本相同或者说并无实质差别的前提下，一种观点以举报投诉人购买商品或股票，与被诉行为存在利害关系为由，认可其提起行政诉讼的原告资格，对案件进行实体审理；另一种观点则截然相反，认为一般消费者、个别投资者的地位均不足以使举报投诉人具有复议或起诉的权利，判断行政诉讼原告资格的关键在于对行政法规范的宗旨、目的及具体规定进行分析，如果行政机关在保护公共利益的同时，还负有保护或考虑举报投诉人具体权益的职责，那么，举报投诉人就具有请求司法保护的权利，从而具备行政诉讼原告资格。

面对司法实践中的重大分歧，贸然给出非此即彼的结论，并非科学严谨的态度，毋宁对各自观点形成、演进、流变进行知识考古意义上的爬梳与比较，并以此作为进一步思考与探索的基础性工作。

二、学说、规则与裁判中举报投诉人的原告资格

（一）行政诉讼法实施之初

事实上，伴随着我国行政诉讼法的初创与实施，举报投诉人原告资格问题便已进入学者的研究视野，并存在不同的意见。当时由最高人民法院《行政诉讼法》培训班主编、汇集全国著名行政法和诉讼法学者的《行政诉讼法专题讲座》中，即对“受害人”行政诉讼原告资格问题进行了探讨。此处的“受害人”意指合法权益受到第三方民事侵权等行为的损害，请求行政机关介入，履行追究加害人法律责任的职责，因对行政机关的不作为或处理不满，进而提起行政诉讼的人。其与行政诉讼实践中惯常使用的“投诉举报人”并无实质差别。学者以当时《治安管理处罚条例》和《专利法》的规定为例，认为“治安管理中的被处罚人和受害人都是行政相对人，《专利法》中获得专利发明证书的人和申请发明专利权被驳回的人也都是行政相对人，均有权提起行政诉讼”[①]，并进而批驳了另一种观点，即“受害人并不是行政相对人，因为治安行政管理的目的是维护社会秩序和公共安全，而不是为了受害人”。批驳的理由在于：“依照《治安管理处罚条例》第一条，加强治安管理是为了维护社会秩序，也是为了保护公民的合法权益，对某一致害人进行的处罚正是为了保护受害公民的生命健康权、住宅权等合法权益，所以，受害人也是这个决定的法律后果的直接承担者，他因决定的作出而使自己的合法权益得到保障和恢复。”[②] 学者还提出：“是否可以推广来说，特定的受害人都是行政相对人？比如，环保部门处罚某工厂，是因为它排放的污水污染了某块农田，使这块农田的所有人不能行使其对土地的使用收益的权利；食品卫生部门处罚了某食品店，是因为它出售的食品使若干人中毒，侵害了他们的生命健康权；药品管理部门处罚生产、销售假药、劣药的人，是因为发生了药品中毒事故。在上述情况下，是否可以说，上述的土地所有人、中毒的公民都是行政相对人，都有资格提起诉讼？”并列举了当时对此问题的分歧意

---

① 最高人民法院《行政诉讼法》培训班主编：《行政诉讼法专题讲座》，人民法院出版社 1989 年版，第 145 页（此部分为肖峻著）。

② 最高人民法院《行政诉讼法》培训班主编：《行政诉讼法专题讲座》，人民法院出版社 1989 年版，第 145 页（此部分为肖峻著）。

见："一种意见是，由于食品卫生法、药品管理法等法律没有规定，因此受害人不可以起诉；另一种意见是，受害人是行政相对人，如果行政处罚行为不能使他的合法权益得到保障和恢复，不足以制止致害人的违法行为，处罚就失去了意义，在这种情况下，应当允许受害人起诉。只允许受处罚人认为处罚过重而起诉，不允许受害人认为处罚过轻而起诉，这是不公平的。此外，允许受害人起诉还可以使行政机关不会随意迁就受处罚人，放弃行使管理职权。虽然食品卫生法等法律没有规定受害人可以起诉，但行政诉讼法是有权加以补充的。"① 由此可见，当前司法实践中举报投诉人行政诉讼原告资格问题的分歧意见在30年前行政诉讼制度初创时期，便已进入研究视野，并且有过深入细致的思考与探索。尽管受时代所限，彼时尚未提出"利害关系"的概念，对行政相对人的理解与现今也有所不同，讨论的空间还局限在法律法规是否明确规定可以提起行政诉讼的层面，但其中蕴含的法理，在很大程度上已然暗合现今分歧的观点与理据。在同一时期的学说中，主流观点倾向于赋予受害人原告资格，且不限于治安管理领域，诉讼对象也扩展至行政机关对加害人不予处罚等情形，主要理由在于保护受害人合法权益，监督行政机关依法行使职权。②

在此一时期的规范及裁判层面，则依然停留在《治安管理处罚条例》第三十九条明确赋予被侵害人诉权的范围，《最高人民法院关于贯彻执行〈中华人民共和国行政诉讼法〉若干问题的意见（试行）》这部司法解释中作出了相应的规定，即"治安行政案件中，复议机关撤销了原处罚决定，被侵害人不服而依法起诉的，人民法院应予受理"。该司法解释同时规定了"被侵害人认为被处罚人在同一事件中实施了两种违反治安管理的行为，公安机关只认定并处罚了一种行为，被侵害人如果要求公安机关处罚另一种行为而提起诉讼的，人民法院不予受理"。

（二）"若干解释"阶段

2000年实施的《最高人民法院关于执行〈中华人民共和国行政诉讼法〉

---

① 最高人民法院《行政诉讼法》培训班主编：《行政诉讼法专题讲座》，人民法院出版社1989年版，第145～146页。

② 参见江必新：《行政诉讼法——疑难问题探讨》，北京师范学院出版社1991年版，第120～121页；张树义：《冲突与选择——行政诉讼的理论与实践》，时事出版社1992年版，第136～137页。

若干问题的解释》（简称“若干解释”）在我国行政诉讼制度发展史上具有里程碑的意义，在很大程度上扩展了行政诉讼原告资格的范围，不仅提出“法律上利害关系”这一判断标准，而且采用列举的方式，对实践中争议较大的一些特殊类型的原告资格予以明确规定，赋予相邻权人、公平竞争权人等原告资格，其中就包括“要求主管行政机关依法追究加害人法律责任的”受害人或举报投诉人的原告资格。根据司法解释制定者的释义，被侵害人可以通过行政诉讼，要求行政机关追究侵害人的责任，行政机关追究侵害人的法律责任，属于保护被侵害人合法权益的范围。行政机关对侵害人的处罚具有双重价值，一方面是为了维护公共利益，另一方面也是为了保护被侵害人的权利。要求行政机关惩戒违法行为人，本身便是被侵害人的权利。新修正的刑事诉讼法规定，被害人在检察机关不提起公诉的情况下，可以直接向法院提起自诉。规定公民形式上的自诉权，同样是基于这一原理。[①] 目前我国行政机关不作为的现象比较普遍，行政机关不作为往往给国家利益和他人利益造成很多损害，有的损害并不比作为的损害小，要启动对行政机关这类不作为的监督程序，必须赋予受害人以原告资格。[②] 可见，司法解释的这一规定将受害人或举报投诉人原告资格扩展至治安管理之外的所有行政管理领域，赋予受害人诉权的目的也不仅仅是保护其合法权益，而是维护公共利益，监督依法行政。由于司法解释的权威性与明确性，此时期关于受害人或举报投诉人原告资格问题的争议似乎已然尘埃落定，学界对此问题并不十分关注，相关学说论证亦不常见，审判实践中对于举报投诉人原告资格问题未见明显争议，并逐渐形成以公益举报人和私益举报人作为判断是否赋予原告资格的一般标准。所谓私益举报人，即指为维护自身合法权益而举报违法行为人，要求相关行政机关予以查处的人。此处的自身合法权益或私益，主要是指被第三方侵害的民事权益，如治安管理领域被侵害的人身权、财产权，消费者领域在购买商品、接受服务过程中因交易对方的违约或侵权行为而导致人身权、财产权等合法权益遭受的侵害。当时一个实践中颇为流行的判断举报投诉人

---

① 参见最高人民法院行政审判庭编：《关于执行〈中华人民共和国行政诉讼法〉若干问题的解释释义》，中国城市出版社2000年版，第30页；甘文：《行政诉讼法司法解释之评论》，中国法制出版社2000年版，第67～68页。

② 江必新：《中国行政诉讼制度之发展：行政诉讼司法解释解读》，金城出版社2001年版，第69～70页。

原告资格的“一刀切”标准就是是否花钱购买了商品，而购物小票则成为证明举报投诉人具有原告资格的主要证据。公益举报人举报的事项则与自身合法权益无关，单纯为公共利益或他人合法权益，甚至为监督行政机关依法行政而行使检举、控告的权利。由于公益举报人没有保护自身合法权益的请求，故行政机关就其举报事项的处理或不作为，不会对其造成不利影响或实际损害，因此其不具有原告资格。[①] 这一阶段的代表性案例当属最高人民法院公报案例——彭学纯诉上海市工商局不履行法定职责纠纷案。在该案中，彭学纯向上海市工商局投诉，要求其履行法定职责，对上海有线电视台戏剧频道播放违法医疗广告，误导其妻子就医时死亡一案进行查处。上海工商局口头作出有关节目不属于广告，不予立案的答复后，彭学纯向法院提起行政诉讼，经两审法院实体审理，均认为上海工商局对彭学纯的投诉应予调查处理，并将处理结果告知本人。而最高人民法院〔2013〕行他字第 14 号《关于举报人对行政机关就举报事项作出的处理或不作为行为不服是否具有行政复议申请人资格问题的答复》则通过对司法鉴定执业活动举报投诉相关案件的请示答复，确立了举报人为维护自身合法权益而举报相关违法行为人，要求行政机关查处，对行政机关就举报事项作出的处理或不作为行为不服申请行政复议的，具有行政复议申请人资格的规则。由于投诉举报行政复议申请人资格与行政诉讼原告资格的判断标准具有同一性，故上述司法批复也可以看作是最高人民法院对于举报投诉人行政诉讼原告资格的态度。值得关注的是，在此阶段，已有学者开始运用公法权利及相关理论审视、检讨我国司法实践中举报投诉人原告资格的判断标准问题[②]，如同波澜不惊的湖面上泛起的涟漪。

（三）新法及司法解释实施前后

2015 年 5 月 1 日，新修正的行政诉讼法实施，2018 年 2 月 8 日，《最高人民法院关于适用〈中华人民共和国行政诉讼法〉的解释》施行。新司法解释对要求行政机关依法追究加害人法律责任的受害人赋予原告资格的规定未作实质性改变，但增加了“为维护自身权益向行政机关投诉，具有处理投诉职责的行政机关作出或未作出处理”的投诉人具有原告资格的规定。毋庸置

---

① 参见蔡小雪、梁凤云、段小京：《现行有效行政诉讼法司法解释解读应用》，人民法院出版社 2014 年版，第 445 ~ 446 页。

② 参见李纬华：《行政案件法律适用方法》，法律出版社 2011 年版，第 53 ~ 55 页。

疑，二者在适用上存在很大程度的竞合。根据新司法解释制定者的解释，规定投诉举报者的原告资格，是因为在司法实践中，投诉类等滋扰性行政案件数量激增，一些与自身合法权益没有关系或者与被投诉事项没有关联的“投诉专业户”利用立案登记制度降低门槛之机，反复向行政机关进行投诉。无论被投诉机关作出还是不作出处理决定，“投诉专业户”都会基于施加压力等目的而提起行政诉讼，这些人为制造的诉讼，既干扰了行政机关的正常管理，也浪费了法院有限的司法资源，还使得其他公民正当的投诉权利受到影响。因此，新司法解释以“为维护自身合法权益”作为赋予举报投诉人原告资格的限定条件。① 对于自身合法权益的进一步解释是，如果投诉者是出于消费目的的购买者，则其原告资格应当得到认可。② 对于受害人原告资格的规定虽然未作变化，但在制定者的释义中与此前有所不同，“购买伪劣商品的消费者起诉行政机关，要求行政机关对商家依法处理的案件，如果案件涉及的对象或范围具有广泛性，法院应当在审慎判断的基础上依法作出处理。比如公民认为某类食品或者药品不合格，要求行政机关作出处理，进而对行政机关的处理不服提起诉讼，在此情况下，人民法院就应当分析起诉是否具有个别性，具体地说，就是要看起诉人是否购买了该产品或者是否受到了该产品的损害，行政机关是否负有为保护其合法权益而作出具体处理的职责。如果任何一项答案为否，则不应承认起诉人的原告资格。如果涉及的范围非常广泛，在众多的受害人当中，起诉人如同汪洋中的一滴水，且其损害显著轻微，亦不宜承认其原告资格。解决此类问题合适的途径是公益诉讼，而公益诉讼则需要以法律特别规定为依据。”③ 根据以上解读，我们不难发现，新司法解释对于举报投诉人原告资格的判断标准，较之于前，虽然在“为维护自身合法权益”的连接点上似乎并无实质变化，但基于立案登记之后投诉类等滋扰性行政案件数量激增的社会问题，在司法政策层面，出现了一些隐而不显的调整。比如，投诉者只有是出于消费目的的购买者时，才能认可其原告

---

① 最高人民法院行政审判庭编著：《最高人民法院行政诉讼法司法解释理解与适用》，人民法院出版社 2018 年版。

② 最高人民法院行政审判庭编著：《最高人民法院行政诉讼法司法解释理解与适用》，人民法院出版社 2018 年版，第 102 页。

③ 最高人民法院行政审判庭编著：《最高人民法院行政诉讼法司法解释理解与适用》，人民法院出版社 2018 年版，第 100 ~ 101 页。

资格，单纯的购买商品并不足以获得原告资格，这显然是为了规制职业打假人的诉讼。再如，消费者起诉的个别性、行政机关职责的特定性与具体性、案件涉及范围的广泛性以及损害的显著轻微性，都将成为法官审慎判断是否赋予举报投诉人原告资格需要考量的因素。潜移默化的变革也许正在发生。

与司法解释的谨慎态度有别，审判实践率先祭起源自德国法并为大陆法系国家地区普遍接受的公法权利、反射利益、保护规范理论等判断行政诉讼原告资格的理论体系，结合具体案件，通过裁判文书，精细、详尽阐释运用规则与方法。在刘广明诉张家港市人民政府行政复议申请再审一案中，最高人民法院指出："以行政机关作出行政行为时所依据的行政实体法和所适用的行政实体法律规范体系，是否要求行政机关考虑、尊重和保护的权利或法律上的利益，作为判断是否存在公法上利害关系的重要标准。"① 在梁志斌诉山西省人社厅、山西省政府劳动保障行政监察及行政复议再审申请一案中，最高人民法院认为："公民、法人或者其他组织可以就何种事项向哪个行政机关投诉举报，取决于法律、法规或者规章的具体规定；与此相应，能否就投诉举报事项提起行政诉讼，也需要根据法律、法规或者规章对投诉举报请求权的具体规定作出判断。通常情况下，对是否具备原告资格的判断，取决于以下方面：第一，法律、法规或者规章是否规定了投诉举报的请求权；第二，该投诉举报请求权的规范目的是否在于保障投诉举报人自身的合法权益。法律、法规或者规章规定的投诉请求权，在于促使行政机关对投诉事项发动行政权。如果行政机关发动了行政权，并将调查处理结果告知投诉人，就属履行了法定职责。如果投诉人对调查处理结果不服，其提起诉讼的目的是想为第三人施加负担，如要求作成或者加重对第三人的处罚，则应依赖于法律、法规或者规章是否规定了为第三人施加负担的请求权。"② 此外，最高人民法院还在〔2016〕最高法行他145号《关于发展改革部门项目审核批复行政案件原告资格问题的答复》中，明确了行政机关作出被诉行政行为时所适用的行政实体法律规范，是否要求行政机关考虑、尊重和保护原告诉请保护的权利和利益，是判断利害关系的标准之一。但同一时期，经最高人民法院审判委员会讨论通过的第77号指导案例——罗镕荣诉吉安市物价局物价行政处理

---

① 最高人民法院（2017）最高法行申169号。

② 最高人民法院（2017）最高法行申281号。

一案中，却依然沿用了传统的“举报人就其自身合法权益受侵害向行政机关进行举报的，与行政机关的举报处理行为具有法律上的利害关系，具备行政诉讼原告主体资格”这一判断标准，看来分歧并未止步于基层。与司法实践的探索相呼应，学界探讨举报投诉人原告资格的论文渐次增多，多主张引入保护规范理论作为判断标准，并进行类型化区分，同时协调民事与行政诉讼权利救济的分工，为一度在此问题上沉寂多时的学说注入勃勃生机。①

三、举报投诉人原告资格的反思与探索

（一）行政诉讼原告资格的一般判断标准

尽管行政诉讼原告资格问题是一个世界性难题，其判断标准极易受到各种不确定因素的影响，从而使司法的不一致在某种程度上成为正常现象，但综合考察不同国家和地区原告资格的判断标准后，便不难发现，其中还是有一些可以把握的共性规律与基准的。举报投诉人原告资格的判断，亦应限定于此标准范围之内探讨。将视野放宽，在主观诉讼的面向上，行政诉讼的目的无非在于消解违法行政行为对个体权益的侵害。如果案件经过审理和裁判后，即使认定行政行为违法，但并不能达致对起诉之个体权利保护的效果时，我们便有理由追问，此诉讼对于起诉人的权利救济有何意义？为何要赋予起诉人原告主体资格？事实上，行政诉讼原告资格的限定恰恰基于主观诉讼，以维护客观法秩序、监督依法行政、保护公共利益为主旨的客观诉讼无须设置如此令人纠结的原告资格标准。这样看，行政诉讼原告资格判断标准应着重于权益与损害两个维度。当然，在二者之间尚有一些作为要件的连接点，如因果关系。对此的完整表述大致可以归纳为，行政行为对公民、法人或其他组织的合法权益已经或将会产生不利影响、侵害乃至损害。而一个反向的检验标准则在于，如果赋予起诉人原告资格，一旦因被诉行政行为违法而遭受司法的否定性评价，起诉人所主张的受侵害的权益能否得以恢复或弥补。

---

① 参见龙非：“行政诉讼中‘受害者’原告资格之反思——以德国法作为比较”，载《法律适用·应用案例》2017 年第 22 期；赵宏：“保护规范理论在举报投诉人原告资格中的适用”，载《北京航空航天大学学报》（社会科学版）2018 年第 5 期；伏创宇：“行政举报诉讼原告资格的构造——指导案例 77 号的逻辑与指导意义考察”，载《中国法学会行政法学研究会 2018 年年会论文集》；陈鹏：“行政诉讼原告资格的多层次构造”，载《中外法学》2017 年第 5 期。

1. 合法权益标准

无论是德国法上的公法权利，还是美国法上的利益范围，或是日本法规定的法律上的利益，以及我国台湾地区使用的权利或法律上之利益，均无一例外地要求原告所主张的受行政行为侵害的权益应属于法律或宪法所保护或调整的利益，这同我国行政诉讼法上的合法权益之内涵并无实质差别。当然，如何识别某种利益是否属于法律或宪法所保护或调整的范围，便涉及法律解释和司法政策的问题，差异之处也正在于此。一般而言，单纯的愿望、需求、思想、信任、情感、感受等，均不足以成为法律保护的利益。此外，法律保护的个体利益还应当具有特定性，是超越一般公共利益的特殊利益。[①] 无疑，合法权益还应当属于起诉人所有。需要注意的是，合法权益标准通常是扩大或者缩小原告资格范围的调节器，受司法政策的影响较大，是一个灵活易变的标准。

2. 损害标准

损害标准要求已经发生损害或者发生损害的可能性极大，不是基于推测发生的损害，也不是对于某一问题的关注、爱好、愿望。与合法权益标准相对应，起诉人主张的损害还必须是特定的损害。如果损害的范围很广，是对公共利益的损害，包括全体公民在内，则属于一种不能分化的抽象的损害，不对任何人产生起诉资格。[②] 行政诉讼的主要功能之一就在于原告能够通过司法审查使其受到损害的权益获得某种补救或矫正，如果起诉人权益并未受到损害，也不具有将要发生损害的可能性，那么司法救济的实益性是不存在的，因而没有必要赋予其诉权。

3. 因果关系标准

其实，因果关系标准是可以置于损害标准项下讨论的，因为只有损害是由行政行为造成的，受害人或受到不利影响的人才能够通过法院撤销行政行为或责令行政机关履行法定职责，使其损害得到补救。如果起诉人主张的损害根本不是由行政机关造成的，其提起行政诉讼是没有意义的。因果关系的判断无疑又是一个令人困惑的法律难题，若以蝴蝶效应而论，则难脱万事皆

---

① 参见［德］弗里德赫尔穆·胡芬：《行政诉讼法》，莫光华译，法律出版社 2003 年版，第 246～250 页；朱应平：《澳美两国司法审查原告资格比较研究》，北京大学出版社 2013 年版，第 113～135 页。

② 王名扬：《美国行政法》（下），中国法制出版社 1995 年版，第 630～631 页。

成因果的无解之局。因此，不妨以侵权行为法上因果关系的判断标准作为参考，强调近因、实际和相当可能性，排除想象的、微弱的、关系疏远的以及难以确定的情形。

由于对原告资格的判断属于起诉条件的范围，位于诉讼程序的前端，因此，上述标准并不要求切实符合，只需要在此阶段排除明显不符合条件者即可，其余的工作可以在实体审理阶段完成。诸如可争辩的属于利益范围、不利影响、有造成损害的可能等不确定的表达，恰恰适用于原告资格的判断。上述三个判断标准在逻辑上是紧密相连的，可以形成判断的次序与层次，同时也可以根据起诉人的主张，从不同视角考察。此外，还有一些影响因素或限制条件，也是在判断识别过程中需要关注的，比如，如果赋予起诉人原告资格，是否会构成对民事权利正常行使的限制，这在一般债权人原告资格问题上尤为明显。

（二）司法规则的模糊地带

对于举报投诉人原告资格问题，在实定法层面，除行政诉讼法规定的“合法权益可能受到行政行为侵害”这个一般性“利害关系”标准之外，至少还有以下较为明显的具体司法规则有适用的余地。其一，《行政诉讼法》第十二条第一款第（六）项规定，“申请行政机关履行保护人身权、财产权等合法权益的法定职责，行政机关拒绝履行或者不予答复的”。尽管该规定属于受案范围，但其作为履责之诉的一般性条款，体现了利害关系在“不作为”形态中的样貌，在解释上应不限于应申请行为。而举报投诉人正是以请求行政机关保护其合法权益，行政机关未依法履行职责对其造成侵害为由主张其原告资格的。其二，《最高人民法院关于适用〈中华人民共和国行政诉讼法〉的解释》第十二条第（三）项规定，“要求行政机关依法追究加害人法律责任的”，该规定延续自“若干解释”，一直作为判断举报投诉人原告资格的重要标准。其三，《最高人民法院关于适用〈中华人民共和国行政诉讼法〉的解释》第十二条第（五）项规定的“为维护自身权益向行政机关投诉，具有处理投诉职责的行政机关作出或者未作出处理的”，作为单独规范举报投诉人原告资格的标准。由于举报投诉行为并不是一个严谨的分析性法律概念，而属于事实描述性的概念，相关规则又都从不同角度对事实描述加以抽象概括，因此，在规范适用上，难免存在无穷的困惑。例如，“为维护自身权益向行政机关投诉”能否等同于“申请行政机关履行保护人身权、财产权等合法权益的法定职责”?“要求行政机关依法追究加害人法律责任”是否属于“行政机关保护人身权、财产权等合法权益的法定职责”范围?举报投诉人“为维护自身权益”是否意味着其已经受到加害人的实际侵害，还是认为可能受到来自第三方的侵害?如何明确界分上述规则各自的适用范围与所针对的不同情形，它们之间的关系是重叠、交叉抑或并列?面对规则中的模糊地带，恐怕不得不对司法解释进行再解释。这也许正是制定法的无奈之处:当我们试图用一个更为明确具体的规则阐释既有抽象规范的时候，却面临着对新规则不断加以再解释的巨大风险。

（三）“自身合法权益”标准还是“规范保护”标准

当前一个时期，司法实践中对于举报投诉人原告资格判断标准的分歧，主要集中于“自身合法权益”标准与“规范保护”标准之间①。前者是我国本土的研究成果，并为司法解释、指导案例所肯认，属于审判实践中的主流观点；后者则属源自大陆法系国家或地区的理论通说，近年来在审判实践中异军突起，已有与主流观点分庭抗礼之势。由于两种观点对于行政诉讼的目的、原告资格的制度功能、合法权益的理解等基础性观念大相径庭，似乎并不具有寻求共识的空间，二者孰是孰非，抑或存在“第三条道路”，需要通过严谨的分析论证才能得出答案。

1. 关于“自身合法权益”标准

这里的自身合法权益与受行政行为侵害的合法权益有所不同，是指可能遭受来自第三方民事侵权行为等侵害的权益。如果用行政诉讼原告资格的一般判断标准来衡量举报投诉人的原告资格，那么，需要追问的是，接受举报的行政机关作出或者未作出处理可能侵犯了举报投诉人何种权益?如果举报投诉人主张的是民事权益，该权益虽然可能受到侵害，但侵害人是被举报人，而非行政机关，也可以说，其主张的权益遭受侵害与被诉行政行为之间缺乏因果关系。如果举报投诉人主张的是举报投诉权，那么，除非行政机关不予答复，如何对举报投诉事项进行处理与举报投诉权的行使没有必然联系，也就是说，举报投诉权并未受到侵害。如果举报投诉人主张惩戒违法行为人是

---

① 如果将自身合法权益解释为公法权利，那么，分歧是不存在的。而事实并非如此，自身合法权益标准的内容中并无规范保护的观念。

对其遭受侵害的一种赔偿，那么，这种复仇的心态或感受难以构成请求司法保护的合法权益，至多只能成为避免加害人再次从事违法行为的公益诉求，但这并不符合赋予原告资格的合法权益标准。如果举报投诉人主张的是由于行政机关处理不当，影响其民事求偿，那么，这种损害是一种假想的、推测的损害，缺乏法律依据。因为承担行政责任并非民事赔偿的先决条件。综上，以是否为维护自身合法权益举报投诉作为判断举报投诉人原告资格的标准，在大多数情形下，并不符合行政诉讼原告资格的一般判断标准。

2. 关于“保护规范”标准

保护规范理论以公法上权利义务关系的构建为基础，衍生出主观公权利、反射利益的概念，进而以公法规范为标准，借助于法律解释技术，发现公法请求权，并使之与行政诉权相连接，成为可以寻求司法保护的根据。因此，保护规范理论成为判断行政诉讼原告资格中合法权益的重要标准。即只有在公法规范并非单纯以维护公益为目的，而兼有保护私人利益之意旨的情形下，个人才能获得公法上的权利，从而具备向行政机关请求具体作为、不作为或容忍的法律资格，并于权利受到侵害时，可以请求司法救济。反之，如果公法规范并不具有保护个人利益的目的，个人虽可因行政机关公法义务的履行而获得某种利益，但此种利益并非法律所保障，而仅系公共利益的反射，在法律上不具有公法请求权，也不能请求司法救济。① 应当说，该理论具有浓厚的德国法特色，有学习借鉴的空间，但从目前我国司法实践的状况来看，以此为原告资格的判断标准，尚显储备不足。一是缺乏立法基础。在我国，保护规范理论并未成为学界的共识或理论通说，立法机关在制定法律过程中更没有通过公法规范赋予公法权利的观念与意识，尽管立法者的意思并非解释的唯一途径，但在此种前提下，所谓的法律解释也就缺失了基本的依据，难免成为法官的一厢情愿。二是法律解释技术不足。法律规范中明确规定公法权利者殊少，太过倚重公法规范保护目的解释，而解释本身就带有很大程度的不确定性，很难抽象地认定谁的利益仅为公益的一部分，谁的利益需要单独保护，且我国的法律职业群体尚不能熟练掌握一套成熟的法律解释技术，实践中分歧丛生。通过法律解释寻求原告资格的确定标准，使得原本就带有

---

① ［德］哈特穆特·毛雷尔：《行政法学总论》，高家伟译，法律出版社2000年版，第152~155页；王和雄：《论行政不作为之权利保护》，三民书局1994年版，第139~140页。

很大不确定性的原告资格问题更加不确定，难以形成相对清晰明确的标准①。三是职能有限。保护规范理论的运用有时候要追溯到宪法的基本权利规范作为解释依据，而我国司法目前尚不具有此职能。四是民众不易接受。保护规范理论在个案裁判中的表述较为复杂，反射利益、集合性利益等概念难以理解，裁判接受度不高。综上，在目前的状况下，尚不宜大规模引入保护规范理论作为判断举报投诉人原告资格的标准，但不妨借助其中的一些理论内涵并结合行政诉讼原告资格的一般判断标准进行恰当运用，也许会在增加明确性、减少争议、增强说理等方面取得不错的效果。

（四）合法权益受到行政行为侵害和有效救济标准

如果依然将举报投诉人原告资格定位于主观诉讼原告资格类型之一，而不过多涉及公益诉讼问题，那么，没有理由脱离判断行政诉讼原告资格的一般标准而另起炉灶。实定法中不同规则模糊地带的进一步澄清，也都有赖于依据原告资格一般标准的再阐释。

1. 举报投诉人合法权益可能受到侵害的判定

无论是“为维护自身权益”向行政机关举报投诉，还是要求主管行政机关依法追究加害人法律责任，都应围绕请求行政机关履行保护人身权、财产权等合法权益的法定职责，行政机关拒绝履行或不予答复，侵害当事人合法权益进行解释，才符合判断行政诉讼原告资格的一般标准。第三方侵害合法权益、行政机关追究加害人法律责任的法定职责，均不足以构成受举报行政机关的作为或不作为可能侵害举报投诉人合法权益的判断标准，还应具备以下要素：其一，行政机关是否依法具有直接针对或有助于举报投诉人的保护、救助措施、手段，如履行紧急救助义务②、有针对性的责令改正③、责令赔偿损失、责令限期缴纳并补足社会保险费④等，是否能够有效地保护举报投诉

---

① 在我国当下的审判实践中，即使是同样运用保护规范理论判断原告资格，很多时候得出的结论却截然相反，可见对于规范解释的差异之大，例证可参见北京市高级人民法院（2018）京行终 1507 号。

② 如《人民警察法》第二十一条规定：“人民警察遇到公民人身、财产安全受到侵犯或者处于其他危难情形，应当立即救助……”

③ 如根据《产品质量法》第四十条规定，产品质量监督部门或工商行政管理部门责令销售者改正的目的在于督促其对产品购买者购买的产品进行修理、更换、退货或赔偿。类似规定还有《消费者权益保护法》第五十六条第八项。

④ 如《社会保险法》第八十六条规定：“用人单位未按时足额缴纳社会保险费的，由社会保险费征收机构责令限期缴纳或者补足……”

人人身权、财产权等合法权益免受侵害或减少损害；其二，如果行政机关拒绝或怠于履行保护职责，有可能构成与加害人无意思联络的共同侵权行为。从司法救济的角度考察，如果行政机关拒绝或怠于履行保护职责，法院判决要求行政机关履行，对举报投诉人而言，对权利的救济具有实际意义，可以补救或者挽回损失，即使法院判令履行已无实际意义，也可以判令行政机关承担相应的行政赔偿责任。如此，行政机关不依法履行法定职责对举报投诉人合法权益可能造成侵害，诉诸司法救济具有现实意义，因此，应当赋予举报投诉人原告资格。

2. 举报投诉人要求对举报投诉事项予以答复的原告资格

不应否认，公民的举报投诉为行政机关提供违法线索，有助于行政机关及时发现违法案件，督促行政机关积极履行法定职责，保护民众合法权益免受违法行为侵害，也是公民参与国家行政管理，影响、协助、监督行政权依法有效行使的重要渠道。我国的很多法律法规中都明确规定了任何公民都有权对违法行为进行举报投诉，行政机关对属于职责范围的举报投诉，应当依法处理，并将处理结果告知投诉举报人，对于不属于职责范围的举报投诉，应当书面通知并移交有权机关处理。相应地，很多行政执法机关或监管机构都制定了举报投诉处理办法，以规范处理举报投诉工作。这样看来，无论是否为了维护自身合法权益投诉举报，至少在程序层面，都有要求受举报机关对投诉举报事项的处理给予书面答复的权利，这其实是一种监督行政机关依法行使职权的适当方式，既可避免过分介入公益事务，又对行政机关有所督促。因此，无须区分公益举报人还是私益举报人，在请求行政机关对投诉举报事项的处理依法给予书面答复这一程序性权利上，不妨赋予举报投诉人提起行政诉讼的原告资格，以保障其举报投诉权的行使。

3. 举报投诉人要求对举报投诉事项予以奖励的原告资格

一些法律规范中规定了举报投诉的奖励办法，以鼓励公民揭发违法行为。获得奖励固然属于财产权范畴，但前提是举报事项经查证属实并已依法作出行政处罚。而以未获奖励为由主张合法权益受到侵害，进而要求行政机关履行对举报投诉事项的处罚职责，无异于倒果为因。行政机关对举报投诉事项如何处理是否会对举报投诉人合法权益造成不利影响或侵害是第一层法律关系，而奖励要件满足，行政机关拒绝给予奖励是第二层法律关系。奖励并不属于第一层法律关系中举报投诉人的合法权益，否则举报投诉人均有权仅依据获得奖励的权利对行政机关的处理行为提起诉讼。只有在奖励要件满足，行政机关拒绝给予奖励的前提下，举报投诉人才能够被赋予原告资格。[①]

4. 要求行政机关依法追究加害人法律责任的原告资格

如果将举报投诉人原告资格定位于行政机关不履行保护义务造成权益侵害的一般判断标准，那么，“要求行政机关依法追究加害人法律责任”作为赋予原告资格的情形之一，恐怕对其内涵需要重新加以阐释。与对权益的现实保护和救济不同，追究加害人法律责任虽系行政机关法定职责范畴，但未必构成对受害人个体的特定保护义务，行政机关不予追责与权益侵害缺乏必然的因果关系，除非追责是提供现实保护的一种方式或其他保护措施的延续[②]。此外，前已述及，追责本身为受害人带来的感受亦不成立受法律保护的权益。这样看，对此标准似乎有必要进行较大幅度的限缩解释，才有助于澄清现有司法规则中的模糊之处。从我国长期以来的司法实践考察，赋予治安处罚领域被害人要求公安机关依法给予加害人行政处罚的原告资格，是惯常做法，但其内涵则有别于原告资格的一般判断标准，因此，不妨将其视作“要求行政机关依法追究加害人法律责任”的唯一情形，基于司法解释的特别规定，赋予原告资格，以明确区别于举报投诉人是否具备原告资格，避免适用上的混淆。

综上，举报投诉人为维护自身合法权益举报投诉，并不足以表明其合法权益可能受到行政机关的侵害，不符合行政诉讼原告资格的一般要件，也难以规制诸如职业打假人一类的滋扰性诉讼，因为在购买商品这一“维护自身合法权益”连接点上，其与一般消费者无异，除非设置以个人消费为目的的限制要件。判断举报投诉人原告资格，还要回归行政诉讼原告资格的一般要件，着重考察行政机关处理或不予处理的行为是否侵害举报投诉人合法权益。我们可以把目光聚焦在行政机关是否依法具有直接给予举报投诉人予以救济的义务，因其怠于或拒绝采取相应的措施，使举报投诉人未能避免或加重了来自第三方的直接侵害。如此，举报投诉人提起行政诉讼要求判令行政机关履行保护合法权益法定职责或提起行政赔偿诉讼要求行政机关赔偿因其怠于

① 陈清秀：《行政诉讼法》，法律出版社 2016 年版，第 262 页。

② 如根据《社会保险法》第八十六条规定，用人单位未按时足额缴纳社会保险费的，由社会保险费征收机构责令限期缴纳或者补足，逾期仍不缴纳的，由有关行政部门处欠缴数额一倍以上三倍以下罚款。显然，行政处罚的目的在于督促用人单位限期缴纳或补足，是为受害人提供实际保护的一种方式。

履行保护救助义务造成的损失才具有诉之利益，在此情形下，理应赋予举报投诉人诉权。而应排除仅基于复仇心态或举报奖励等其他考虑，要求行政机关履行对加害人进行查处、加重处罚等依职权具有普遍意义的课予行政责任的职责。此思路无疑暗合规范保护理论中公法规范兼有保护私人利益之意旨的理念，但并不完全倚重法条和法律解释，而是深入探求公法权利背后的道理，亦即只有行政机关在权限能力所及之处，能够为寻求保护者提供不同于维护一般公益效果的特殊直接有效救济，但其不依法履行保护职责，造成举报投诉人不同于一般公众的侵害的前提下，赋予举报投诉人个别寻求司法救济的权利，才显得有意义。主张赋予受害人或为维护自身合法权益举报投诉人原告资格者，大多提到了维护公益，监督行政机关依法行政，避免其懒政怠政的意义，在食品、药品、环境安全等问题凸显，监管机关的社会风险规制责任有待加强的背景下，此观点更显有力。然而，在行政诉讼原告资格问题上，司法应该持审慎态度。固然通过司法政策可以审时度势，适度调整原告资格的空间，但我们不得不考虑利益衡量的另一面——行政负担、司法资源、被举报方排除行政干预的防御性权利、民事救济与行政救济的分工与便利、行政裁量的空间以及公器私用之虞。此外，在没有足够充分且必要理由的前提下，以维护公益之名放宽一部分案件的原告资格，对于其他因维护公益起诉而被排除在行政诉讼受理范围之外的人而言，也是不公平的。事实上，在司法实践中，食品药品、金融监管等领域大量的投诉举报行政案件都是由为数不多的几个“投诉专业户”引发的，其诉讼目的并不在于维护自身合法权益，但形式上，按照目前主流的司法标准，其原告资格又是成立的。如果赋予其诉权，就会使诉讼呈现空洞化、信访化的趋势，偏离行政审判本应具有的救济权利和解决实质争议的目的。同时，也并不能实现想象中的客观上维护公益的效果，相反，却有可能扰乱正常的行政管理秩序。例如，证券等金融监管领域具有相当的专业性和复杂性，而且监管手段都具有先进性、能动性，监管力度也在不断强化，如果允许普通投资者为了本就带有不确定性和风险的所谓投资利益通过投诉举报无端随意启动金融监管调查核实程序，并随之进行旷日持久的复议、诉讼，那么，对于金融市场的稳定、投资者的整体利益、被举报公司的合法权益都是十分不利的。长期以来，我国并不严格区分行政诉讼的主客观诉讼性质，甚至一度强化监督行政机关依法行政的客观目的，将对公民的权益保护作为此目的的副产品，这就造成行政诉讼原告制度功能缺乏明确指向，收放无据。这些因素都导致了司法实践中对举报投诉人原告资格判断问题的严重分歧。因此，只有回归行政诉讼原告资格的一般要件，在主观诉讼的方向上，深入探讨举报投诉人原告资格问题，才有形成共识的基础。

四、行政诉讼原告资格的判断方法

见微知著，举报投诉人原告资格问题上的分歧，映射出我国司法实践中对行政诉讼原告资格判断的短板。有观点认为，行政诉讼原告资格整体呈现扩大趋势，普遍赋予原告资格，让案件进入实体审理，还能够达到行政诉讼制度监督行政机关依法行政的目的，至少，对于原告而言，是没有害处的。对此，前文已经给出回应，利益衡量的视角下，我们关注的就不应仅仅是原告的权益。应当承认，世界范围内，扩大行政诉讼原告资格，使民众更为便利地接近司法，是一个趋势，也是一个方向。然而，扩大并不是无原则、无标准的，要考虑一国的法治发展程度、行政诉讼制度的功能价值、行政机关以及法院的承受能力、民众的权利意识等多重因素。我国司法实践中，立案登记之后，行政诉讼案件数量激增，相当一部分无意义、不以救济个人合法权益为目的的案件进入法院，在一定程度上造成行政审判的空洞化，其中，举报投诉类行政案件就占据了不小的比例。对此，司法政策亦有所回应，除司法解释中将举报投诉人原告资格单独列出，并以维护自身合法权益为限定条件，在释义中进一步限缩解释外，尚制定有《最高人民法院关于进一步保护和规范当事人依法行使行政诉权的若干意见》，对原告资格不无限缩之意，如规定当事人因投诉、举报、检举或者反映问题等事项不服行政机关作出的行政行为而提起诉讼的，人民法院应当认真审查当事人与其投诉、举报、检举或反映问题等事项之间是否具有利害关系，对于明显不具有诉讼利益、无法或者没有必要通过司法渠道进行保护的起诉，依法不予立案。即便如此，由于在判断行政诉讼原告资格方法上的无序，不同观点在不同平台上自说自话，缺乏形成共识的基础，这就必然造成实践中认识的分歧。本文认为，对行政诉讼原告资格形成相对一致的判断标准，统一司法尺度，至少从方法论层面可以在以下三个层面有所作为。

其一，标准分析。判断行政诉讼原告资格的一般标准是学术界和实务界长期研究形成的，凝聚了最基本的底线共识，也吸纳了主要国家或地区的学说、立法、判例中的某些共性规律。因此，在通常情况下，司法实践中，判断原告资格应以此为据，无须另设标准。当然，不排除在条件成熟的情况下，引入某种更为精致、更有助于实践操作的新的标准，并使之成为主导。

其二，类型归纳。标准分析固然精确，但难免存在分歧，而类型化则足以关照极度复杂的案件形态，化繁为简，以明了的方式予以归类，用清晰的要素加以描述，更为直观与便利。例如，我们可以把行政诉讼原告资格分为相对人、与复效行政行为有利害关系的第三人、要求履行法定职责或给付义务的申请人、信息公开申请人、原告资格转移以及其他具有公益性质依据司法政策赋予原告资格的特殊情形等几个大的类别，再在其中设置若干亚类型，将实践中类似情形分别归于不同类型中。通过类比对照，一体考量，可以省却不少精力。事实上，司法解释中对原告资格的列举规定，就是采用类型化的方法将实践中带有一定特殊性的相邻权人、竞争权人等原告资格问题加以归纳综合形成的。

其三，判例积累。在行政诉讼原告资格问题上，恐怕没有什么方法比判例更适合解决分歧了。即使有再多司法解释的规定，诸如合法权益、利害关系等不确定法律概念，仍需要进一步阐释。因此，在这一领域，概念分析明显不及裁判积累。域外很多国家和地区，都通过判例积累逐步扩大原告资格范围，经由司法裁判发展了原告资格制度。判例积累还能够真实反映不同时期的司法政策，为学术研究提供素材。我国目前的最高人民法院指导案例、公报案例，均有此功能，应该更多地在诸如“利害关系”等难以用文字进行明确解释的法律概念的阐释领域发挥应有的功能。此外，最高人民法院再审裁判的实践有可能成为我国司法判例制度的有力推手，其对行政诉讼原告资格的诸多阐释已经越来越受到学界和下级法院的关注。

（作者单位：北京市高级人民法院）

论行政规范性文件不予适用与被诉行政行为合法性之间的关系

王留一

【摘要】基于规范性文件[①]违法原因之不同，规范性文件不予适用与被诉行政行为的合法性存在不同的关系。规范性文件因超越权限、程序违法或者“限缩裁量”而被认定为违法的，对依据其作出的行政行为应当以行政机关是否已为裁量为区分标准，对羁束行为或者裁量行为但规范性文件只起参考作用的行政行为依据上位法对其合法性进行判断，并根据审查结果分别作出撤销判决、履行判决或者驳回原告诉讼请求的判决。对于裁量行为且规范性文件起决定作用的行政行为可以直接予以撤销。行政机关仍可以作出处理结果完全相同的行政行为。规范性文件属于“无依据”或者其他抵触情形的，对被诉行政行为的合法性则可以直接予以否定并作出相应判决。此时，行政机关无变更法律依据再次作出相同行政行为的可能。

【关键词】行政规范性文件　附带审查　不予适用　选择适用　抵触

根据权威解释，2015年《行政诉讼法》增设规范性文件附带审查制度的根本目的在于个案争议的解决，而不在于抽象意义上的规范性文件合法性的判断。[②] 因而，行政行为的合法性审查无疑是规范性文件附带审查的逻辑终点。这就意味着对规范性文件的合法性进行审查只是为了获得被诉行政行为合法性审查的前提，真正关键的是根据这个结论对行政行为的合法性作出判

---

① 为行文之简便，除原本引用与法条引用之外，本文将行政规范性文件简称为规范性文件。

② 全国人大常委会法制工作委员会副主任信春鹰在《关于〈中华人民共和国行政诉讼法修正案（草案）〉的说明》中指出，实践中，有些具体行政行为侵犯公民合法权益是由于规范性文件越权错位等规定造成的。为从根本上减少违法具体行政行为，可以由法院对规范性文件进行附带审查。（这实际上表明规范性文件附带审查制度建立的初衷即是纠正违法的具体行政行为。）

断。由于“规范性文件的合法性一般都是作为被诉行政行为合法性的判断因素之一”，所以，我们不禁要追问，当规范性文件被认定为违法而不予适用后，被诉行政行为一定是违法的吗？法院应当对其作出怎样的处理？这些问题关涉规范性文件附带审查结论与被诉行政行为合法性之间的关系。这一命题在结构上勾连着规范性文件的司法审查与行政行为的司法审查，关乎规范性文件附带审查制度在整体功能上的实现。

然而，当前我国学界对规范性文件附带审查结论的关注却始终集中在其对规范性文件本身效力所产生的影响这一层面，① 对于个案层面的意义——审查结论与被诉行政行为之间的关系，鲜有研究。可喜的是，已有个别学者认识到了这一问题的研究价值，并明确指出透过当前的案例看来，司法实务似乎“并没有清晰定位缺乏依据与被诉行政行为合法性之间的关系”。② 因此，从理论上对这一命题进行分析并明晰司法处理的规则在当下显得尤为重要。

一、不予适用后对被诉行政行为的两种处理方式

（一）理论言说

根据行政诉讼法之规定，对于行政行为所依据的规范性文件，法院经审查后认为不合法的，不作为认定行政行为合法的依据。反之，对于合法的，则应当作为认定行政行为合法的依据。在后者情形中，既然原告所诉请审查的规范性文件被认定为合法，则规范性文件附带审查自然应当终结。因为这意味着规范性文件的合法性已经被法院认定为不构成被诉行政行为违法的理由，法院即可以转回被诉行政行为的司法审查中，按照具体行政行为的审查规则继续审查即可，因而也就不存在附带审查所引致的难题。

---

① 夏雨博士将当前学界关于规范性文件附带审查结论效力的观点归纳为三种学说，分别是自此无效说、普遍“不予适用”说及本案“不予适用”说，参见夏雨：“行政诉讼中规范性文件附带审查结论的效力研究”，载《浙江学刊》2016 年第 5 期。这三种学说指向的实际上都是规范性文件审查结论在抽象层面的效力。

② 朱芒教授在对华源医药股份有限公司诉国家工商总局商标局等商标行政纠纷一案的评析中指出，对于被判定为不合法的规范性文件，不作为认定行政行为合法的依据的理解。法院的判决书一方面清晰地表现出对修法增设新制度本意的理解，判决仅表现为个案拘束力；另一方面，其对行政行为的影响又表述为“主要证据不足，适用法律、法规错误”，并没有清晰定位缺乏依据与被诉行政行为合法性之间的关系，参见朱芒：“规范性文件的合法性要件——首例附带性司法审查判决书评析”，载《法学》2016 年第 11 期。

但在前者情形中，规范性文件由于违法而被不予适用。[①] 此时，法院对被诉行政行为的处理在理论上就存在两种可能：一种是“选择适用”，另一种是“直接处理”。

所谓“选择适用”，是指当规范性文件被确认违法而不予适用后，法院选择适用其上位法规范对该行政行为的合法性继续审查并作出最后的裁判。例如，马得华博士认为，不予适用仅仅回答了如何对待非法的规范性文件问题，但没有回答法院究竟如何裁判的问题。可以借鉴法律规范冲突中的选择适用方法，当规范性文件与上位法不一致或抵触时，法院可选择上位法作为审查行政行为是否合法的标准。[②] 这就是典型的“选择适用”立场。[③] 其理论依据在于“规范性文件不是正式的法律渊源，对人民法院不具有法律规范意义上的约束力”[④]。在论证行政行为的合法性时，规范性文件的作用在于辅助审查、论证。[⑤] 就行政行为合法性的判断，应当主要以法律和行政法规为主。连规章都不能单纯作为判断被诉行政行为合法性的标准，[⑥] 更不用说不具有普遍约束力的规范性文件了。[⑦] 正如藤田宙靖在论述行政规则的地位时所举例说明的那样：“通告毕竟只是对行政机关的内部加以约束，而对于私人则没有法律效力（即与私人的权利、义务没有法律关系）。在这种情况下，征税处分合法与否，完全取决于该征税处分违不违反其根本的法律（所得税法），只是与此有关系，与通告是没有关系的。”[⑧] 正是由于规范性文件在被诉行政

---

① “不予适用”这一表述发端于最高人民法院指导案例5号关于违反上位法的规章的适用规则。马得华博士将这一概念迁移至规范性文件附带审查之中，将规范性文件附带审查结论为违法时的法律后果，即不作为行政行为合法的依据这一命题同样概括为“不予适用”，参见马得华：“我国行政诉讼规范性文件附带审查的模式与效力难题”，载《政治与法律》2017年第8期。笔者认为这一概括是适当的，因为不作为认定行政行为合法的依据实际上就是排除该规范性文件在本案中的适用。因此本文将使用这一概念指代规范性文件附带审查结论为违法时的法律后果。

② 马得华：“我国行政诉讼规范性文件附带审查的模式与效力难题”，载《政治与法律》2017年第8期。

③ 持这一观点的还有程琥法官。程琥认为，在案件审理中法院一旦认定规范性文件违法，那么就应当结合案件事实，选择最适合案情的其他法律规范，参见程琥：“新《行政诉讼法》中规范性文件附带审查制度研究”，载《法律适用》2015年第7期。

④ 江必新、梁凤云：《行政诉讼法理论与实务》（下），法律出版社2016年版，第1513页。

⑤ 参见［日］平冈久：《行政立法与行政基准》，宇芳译，中国政法大学出版社2014年版，第252页。

⑥ 参见姜明安：《行政诉讼法》，北京大学出版社2016年版，第267页。

⑦ 关于规范性文件不具有普遍约束力的论述，参见黄宇骁：“也论法律的法规创造力原则”，载《中外法学》2017年第5期。

⑧ 这里藤田宙靖提到的通告即指行政规则，相当于我国的规范性文件，参见［日］藤田宙靖：《日本行政法入门》，杨桐译，中国法制出版社2012年版，第103页。

行为的合法性判断上只起辅助作用，因此当规范性文件被认定为违法时，当然应当选择适用上位法对行政行为的合法性进行判断。

所谓“直接处理”，是指当规范性文件不予适用后，法院不再适用上位法规范对被诉行政行为的合法性进行判断，而直接以适用了错误的法律依据为由否定被诉行政行为的合法性，并进而作出撤销判决或者履行判决。例如，林莉红教授认为：“‘不作为认定依据’是对个案处理的回复，将该规范性文件从法律适用中排除，如果其是被诉行政行为的主要依据，那么会导致行政行为被否决。”① 这里林教授虽然以主要依据对所适用的规范性文件的范围作了限定，但就处理方式而言，其仍然主张规范性文件不予适用，可能会导致行政行为直接被否决。因此这实际上就是对“直接处理”方式的肯定（因为所谓依据就是指以规范性文件作为行政行为主要依据的情形）。

这一处理方式的理论依据在于，部分学者认为，我国《行政诉讼法》第七十条第二款规定的“适用法律、法规错误”应当作宽泛解释，不仅包括适用法律、法规错误，还包括适用规章、规范性文件错误。② 而“适用法律、法规错误”的情形之一就是应当适用上位法却适用了下位法。③ 因此，应当适用法律、法规或者规章，却适用了与之相抵触的规范性文件，也是适用法律、法规错误。④ 既然行政行为存在适用法律、法规错误的情形，而该情形又是撤销判决的理由之一，法院当然可以直接对行政行为作出裁判，而无须再根据上位法进行审查。

（二）实务探索

与理论分歧形成反差的是，实务中对此问题的处理却出奇地一致。经检索发现，自规范性文件附带审查制度实施以来，一共在 9 个案例中，法院对规范性文件作出了不予适用的结论。在这 9 个案例中，法院都采取了“直接处理”的方式，在排除规范性文件适用的同时，法院即对被诉行政行为的合法性作出了认定，并径直作出了裁判（这 9 个案例所呈现的整体司法态度详

---

① 林莉红、李淮：“行政规范性文件司法审查构造论”，载《学术论坛》2017 年第 6 期。

② 章剑生：《现代行政法总论》，法律出版社 2014 年版，第 501 页。

③ 参见姜明安：《行政诉讼法》，北京大学出版社 2016 年版，第 301 页；张淑芳：“行政主体适用法律法规错误研究”，载《法律科学》2013 年第 6 期。

④ 蔡小雪：“具体行政行为适用法律、法规错误的表现形式”，载《人民司法》1997 年第 3 期。

见表1)。例如，在文亚平、田某诉长沙市望城区国土资源局土地行政征收案①中，法院认为："《中华人民共和国土地管理法》《中华人民共和国土地管理法实施条例》《长沙市征地补偿安置条例》和《长沙市征地补偿安置办法》等法律、法规和规章及相关的规范性文件对征地补偿和安置已有明确规定，'《望城县征地补偿安置办法》(2009 年3 月6 日望政发〔2009〕11 号）颁布之后，农嫁女户口未迁出的不予认定'的规定没有法律依据，不能作为本案的定案依据。"因此判决责令被告在本判决生效后60 日内依法对原告文亚平予以补偿、安置。在本案中，规范性文件的合法性审查可以说几乎是与行政行为的合法性判断同时完成的。正是由于上位法"已有明确规定"，因此规范性文件不能作为本案的定案依据。也正是因为"上位法已有明确规定"，所以被诉行政行为是违法的。在这 9 个案例中，尽管法院最终作出的判决方式并不相同，但对被诉行政行为都一致选择了"直接处理"的方式，即在排除规范性文件适用的同时，否定了行政行为的合法性，进而直接对被诉行政行为作出了判决。

表1　规范性文件不予适用案件判决情况表

案件名称	判决方式	判决理由	对行政行为的处理
丹阳鸿润超市诉丹阳市场监督管理局不予变更经营范围登记案（2015.7)，简称"鸿润超市案"②	撤销并责令重作	适用法律、法规错误	"直接处理"
陈伏云、李庆云、张凯不服湘潭县人力资源和社会保障局工伤认定案（2015.8)，简称"陈伏云案"③	撤销并责令重作	适用法律、法规错误	"直接处理"
杨立英等诉北京市通州区台湖镇人民政府行政给付案（2015.11)，简称"杨立英案"④	履行判决	其他	"直接处理"

① 长沙市望城区（2015）望行初字第 00136 号。

② 江苏省丹阳市中级人民法院（2015）丹行初字第 00052 号。

③ 湖南省湘潭县人民法院（2015）潭行初字第 56 号。

④ 北京市通州区人民法院（2015）通行初字第 106 号。

续表

案件名称	判决方式	判决理由	对行政行为的处理
王玉强诉北京市昌平区住房和城乡建设委员会拆迁期限延期批复案（2015.12），简称“王玉强案”①	确认违法	其他	“直接处理”
文亚平、田某诉长沙市望城区国土资源局土地行政征收案（2016.5），简称“文亚平案”②	履行判决	其他	“直接处理”
何智能诉佛山市南海区大沥镇人民政府行政处理案（2016.5），简称“何智能案”③	撤销判决	适用法律、法规错误	“直接处理”
胡奋诉舟山市公安局其他行政行为案（2016.5），简称“胡奋案”④	撤销并责令重作	适用法律、法规错误	“直接处理”
宁夏鑫源运输有限责任公司诉隆德县道路运输管理所等许可案（2016.10），简称“鑫源公司案”⑤	撤销并责令重作	适用法律、法规错误	“直接处理”
聂拴成与张家口市宣化区社会保险事业管理局、张家口市宣化区人力资源和社会保障局案（2016.12），简称“聂拴成案”⑥	履行判决	适用法律、法规错误	“直接处理”

（三）小结

从理论上分析，在规范性文件被认定为不予适用后，对被诉行政行为有“选择适用”与“直接处理”两种路径。当前我国司法实务一致采取“直接处理”的方式。但值得探究的是，这种处理方式是合理的吗？其是否适合应对所有的规范性文件附带审查案件？如果不能，两种方式应当如何选择？更进一步的追问在于，两种处理方式仅是一种审查路径的差别，还是说会导致实体结果的不同，从而对当事人的权益产生影响？在“选择适用”方式下，

① 北京市昌平区人民法院（2015）昌行初字第49号。
② 长沙市望城区人民法院（2015）望行初字第00136号。
③ 广东省佛山市中级人民法院（2016）粤06行终188号。
④ 浙江省高级人民法院（2016）浙行终202号。
⑤ 宁夏回族自治区西吉县人民法院（2016）宁0422行初29号。
⑥ 河北省张家口市宣化区人民法院（2016）冀0705行初14号。

是否可能出现规范性文件违法但被诉行政行为合法的结论？这些问题不仅关系到最终判决的合法性与正确性，还关系到诉讼经济原则的实现以及对行政首次判断权的尊重，在根本上涉及行政权与司法权关系的平衡。而对这些问题的准确回答，首先需要理清规范性文件合法性与行政行为合法性之间的关系。

二、规范性文件合法性与行政行为合法性之间的关系

对被诉行政行为究竟应当采取何种处理方式，涉及规范性文件合法性与行政行为合法性之间的关系（这里的行政行为是指依据该规范性文件作出的行政行为）。更具体一点，是对规范性文件违法是否会直接导致行政行为违法这一命题的判断。因为如果规范性文件违法会直接导致行政行为违法，那么法院自然可以直接否定被诉行政行为的效力。但如果规范性文件违法，依据其作出的行政行为并不当然违法，那么法院当然需要根据上位法规范对行政行为的合法性继续审查。关于这一问题，学理上鲜有讨论。仅有个别学者在相关研究中提出，规范性文件违法等于行政行为违法。① 但问题真的如此简单吗？下文对此展开详细分析。

（一）具体审查与抽象审查区分视角下二者关系的判断

讨论规范性文件违法与依据其作出的行政行为的合法性之间的关系，首先需要明确的是规范性文件违法包括哪些情形，然后再根据不同的情形具体分析。法院可以对规范性文件的哪些违法情形进行审查，这既是审查标准的问题，也是审查范围的问题。关于这一问题，争议较大的是法院能否对规范性文件的制定权限、程序的合法性进行审查。② 但这一争论应当说在 2018 年

---

① 王贵松教授认为，如果裁量基准本身违反法律规定，或者违反法的一般原则，遵守裁量基准的裁量决定也同样违法。简言之，“裁量基准违法 = 裁量决定违法”。参见王贵松：“行政裁量基准的设定与适用”，载《华东政法大学学报》2016 年第 3 期。虽然行政裁量基准与规范性文件在性质上并不相同，但由于裁量基准通常就是以规范性文件的形式表现出来的，因此王贵松教授这里对裁量基准与裁量决定合法性关系的观点也可以视为对规范性文件与行政行为合法性关系的看法。

② 关于是否应当审查规范性文件制定程序的讨论，参见黄学贤：“行政规范性文件司法审查的规则嬗变及其完善”，载《苏州大学学报》（哲学社会科学版）2017 年第 2 期。此外，是否可以审查权限与程序问题的讨论还可以参见学理上关于规范性文件的审查范围是具体审查还是全面审查的讨论，因为权限与程序的审查与全面审查都是一种抽象审查，参见耿玉娟：“规范性文件附带审查规则的程序设计”，载《法学评论》2017 年第 5 期。

《最高人民法院关于适用〈中华人民共和国行政诉讼法〉的解释》（以下简称《行诉解释》）颁布后，已经有了答案。至少在制度与实务层面，已经不存在疑问。因为《行诉解释》第一百四十八条明确规定了规范性文件不合法包括超越权限、程序违法以及与上位法相抵触等情形。这就意味着法院不仅可以对被诉行政行为所适用的具体条款的内容合法性进行审查，还可以审查规范性文件整体在制定权限、程序上的合法性。这就表明司法对规范性文件的审查范围从具体审查延伸到了抽象审查。因为对制定权限与程序的审查并不需要以具体案件为前提，也不需要考察规范性文件的具体内容。①

《行诉解释》第一百四十八条第二款规定的违法情形可以概括为四种，分别为超越权限、② 与上位法相抵触、没有上位法依据以及程序违法。③ 超越权限与程序违法是对上位法中关于规范性文件是否有效应当符合的一些制度事实规定的违反。这些规定并不设定行为模式，而是关于制定主体与制定行为的规定，如主体资格、权限范围以及程序规定。④ 由于不规定行为模式，因此对这些规定的违反并不需要考察规范性文件的具体内容。换言之，在认定规范性文件是否超越权限或者违反程序规定时，法院并不需要将该规范性文件的具体内容与上位法的具体内容进行比对。例如，教育机关制定了关于环境保护的规范性文件，这很明显属于超越权限，但是至于该规范性文件具体规定了一些什么内容，就不需要考察了。再如，上位法授权行政机关通过制定规范性文件规定“公共阵地使用权拍卖、招标的具体办法”⑤，但是该机关却规定了非公共阵地使用权拍卖、招标办法，这就超越了上位法的授权范围。但至于该办法中对非公共阵地使用权拍卖究竟是如何规定的，是无须考察的。

---

① 根据袁勇博士的归纳，规范合法性审查有抽象审查与具体审查之分。前者是脱离具体案件根据法规定的语义进行的审查活动，后者则是根据具体案情并结合法规定的语义进行的审查活动。根据这一区分，对规范性文件超越权限与程序违法的审查为抽象审查，对具体内容是否抵触上位法的审查为具体审查，参见袁勇：“法的违反情形与抵触情形之界分”，载《法制与社会发展》2017 年第 3 期。

② 这里的超越权限是笔者对《行诉解释》第一百四十八条第二款第（一）项的概括，该项内容包括制定主体没有相关法定职权和超越授权范围两种情形，参见最高人民法院行政审判庭编：《最高人民法院行政诉讼法司法解释理解与适用》，人民法院出版社 2018 年版，第 697 页。

③ 《行诉解释》第一百四十八条第二款第（五）项：其他违反法律、法规以及规章规定的情形，仅是一个兜底条款，实质意义不大。因为前四项实际上也都可以视为违反法律、法规以及规章的情形，因为权限、程序都是由上位法规定的，所谓与上位法相抵触也是违反上位法的规定。

④ 袁勇：“法的违反情形与抵触情形之界分”，载《法制与社会发展》2017 年第 3 期。

⑤ 《上海市户外广告设施管理办法》第十二条第四款。

规范性文件程序违法的认定遵循同样的原理。

论述至此，我们就会发现，在根据权限标准与程序标准对规范性文件作出违法性认定时，法院并没有对规范性文件的实体内容进行审查。换言之，此时规范性文件实体内容的合法性仍然处于未知的状态。对于被诉行政行为的合法性，法院仍需根据上位法进行审查才能确定。在这种情况下，如果法院经审查后认为规范性文件在实体内容上的规定是合法、合理的，法院仍有可能采纳规范性文件的规定，认定被诉行政行为违法。更为甚者，如果规范性文件对上位法的解释是唯一正确的，即使存在超越权限或者程序违法等情形，法院也只能采纳这一解释。举例来说，假如某项规范性文件将上位法中的“机动车”解释为包括“电动摩托车”，即使该项规范性文件是超越权限或者程序违法的，法院仍有可能会认为这是对上位法的正确解释而予以认可，进而认定被诉行政行为合法，驳回原告诉讼请求。由此可见，在超越权限与程序违法两种情形中，规范性文件违法，被诉行政行为并不必然是违法的，其合法性处于一种未知的状态。而对这种未知状态，需要根据上位法的规定作出判断。

（二）多重“抵触”分类视角下二者关系的判断

除超越权限与程序违法以外，《行诉解释》规定的规范性文件违法的情形还包括与上位法相抵触和没有上位法依据两种（以下简称“抵触”和“无依据”）。对这两种情形的认定，均涉及规范性文件的具体内容。而且此时如果规范性文件被认定为违法，必然意味着规范性文件的内容与上位法的规定存在冲突。此时被诉行政行为的合法性就有可能直接受到规范性文件的影响。当然，对这一影响的确证，仍需根据这两种情形的不同内涵进行剖析。

要明确“抵触”与“无依据”的区别，首先需要明确“抵触”的概念内涵。[①] 所谓“抵触”，如果将它理解为下位法与上位法之间相冲突、相违背，[②] 那么它几乎就可以涵盖规范性文件违法的所有情形。在这一意义上，“无依据”也可以视为一种“抵触”。[③] 但既然《行诉解释》第一百四十八条将二者

---

① 董皞教授认为，何为不抵触，是一个十几年也未争论出结果的话题。参见董皞：“判定法律冲突之问题研究”，载《法律科学》2014 年第 1 期。

② 参见周旺生：《立法学》，法律出版社 2009 年版，第 284 页。

③ 华源公司案所体现的司法规则也是将无依据与抵触等同起来。由此可见，二者的区分在实务中也是模糊的。

并列起来，这就意味着在该条文的语境下，对抵触的理解应当作一些限定，以实现二者逻辑关系的融洽。而由于抵触的概念内涵更宽泛，因此区分的基本思路应当是首先界定“无依据”的内涵，从而明确其范围，然后将这一部分范围与上位法不一致的地方从“抵触”中抽离出来，构成一个独立的范畴，将剩下的部分划归于《行诉解释》第一百四十八条第二款第（二）项规定的与法律、法规、规章等上位法的规定相抵触的范围，从而实现第（二）项与（三）项逻辑上的融洽。

所谓“无依据”，根据《行诉解释》第一百四十八条第二款第（三）项的规定，是指“没有法律、法规、规章依据，违法增加公民、法人和其他组织义务或者减损公民、法人和其他组织合法权益的”。所谓“没有法律、法规、规章依据”，有两种理解，一是缺乏上位法的授权基础，二是上位法对此事项没有作出规定。根据上文所述，前一种情形已经被归入超越权限的范畴，因此不能纳入“无依据”的范围。后一种情形从法律规范的结构来讲，具体可以理解为对于某项事实或者行为，并没有设定法律后果，因此也就不属于法律的调整范围。此时，如果规范性文件对其加以规定，即创设了新的权利义务，也即第（三）项后半句所说的“违法增加公民、法人和其他组织义务或者减损公民、法人和其他组织合法权益的”。

当然，如果上位法已经对某事项作了规定，有了一个完整的法律规范，规范性文件对此法律规范的构成要件与法律后果进行扩大或者限缩，从理论上来说，这也属于对权利义务的创设。但是，这种情形却不宜归入“无依据”的范围。因为此时由于上位法已经有了规定，规范性文件与上位法的规定不一致，这就构成了与上位法的抵触。而在前述情形中，由于上位法并没有相关规定，规范性文件可以说凭空创设了一项法律规范。这与对上位法扩大或者限缩而导致的权利义务的创设是完全不同的。由此可见，唯有将“无依据”解释为在没有上位法规定的情况下，完全独立地规定了一项新的法律规范；而把“抵触”解释为在有上位法规定的情形下，规范性文件的规定与上位法不一致，方能实现《行诉解释》第一百四十八条在体系上的融洽。

在完成了对“抵触”与“无依据”的界分之后，我们可以开始对两种情形下规范性文件与行政行为的关系展开分析了。这其中，“无依据”下的判断相对简单。由于在“无依据”情形中，规范性文件是在法律、法规或者规章完全没有规定之下的创设，此时行政机关如果以该规范性文件为依据作出了一个行政行为，这就显然构成一个没有任何法规范依据的行政行为。根据法律保留原则，对公民的权利义务造成影响的行政行为必须具备法规范的基础。[①] 而在我国，这一基础的最低层级是规章。因此单纯以规范性文件为依据的行政行为必然是违法的。由此可见，当规范性文件被认定为“无依据”时，被诉行政行为的法律后果也是确定的——违法。

接下来是“抵触”。对“抵触”情形下规范性文件与行政行为关系的判断要相对复杂一些。“抵触”这一概念在多种语境下皆有使用，学理上并没有统一的定义。根据最高人民法院的归纳，“抵触”的常见情形有 11 种。[②] 但这种列举式的归纳“尚未形成判断法律规范之间‘抵触’的理论标准”，[③] 就规范性文件违法与被诉行政行为合法性之间关系的判断而言，难以形成有意义的参考作用。因此对二者合法性关系的认定，仍需借助其他分析工具进行剖析。

1. 原则抵触与规则抵触

如果把规范性文件与法规范的关系视作上下位法的关系，那么规范性文件与上位法的抵触首先表现为原则抵触与规则抵触。“原则抵触也称间接抵触或抽象抵触，指下位法的规定内容与上位法的指导思想、基本原则和基本精神不一致。规则抵触也称直接抵触或具体抵触，就是规范之间的抵触，具体是指下位法的具体规定与上位法的具体规定不一致。”[④]

在行政法适用中，原则在很多时候以行为唯一基础的方式广泛调控着公务人员和行政机构的活动。因为“法律授予行政机构特定的权力，并指示它们依照普遍性原则来运用权力，促进特定政策目标的实现。裁量权的实践更多地受到原则而非规则的指导”[⑤]。换句话说，在行政法适用中，法律原则的适用空间主要集中在行政裁量部分。[⑥] 平等原则、比例原则、信赖保护原则

---

① 参见［德］哈特穆特·毛雷尔：《行政法学总论》，高家伟译，法律出版社 2000 年版，第 237 ~ 238 页。

② 参见最高人民法院《关于审理行政案件适用法律规范问题的座谈会纪要》。

③ 胡建淼：“法律规范之间抵触标准研究”，载《中国法学》2016 年第 3 期。

④ 胡建淼：“法律规范之间抵触标准研究”，载《中国法学》2016 年第 3 期。

⑤ 约瑟夫·拉茨：“法律原则与法律的界限”，雷磊译，载《比较法研究》2009 年第 6 期。

⑥ 这是由法律原则的适用方法所决定的。由于法律原则适用的前提是“穷尽规则”，而所谓行政裁量就是在行政法规则没有明确规定的前提下由行政机关自由选择，即“规则的尽头是裁量的开始”。由此可见，行政裁量的本质属性决定了其必然要接受法律原则的调整。

等行政法上的一般原则构成了裁量是否合理的主要审查标准。[①] 而规范性文件是一般裁量权的行使，[②] 是裁量理由的一般化，当行政行为依据某项规范性文件作出时，该一般化的裁量理由就转化为个案裁量的理由。此时如果这个一般化的裁量理由违背了法律原则，那么依据其作出的个案裁量必然也违反了法律原则。因此，王贵松教授所说的“裁量基准违背法定目的、违反法的一般原则、未考虑特殊情形等，裁量基准构成违法，遵守裁量基准的裁量决定也同样违法”这一判断在原则抵触的语境下是能够成立的。由此可见，在原则抵触中，规范性文件的违法性与行政行为的违法性是一致的。接下来，我们再分析规则抵触的情形。

2. 自然内容的抵触与制度内容的抵触

袁勇博士认为，规则的内容可以分为自然内容与制度内容。“前者规定的是自然领域之物理行为、物理内容等自然内容，如《合同法》的主要规定；后者规定的是法律制度领域中的制度行为、既定规范等制度内容，如《立法法》的主体规定。”[③] 自然内容的规定如 N1：申请核发机动车检验合格标志的，必须提供机动车行驶证和第三者责任强制保险单；制度内容的规定如 N2：任何单位不得附加提供机动车行驶证和机动车第三者责任强制保险单以外的条件；如果某项规范性文件规定 N3：申请核发机动车检验合格标志的，必须提供机动车行驶证和第三者责任强制保险单并处理完毕道路交通安全违法行为和交通事故。那么在袁勇博士看来，N1 与 N3 构成法的违反，N2 与 N3 构成法的抵触。[④] 笔者认为，袁勇博士所谓法的违反与法的抵触，在规范性文件合法性审查的语境下，实际上都可以被纳入《行诉解释》第一百四十八条第二款第（三）项规定的“抵触”范围之中，但其关于自然内容与制度内容的区分对于规范性文件与行政行为合法性的判断具有重要的指导意义。

在行政法规范中，存在着大量的制度内容规定。若规范性文件违反这些

---

① 例如，王贵松教授认为，法律原则作为法源的一种，对确保裁量权的正当行使具有不可忽视的作用。正是因为法律原则的存在和运用，才真正填补了实定法的漏洞，将行政裁量圈定在法治的四角天空之中。参见王贵松：“论行政裁量的司法审查强度”，载《法商研究》2012 年第 4 期。

② 在德国，裁量权行使的方式分为具体裁量权与一般裁量权两种。前者是指行政机关在个案中运用行政裁量权，后者是指通过行政规则的方式统一规定行使裁量权的标准。参见［德］哈特穆特·毛雷尔：《行政法学总论》，高家伟译，法律出版社 2000 年版，第 128 页。

③ 参见袁勇：“法的违反情形与抵触情形之界分”，载《法制与社会发展》2017 年第 3 期。

④ 参见袁勇：“法的违反情形与抵触情形之界分”，载《法制与社会发展》2017 年第 3 期。

规定，依据其作出的行政行为只能被认定为违法。仍以上述条文为例，当上位法存在 N2 的规定时，如果某规范性文件规定 N3，那么该项规范性文件就与 N2 构成了抵触。此时，如果行政机关根据 N3 要求相对人提供交通违法处理完毕的证明，该项行政行为无疑是违法的。因为该行为显然不符合上位法的规定。但当规范性文件的自然内容构成抵触时，被诉行政行为就未必一定是违法的了，仍需根据具体情况具体分析。

3. 构成要件的抵触与法律后果的抵触

对自然内容抵触的分析，从法律规则的逻辑结构入手或许会更清晰一些。[①] 一个完整的法律规范由构成要件与法律后果组成。如果一项规范性文件对法规范（法律、法规或者规章）中的构成要件进行了增加、限缩或者变更，均构成抵触。而且在这些情形下，依据这些规范性文件作出的行政行为都必然是违法的。因为此时，行政机关所认定的事实与法规范规定的构成要件是不一致的，因而无法完整地涵射其中，会发生法律适用或者事实认定的错误。从司法实务来看，这种类型的抵触是规范性文件违法的主要情形。根据表 1 所统计的 9 个案例，除“鑫源公司案”外，其余 8 个案例所涉的规范性文件都是由于与上位法规定的事实构成不一致而被法院认定为违法的。

例如，在“陈伏云案”中，法院认为，被诉复函第三条第（二）项规定的“无证驾驶、酒后驾车等行为造成本人伤亡的，不纳入工伤范围”与《工伤保险条例》相冲突，该复函的规定限缩了工伤认定的范围，从而限缩了《工伤保险条例》规定的权利，故该复函不合法。[②] 在本案中，作为上位法的《工伤保险条例》已经规定了认定工伤的条件，而行政机关制定的规范性文件却增加了条件。此时如果行政机关根据规范性文件增加的条件作出不予认定工伤的决定，那么这一行政行为必然是违法的，因为它不符合上位法的规定。

但如果规则的抵触发生在法律后果部分，结果可能就不一样了。例如当法律规定“在使用中的航空器上使用可能影响导航系统正常功能的器具、工具，不听劝阻的，处五日以下拘留或者五百元以下罚款”[③] 时，如果某规范

① 以构成要件与法律后果之区分对法律规则抵触的详细剖析，参见程庆栋：“执行性立法‘抵触’的判定标准及其应用方法”，载《华东政法大学学报》2017 年第 5 期。

② 湖南省湘潭县人民法院（2015）潭行初字第 56 号。

③ 《治安管理处罚法》第三十四条第二款。

性文件规定“在使用中的航空器上使用可能影响导航系统正常功能的器具、工具，不听劝阻的，处五日以下拘留”，这一条款限缩了上位法规定的裁量空间，无疑构成抵触。[①] 但问题是，如果此时行政机关对某一在使用中的航空器上使用可能影响导航系统正常功能的器具的当事人作出了一个拘留 3 日的处罚，该行政决定是合法的还是违法的？从字面上来看，拘留 3 日的处罚决定既符合法律的规定，也符合规范性文件的规定。再如，法律规定对某种违法行为的罚款额度为 500—1000 元，规范性文件规定对这种违法行为的处罚额度为 600—1000 元。此时如果行政机关依据此规范性文件作出了一个罚款 600 元的决定，该行政行为也是既符合规范性文件又符合法律规定的。

这就导致了一种疑难情形的出现：规范性文件违法，行政决定却是符合法律规定的。更进一步的问题是，不仅这一决定是符合上位法规定的，还有可能是事实认定正确、证据充分的。也就是说，从实体内容上讲，该行政行为可能是完全合法、正确的。在航空器上违法使用器具的当事人的违法行为根据其违法情节本身就应当给予拘留 3 日的处罚，规范性文件将法律规定的“罚款”这一法律后果“移除”并不影响该案处理的公正性。此时法院是应当以适用法律、法规错误将该行政行为撤销，还是依据上位法继续审查拘留 3 日的决定是否合理呢？如果撤销，由于对该案的实体处理是正确的，行政机关完全可能再次作出一个处罚结果相同的行政行为。这就有可能导致重复诉讼，徒增诉累，浪费司法资源。如果依据上位法继续审查，又必然面临司法代为行政裁量的诘问。因为在依据规范性文件作出决定时，由于规范性文件只规定了拘留一个选项，行政机关也许并没有综合考虑当事人违法的相关情节而径直给予了拘留处罚。但根据上位法重新作出决定时，行政机关应当综合考虑案件的全部因素选择一个符合本案当事人违法程度的法律后果，从而满足过罚相当的原则。而这些因素所涉及的事实认定与法律适用只能在行政程序中完成，否则司法就替代行政了。由此可见，在这种情形中，对被诉行政行为合法性的认定与处理存在一定的困难。

以上这一理论难题是存在于法律后果抵触中的特殊情形，是构成要件部

---

① 在上位法与下位法的关系上，上位法的规范内容即是下位法规定的界限，超出这一界限，包括对上位法的限缩和扩大，都构成抵触。参见陈吉利：“法律抵触判定原理的反思和重构”，载《行政法学研究》2014 年第 3 期。

分的抵触所不具有的。因为规范性文件构成要件与上位法不一致，会导致行政行为事实认定的错误。[①] 但法律后果的不一致就不一样了。因为从行政裁量的原理来讲，只要是在裁量空间内，任何一个选择都可能是合法的。这就意味着如果规范性文件限缩了上位法授予的裁量空间，行政行为仍有可能是合法的。而且这种疑难状况只会发生在规范性文件限缩裁量的情形中，如果规范性文件超越了上位法规定的裁量范围，那么依据该规范性文件作出的行政行为也必然是违法的。因为此时该行政行为构成了裁量逾越。

（三）小结

综上所述，根据《行诉解释》的规定，规范性文件存在四种违法情形：超越权限、程序违法、“抵触”、“无依据”。规范性文件与被诉行政行为的关系可以根据这四种情形划分为两种：一种是在超越权限、程序违法以及限缩裁量的抵触中，规范性文件即使违法，被诉行政行为的合法性仍处于未知的状态。此时规范性文件的违法可以称为“非终局性违法”。另一种是在其他抵触类型以及“无依据”中，规范性文件的违法会直接导致行政行为违法。此时规范性文件的违法可以称作“终局性违法”。

由上可知，规范性文件的“终局性违法”在司法处理的规则上是较为简单的。因为在这种情形下，被诉行政行为必然是违法的，法院只需要直接将其撤销或者判决履行即可。真正带来挑战的是“非终局性违法”。但从案例来看，截至目前司法机关似乎并未面临这一难题，以上 9 个不予适用的案例所涉及的规范性文件都是“终局性违法”（构成要件的抵触）。之所以没有出现“非终局性违法”的案例，有可能是因为还没有发生这一类型的抵触案件，也有可能是因为司法机关对这些类型的抵触尚未有清楚的认识，因而没有对这些类型的抵触作出认定；还有可能是因为司法基于对行政的尊让而故意避开了对规范性文件的抽象审查。但不管怎样，“非终局性违法”在现实中是完全可能发生的。如何处理，还需理论上作出更为清晰的回答。

---

① 构成要件中使用的不确定概念属于事实认定问题，参见于立深：“行政事实认定中不确定法律概念的解释”，载《法制与社会发展》2016 年第 6 期。因此，当规范性文件对构成要件的解释错误，就会发生事实认定的错误。

三、“非终局性违法”下被诉行政行为的司法处理规则

在“非终局性违法”之下，虽然规范性文件违法，但被诉行政行为的合法性却是未知的，需要法院作出进一步的认定与处理。

这里先试举一例。《公路安全保护条例》第六十四条规定，对于车辆超过限定标准行驶的，可以处 3 万元以下的罚款。① 规范性文件对这一条文进行了细化，规定了五级处罚档次，② 其中第一档为超限重 5% 以上不足 30% 的，处 200 元以上 500 元以下罚款。第二档为超限重 30% 以上不足 50% 的，处 500 元以上 2000 元以下罚款。行政机关据此对某超限重 10% 的当事人作出了罚款 300 元的处罚。若这一规范性文件因存在超越权限或者程序违法的情形而被法院认定为不予适用，法院应当直接以规范性文件违法，被诉行政行为适用法律、法规错误为由作出撤销判决，还是应当根据《公路安全保护条例》第六十四条来审查这个罚款 300 元的决定是否合法？这就是“选择适用”和“直接处理”两种方式的差异。

毋庸置疑，在以上案例中，规范性已然构成了违法，而且被诉行政行为也确实适用了规范性文件，如果将适用法律、法规错误理解为包括错误地适用了规范性文件，那么此时法院当然可以以适用法律、法规错误为理由撤销该处罚决定。但问题是，该案已经存在可适用的上位法依据，且根据相对人违法的事实，对相对人的处罚有可能是合法合理的。此时如果将该处罚决定撤销，行政机关嗣后有可能依据《公路安全保护条例》第六十四条再次作出一个罚款 300 元的处罚决定，相对人如不服有可能再次提起诉讼。如此岂不会造成行政争讼的反复纠缠，违反诉讼经济原则？③

那么，法院应当根据《公路安全保护条例》第六十四条直接审查罚款 300 元的决定是否合法吗？毫无疑问，这个决定在形式上是合法的，因为 300 元处于第六十四条规定的 3 万元以下的幅度内。但这个处罚决定的裁量合理

---

① 《公路安全保护条例》第六十四条：违反本条例的规定，在公路上行驶的车辆，车货总体的外廓尺寸、轴荷或者总质量超过公路、公路桥梁、公路隧道、汽车渡船限定标准的，由公路管理机构责令改正，可以处 3 万元以下的罚款。

② 参见《天津市查处非法超限运输车辆行驶公路规定》第七条。

③ 关于程序经济原则的论述，参见徐昕：“程序经济的实证与比较分析”，载《比较法研究》2001 年第 4 期。

吗？法院如果对此进行判断岂不是在代替行政机关进行行政裁量吗？更严重的问题是，法院如果认为这个处罚决定合理，但行政机关反而认为在没有上述规范性文件的情况下，综合原告违法的相关情节，应当对原告作出更轻的处罚呢？法院此时对该处罚决定予以认可岂不是对原告造成了不利？

由此可见，无论是“选择适用”还是“直接处理”，二者似乎都面临一些理论上的障碍。笔者认为，以司法尊重行政首次判断权为原则可以有效解除疑难，实现两种处理方式的协调。

根据权力分工的原理，司法与行政被赋予了不同的职权。这种不同职能的配置在很大程度上基于功能主义的考量，即司法与行政有着各自不同的禀赋与优势。因而对于“行政机关具有功能优势的事项，属于‘行政的固有领域’的事项，就由行政机关来决定，法院无此‘功能适当性’，就应该保持谦抑、回避审查”①。对行政管理中公民违法行为的处罚就属于“行政的固有领域”。因为在执法资源有限的情况下，对哪些违法行为人给予处罚以及选择怎样的处罚都不仅仅是一个法律适用问题，同时也是一个政策目标的实现问题。对于后者，司法是无能为力的。② 因此，宪法赋予行政机关执法权。即使执法权有时候可以被视为一种判断权，与司法权在一定程度上具有同质性，这种执法的判断权仍具有优先性，司法需要尊重行政机关的首次判断权。“法院不能以自己的裁量替代主管行政机关的裁量。”③

然而，尊重行政首次判断权并不是绝对的，如果行政机关已为判断，并且已经形成诉讼，则司法当然可以对此判断进行审查。这种审查相当于第二次法律适用。根据这一原则，如果上位法规定的是羁束行政行为，那么规范性文件即使超越权限或者程序违法，对被诉行政行为也可以选择适用上位法继续审查。因为法律、法规或者规章对行政行为已经作出了明确的规定，不存在复数效果选择的可能性。因此无论是行政过程中的法律适用还是司法过程中的法律适用，正确的答案只有一个。此时规范性文件即使因权限问题或

---

① 张翔：“我国国家权力配置原则的功能主义解释”，载《中外法学》2018 年第 2 期。

② 行政裁量的意义不仅在于促进个案公正还在于促进政策实现，对于后者，法院无能为力。参见王贵松：《行政裁量的构造与审查》，中国人民大学出版社 2016 年版，第 21 页。

③ 参见［德］沃尔夫、巴霍夫、施托贝尔：《行政法》（第一卷），高家伟译，商务印书馆 2002 年版，第 366 ~ 367 页。

程序问题而被认定为违法，也没有由行政机关再为一次判断的必要了。[①] 因为行政机关已经进行过一次判断了，即使再为判断，也只能作出与原行政行为相同的选择。由法院在本次诉讼程序中直接选择上位法依据，对行政行为法律适用的合法性作出认定有利于避免反复诉讼、节约司法资源，同时有利于保障原告诉权的实现。例如，在“陈伏云案”中，即使增加工伤认定条件的规范性文件是由于超越权限或者程序违法而被认定为不予适用，法院仍然可以根据上位法规定直接对行政行为的合法性作出认定。因为《工伤保险条例》已经对工伤认定的条件作出了明确规定，法院只需要审查原告的申请是否符合法定条件即可。如果符合，法院作出责令行政机关重新作出行政行为的判决即可。如果不符合，法院则应当驳回原告的诉讼请求，而不宜以直接适用法律、法规错误为由撤销。

但如果是裁量行政行为，问题就要复杂一些，其难点主要在于如何判断行政机关已为判断（裁量）。表面上看，被诉行政行为已经被提起诉讼，行政行为已经完成，行政机关似乎已经进行了一次裁量，但实际上，情况可能并不如此。行政机关是否已为裁量，需要根据规范性文件在行政行为中所起的作用来进行区分。

如果规范性文件在行政行为中所起的是决定性作用，即行政裁量的唯一理由是基于规范性文件的规定，则在该行政行为中，行政机关实际上并没有进行裁量。[②] 因为行政机关作出裁量决定的唯一理由是该规范性文件的规定，而没有考虑其他相关因素（即未尽到个案考虑义务）。当该规范性文件因违法而被排除适用时，该行政行为相当于没有任何理由。这就构成了裁量怠惰。根据行政裁量的原理，一般不允许行政机关在司法审查中补充裁量理由，[③] 因此就需要将行政行为撤销，由行政机关在行政程序中补充裁量理由。换句话说，当规范性文件违法时，需要行政机关忽略规范性文件的规定，再为一

---

① 因为此时被诉行政行为是一个是否合法的判断，对此行政人员可能并不比法官具有优势。甚至有学者提出，对于是否违法的判断，法官优于行政官员，对于自由裁量范围内如何行为才更合理的判断，行政官员优于法官。孔繁华：“行政变更判决研究——以比较法为视角”，载《当代法学》2006 年第 5 期。

② 这与通常的行政机关已为判断的认定不一样，因为通常认为，行政机关已经进行法律适用就已经进行了判断。例如，黄先雄认为，已经做过法律适用的，无须尊重首次判断权，参见黄先雄：“行政首次判断权理论及其适用”，载《行政法学研究》2017 年第 5 期。但在行政行为所依据的规范性文件被确认违法时，行政机关即使有过法律适用，仍然可能没有进行过判断（裁量）。

③ 参见王贵松：“论行政裁量理由的说明”，载《现代法学》2016 年第 5 期。

次裁量，对第一次行政行为作出时没有考量的相关因素进行考量。但这一过程却不适合在司法程序中直接补充，因为那些没有考虑的因素涉及对新的事实的调查与认定，而这些工作的完成可能有相应的行政程序规定。例如，有些事实和意见可能需要通过听证予以确认和收集。因此，法院只能撤销该行政行为，而由行政机关在行政程序中再为一次裁量。

但是如果在行政行为中，规范性文件所起的只是参考性的作用，即行政行为的作出并不是完全基于规范性文件的规定，而是在综合考虑了案件的所有相关因素之后才作出的行政裁量决定。那么此时，即使规范性文件存在“非终局性违法”的情形，法院也应当选择适用上位法进行审查，而不宜以适用法律、法规错误为由将行政行为撤销。因为在这种情形中，行政机关已为一次实质性的裁量，同样也没有再为裁量的必要了。

这里仍以前文的“限缩裁量”为例。《治安管理处罚法》第三十四条第二款规定“在使用中的航空器上使用可能影响导航系统正常功能的器具、工具，不听劝阻的，处五日以下拘留或者五百元以下罚款”，而规范性文件将这一违法行为的法律后果限缩为处 5 日以下拘留。如果行政机关以该规范性文件为依据对某个违法当事人作出了一个拘留处罚的决定，此时如果形成了一个诉讼并且原告提出了对该规范性文件的附带审查，很明显规范性文件因与上位法抵触而不能适用，对被诉行政行为的判决却可能因规范性文件在行政过程中的不同作用而所有差别。如果行政处罚的卷宗显示，拘留处罚的决定仅仅是基于规范性文件的规定，那么法院可以直接以裁量怠惰为由将该行政处罚撤销，让行政机关在行政过程中依据法律的规定对原告的违法事实再作一次认定，从而决定对相对人的违法行为究竟应当处以拘留还是罚款。但如果案卷显示，行政机关虽然依据了该规范性文件，但仅仅参考了该规定，拘留处罚的决定是在综合考虑案情的前提下作出的，此时法院就可以依据《治安管理处罚法》第三十四条的规定对原告的违法行为是应当处以罚款还是拘留进行判断了。因为此时尊重行政首次判断权的前提已经消灭了。

综上所述，在不同的违法情形中，规范性文件违法与被诉行政行为合法性之间呈现不同的关系（详见表 2 所示）。值得注意的是，对于“终局性违法”与“非终局性违法”的情形之一（裁量行为且规范性文件起决定作用），虽然司法都可以采取“直接处理”的方式，但是判决所产生的影响可能是不同的。在前者中，规范性文件的违法直接导致了被诉行政行为实体内容上的违法，因此在判决后，行政机关即使抛弃规范性文件而以上位法为依据，也不得再次作出结果相同的行政行为。而在后者中，虽然法院也是对被诉行政行为直接予以撤销或者判决履行，但由于行政行为实体内容上的合法性是未知的，理论上，行政机关仍可以根据上位法作出结果完全相同的行政行为。

表 2 规范性文件违法与被诉行政行为合法性之间的关系

<table>
<tr><th colspan="2">规范性文件违法情形</th><th>处理方式</th><th>判决方式</th></tr>
<tr><td colspan="2">“终局性违法”</td><td>“直接处理”</td><td>撤销判决、履行判决</td></tr>
<tr><td rowspan="2">“非终局性违法”</td><td>裁量行为且规范性文件起决定作用</td><td>“直接处理”</td><td>撤销判决、履行判决</td></tr>
<tr><td>羁束行为或者裁量行为且规范性文件只起参考作用</td><td>“选择适用”</td><td>撤销判决、履行判决、驳回判决</td></tr>
</table>

四、余论

论述至此我们可以得出结论，错误地适用规范性文件（应适用法律、法规或者规章而适用了规范性文件）并不必然导致被诉行政行为违法。这就与当前学理上所主张的将适用法律、法规错误理解为适用规范性文件错误产生了冲突。[①] 因为如果照此理解，适用了违法的规范性文件就必然会导致行政行为违法。[②] 因此，若要调和这一冲突，必须将适用法律、法规理解为仅指适用法律、法规或者规章错误。

实际上根据依法行政的原理，适用法律、法规错误在行政诉讼法制定之初应当仅指适用狭义的法律、法规错误，因为行政行为只能以法律、法规为依据。在规章被立法法和行政诉讼法确认具有法律性质之后，规章也可成为行政行为的依据，因而也应被纳入适用法律、法规错误的范围。但是，规范性文件只是对上位法的解释或者法定裁量权如何行使的规定，这种规定并不能单独成为行政行为的依据。行政行为是否合法，仍然要以法律、法规或者规章的规定为最终的判断根据。

因此，适用规范性文件错误并不构成行政行为违法的理由，在行政行为

① 章剑生：《现代行政法总论》，法律出版社 2014 年版，第 501 页。

② 实务中似乎也采纳了这一观点，本文列举的 9 个案例显示，法院一概以适用法律、法规错误作为判决的理由。

所依据的规范性文件被确认违法而不予适用后，行政行为是否违法以及违法的理由为何，仍需根据不同情形分别作出不同的判决。在“终局性违法”中，如果是“无依据”，则被诉行政行为就属于超越职权；如果是原则抵触，通常可以以明显不当或者滥用职权为理由作出判决；如果是构成要件的抵触，法院可以以适用法律、法规错误为理由进行判决；如果是法律后果的逾越，被诉行政行为同样构成超越职权。而在“非终局性违法”中，法院应当根据上文的区分标准进行不同的处理，对于应当选择适用上位法继续审查的，应当根据审查结论之不同分别处理：如果合法则驳回原告诉讼请求；如果不合法，则可选择撤销判决、履行判决或者变更判决。对应当直接撤销让行政机关再为裁量的，则可以以明显不当（裁量怠惰）为理由撤销。①

由此可见，在将规范性文件从适用法律、法规错误排除出去之后，规范性文件不予适用后被诉行政行为的判决理由方能形成一个融洽的体系。

（作者单位：中国人民大学法学院）

① 裁量怠惰即行政机关放弃裁量，是行政行为明显不当的情形之一，参见何海波：“论行政行为明显不当”，载《法学研究》2016 年第 3 期。

行政机关负责人出庭应诉制度的实证分析及完善建议

——以《行诉解释》相关规定为基础的构建

陈良刚　周孟伟

【摘要】 行政机关负责人出庭应诉制度入法3年有余，该制度实施过程中的两面性特点鲜明，一方面制度实施取得成效，另一方面由于制度不完善、不健全导致的负面效果较为显著，阻碍制度实效性的发挥。为此，要在符合立法目的，实现预设功能，提升制度的可行性和可操作性，消除落地的障碍，保证法律体系统一性和协调性的前提下，进行制度框架的构建，从行政机关负责人的认定、出庭应诉范围及通知程序、不能出庭应诉时的处理、不出庭的法律后果及异议处理等方面进行完善。

【关键词】 行政机关负责人　出庭应诉　实证分析

行政机关负责人出庭应诉制度经历了地方法治实践——全国范围推广——行政诉讼入法，到现在作为一项法定制度和行政机关的法定义务已实施3年有余，制度贯彻落实情况良好。据统计，全国范围内行政机关负责人一审出庭应诉率已由2015年（2015年5月1日始）的10.33%上升至2017年（2017年11月30日止）的18.42%，制度在实质化解行政争议、加强官民沟通、促进政府依法行政以及优化行政审判外部环境方面的功能价值不断显现。与此同时，不可否认的是，该制度在实施过程中还存在形式化、运动化、表面化的倾向，深化贯彻和全面推行中的瓶颈难以突破，与该制度作为行政诉讼基本原则之一的法定地位[①]和自身扎根深厚的实践基础、文化土壤的形象形成鲜明对比。因此，有必要对该项制度的实施现状进行全面扫描和深度观

---

① 该条规定在总则部分，而未规定在具体条文当中，表明立法者将本条列为行政诉讼的基本原则之一，参见梁凤云编著：《新行政诉讼法逐条注释》，中国法制出版社2017年版，第15页。

察，总结制度实施效果，发现制度实施中的问题，提出制度完善建议，促进制度功能实现。

一、实证观察：行政机关负责人出庭应诉制度实施效果分析

作为一项正在探索实施、不断完善的制度，行政机关负责人出庭应诉制度的两面性特点显著：一方面制度实施取得实效；另一方面由于制度不完善、不健全导致的负面效果较为显著，阻碍制度实效性的发挥。本文以北京市为例，用北京市各法院丰富的数据为基础，以鲜活的实践为样本，对该制度的实施效果进行详细分析。

（一）制度实施成效显著，但实施效果仍有待加强，未落实出庭应诉常态化

《行政诉讼法》修正后，北京市各法院着力探索行政机关负责人出庭应诉规范化的新道路，积极创新行政机关负责人出庭应诉常态化的新方法，促进该项法定制度贯彻落实并发挥实效。行政机关负责人出庭应诉的总量和比例逐年上升，覆盖面不断扩大；行政机关负责人出庭应诉的积极性、主动性不断提升。

第一，2015—2017 年北京市各法院行政机关负责人出庭应诉的总人次和总案件量呈现不断增长的态势（参见图 1）。其中出庭总人次在新法完整实施的第一年增幅达 75.8%，2017 年增幅回落至 43.6%，但仍保持较高的增长率。出庭总案件量均保持每年 45%以上的增长态势，出庭率[①]也从 2015 年的 1.7%上升至 2017 年的 3.8%。特别是怀柔法院 2017 年共有 127 起案件中的行政机关负责人出庭应诉，占开庭审理案件量的 85.81%，比上一年同期上升 43.34 个百分点，实现翻倍增长。

---

① 因出庭应诉率采用本年度行政机关负责人出庭案件量占行政案件总量的比例，鉴于部分案件并未开庭，行政机关负责人在此类案件并无出庭应诉的义务，因此实际的比例应当大于本文采用的数据。但是由于本文仅想反映一种增长的趋势，同时开庭案件量在实务中较难统计，故采用本数据。

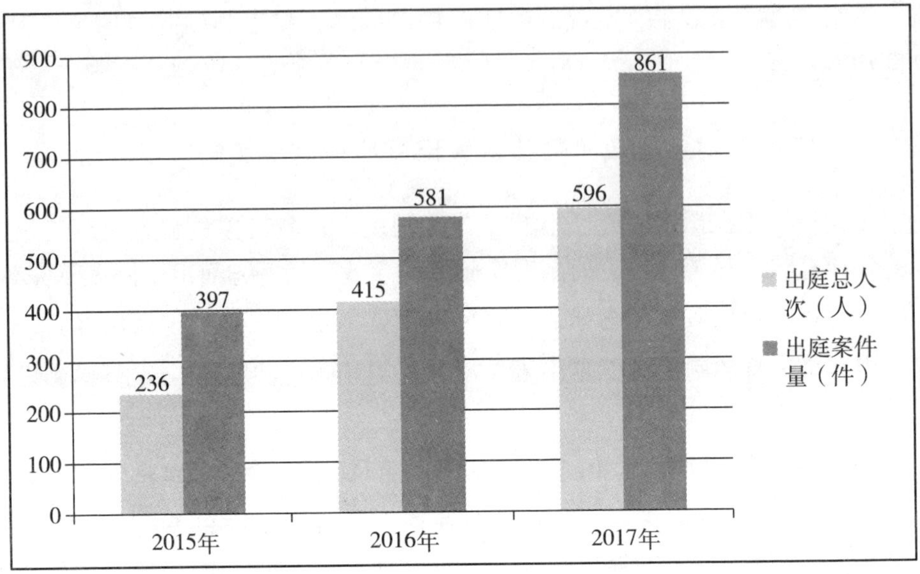

图1　北京法院近3年行政机关负责人出庭应诉总人次和总案件量

第二，行政机关负责人出庭应诉案件几乎涵盖了全部的行政管理领域，涉及大部分常见案件类型，并且呈现领域越来越广、类型越来越丰富的趋势。同时，从出庭单位数量来看，2015年共有152个单位的负责人出庭应诉，2016年共有270个单位的负责人出庭应诉，2017年共有381个单位的负责人出庭应诉，有行政机关负责人出庭应诉的单位的数量逐渐增多。特别是2016年北京即实现了全市16个区政府负责人出庭应诉覆盖率100%，区长出庭应诉已成为常态；2017年中央部级单位负责人中国证监会主席助理出庭应诉行政案件，北京实现了行政机关负责人出庭应诉纵向层级全覆盖；甚至中国政法大学等高等院校作为法律、法规、规章授权行使行政职权的组织也有负责人出庭应诉。

但是从整体上看，行政机关负责人出庭应诉制度实施效果仍有待加强，离出庭应诉常态化还有一定的距离。首先，行政机关负责人出庭应诉的总量仍然较小、比例仍然较低，仍有很多单位一直没有负责人出庭应诉，未达到“以出庭为原则，以不出庭为例外”的要求。其次，正职负责人出庭的数量虽然从2015年的40人次增至2017年的94人次，但是比例还处于13%—17%的较低水平，并且总体呈现下降的趋势。再次，行政机关负责人出庭应诉案件平均办理时间与其他案件相比较长。以平谷区法院为例，2017 年平谷区法院审结行政机关负责人出庭应诉案件平均用时 101 天，部分案件审理时间超过 4 个月，极个别案件审理时间接近审限，而非行政机关负责人出庭应诉案件平均审理用时为 90 天。

（二）制度价值不断凸显，但出庭形式化倾向明显，未实现出庭应诉实质化

行政机关负责人出庭应诉的制度价值和实践效果凸显，通过出庭实质化解行政争议的心态逐渐成熟。笔者就北京市行政机关负责人出庭应诉制度的实施情况设计调查问卷，根据反馈结果，一半以上的法院认为本院行政机关负责人出庭应诉时会提前了解案情，部分参与案件的庭审，发表质证辩论意见。同时，行政机关负责人出庭制度逐渐转变为依法行政教育平台，促进司法与行政良性互动机制的构建。北京市各法院协同各级行政机关，以行政机关负责人出庭应诉为契机，组织所属部门的领导干部和一线执法人员旁听案件庭审，充分发挥庭审的示范、法治教育功能，提升行政机关及其工作人员整体的法治意识和应诉能力。

但是实务中，行政机关负责人出庭应诉作为一项义务，呈现一种形式化倾向和被动型的模式。一方面没有真正调动行政机关负责人出庭应诉的积极性，其主动履行义务的意识没有树立；另一方面制度刚性不足，行政机关自主选择权过大，法院能动性发挥不足，无法掌控案件审理过程和庭审现场，庭审结构失衡。

首先，从该制度实际效果看，71% 的受调查法院认为本院行政机关负责人出庭应诉案件的矛盾纠纷化解效果一般或者无效果，仅有 29% 的受调查法院认为本院行政机关负责人出庭应诉案件的矛盾纠纷化解效果较好；从行政机关负责人出庭参与程度看，仍有 33% 的法院认为本院行政机关负责人出庭应诉时不会提前了解案情，不参与庭审活动，或者仅形式化地宣读提前准备好的书面答辩状或者最后陈述。

其次，该制度实施过程中还存在为年底绩效考评加分、完成政治任务年底扎堆出庭的情况。据统计，2015 年第四季度行政机关负责人出庭应诉的人数占全年出庭应诉人数的 30%，2016 年第四季度占该年度的 36.6%，2017 年第四季度占该年度的 31.5%，从整体上看，均超过该年度季度的平均水平。特别是对于级别相对较高的区政府等，其年底集中出庭的情况更

为普遍，选择在第四季度出庭应诉的人数占全年出庭人次的比例达一半以上。

最后，选择性出庭的现象较为常见。根据笔者的调查问卷结果，95%以上的法院在推动该制度实施的过程中都存在选择性出庭的现象，甚至大部分选择性出庭与全部选择性出庭的比例占到81%。行政机关负责人对于预期败诉案件、矛盾较为激烈的案件、群体性纠纷案件以及涉及重大公共利益的案件不愿出庭，出庭案件的典型性和代表性不足，导致制度实质化解行政纠纷的预设功能无法充分发挥。

（三）配套机制不断创新，但制度落实的刚性不足，未达到出庭应诉规范化

新法颁布前后，北京市高院与中级法院、基层法院一起，积极探索推进行政机关负责人出庭应诉的新措施、新方法，搭建行政机关和行政相对人之间充分交流互动的平台，行政机关负责人出庭应诉的机制更加健全，规范化程度进一步提升。例如平谷法院创新的“党委领导、政府主导、法院推进、司法行政联动”的推进行政机关负责人出庭应诉的“平谷路径”，通过“四借力”“四细化”“四跟进”“四加速”十六项工作法，全面保障行政机关负责人出庭应诉工作取得实效。怀柔法院通过完善“一通知二提醒三指导”的工作流程，坚持“请进来”与“走出去”相结合，加强与行政机关的沟通联络和良性互动，建立双方信息共享机制等，实现行政机关负责人出庭应诉率翻番。

但是，由于行政诉讼法相关规定的原则性，该制度在实施过程中还存在规范化程度不高的问题。

首先，行政机关负责人出庭应诉制度实施中存在层级分布不均衡、地域分布不均衡（参见表1）以及领域分布不均衡等问题。以纵向层级为例，总体呈现层级与出庭率倒挂的特点。2017年市级单位共有68名行政机关负责人出庭应诉，占总出庭人数的11.4%；区级以下政府部门共计528名行政机关负责人出庭应诉，占总出庭人数的88.6%；而中央部委仅有1例行政机关负责人出庭应诉案件。上述不均衡现象的出现，一方面是由于各级、各地、各部门行政机关对该制度的重视程度不同，另一方面还与案件体量不同有关。

表1　北京法院3年来行政机关负责人出庭应诉的地域分布

地域	2015年		2016年		2017年	
	出庭人次	比例	出庭人次	比例	出庭人次	比例
昌平区	36	15.3%	30	7.2%	36	6.0%
朝阳区	15	6.4%	10	2.4%	26	4.4%
大兴区	31	13.1%	36	8.7%	49	8.2%
东城区	2	0.8%	6	1.4%	23	3.9%
房山区	12	5.1%	5	1.2%	14	2.3%
丰台区	7	3.0%	10	2.4%	46	7.7%
海淀区	10	4.2%	5	1.2%	12	2.0%
怀柔区	21	8.9%	18	4.3%	23	3.9%
门头沟区	4	1.7%	8	1.9%	9	1.5%
密云区	31	13.1%	67	16.1%	76	12.8%
平谷区	13	5.5%	16	3.9%	22	3.7%
石景山区	4	1.7%	14	3.4%	21	3.5%
顺义区	14	5.9%	59	14.2%	42	7.0%
通州区	9	3.8%	13	3.1%	23	3.9%
西城区	12	5.1%	29	7.0%	39	6.5%
延庆区	8	3.4%	11	2.7%	15	2.5%

其次，行政机关负责人出庭应诉虽然已经入法3年有余，但是仍然是各具特色的地方实践样本，并未在立法明确后全面施行时形成全国统一的制度运行模板。2018年颁布的《最高人民法院关于适用〈中华人民共和国行政诉讼法〉的解释》（以下简称《行诉解释》）专章规定了该制度，明确了该制度实施中的一些细则，有助于统一司法实践。不过，仍然有一些实操层面的规则亟待明确。例如在案件流程方面，法院是否需要向行政机关负责人发送出庭应诉通知书或者提示书；行政机关负责人不能出庭时，需要提交情况说明的人员范围为何；其他参与分管的负责人应当如何理解和界定等。

最后，司法机关在推动该项制度的过程中的作用发挥受限，仅能发挥辅助作用。调查问卷显示，71%的法院认为行政机关负责人出庭应诉工作在本院行政审判实务中较难推动或者很难推动，仍然是“法院倡导、党委领导、政府主导”的制度模式，[①] 是否出庭的主动权也掌握在行政机关手中。这就导致法院在推动该项制度中能采取的创新措施大都是软性措施，包括增加与行政机关座谈交流、宣传制度的重要意义、促进司法与行政良性互动等。同时各法院的措施大同小异，相互模仿借鉴，呈现趋同化的现象。此外，各地推动行政机关负责人出庭应诉的规范文本多由政府牵头制定，以行政机关为制定主体，人民法院单独制定或者参与制定的较少，该制度基本成为行政机关自我规制、自我要求、自我设限的一项制度，法院在推动该项制度贯彻落实中的强制力和刚性不足，各种处理没有法律依据。

二、立论基础：行政机关负责人出庭应诉制度构建的理论基础分析

根据上述实证观察，行政机关负责人出庭应诉制度实施中的两面性特点鲜明，立法之初的功能预设与实践表达间存在一定的差异，[②] 有必要从运行模式的完善及保障机制的健全上着力，明确操作性规范和技术性处理方式，以充分发挥制度预设的功能。但是，制度框架的完善要有坚实的理论基础，不仅要在法理上符合立法目的，有助于实现预设功能，也要在实践中具备可行性和可操作性，没有落地的障碍。不仅要把握制度的特殊性，具体问题具体分析，也要使制度融入整个法律体系，保证法律体系的统一性和协调性。

（一）符合立法目的，实现预设功能

制度框架的构建和实施细则的制定要符合立法目的，围绕立法原意进行细化。因此，探究行政机关负责人出庭应诉制度设置的目的，重新定位行政机关负责人出庭应诉制度的价值基础，是对其完善和细化的前提。

从历史缘起探究，几乎全部的相关文献对该制度进行中央立法层面的观察均起始于2004年国务院印发的《全面推进依法行政实施纲要》，该纲要规定将行政应诉作为行政机关“接受人民法院依照行政诉讼法的规定对行政机关实施的监督”的手段。2008年国务院发布《关于加强市县政府依法行政的决定》，开始“鼓励、倡导行政机关负责人出庭应诉”，但是仍然将行政应诉与行政机关负责人出庭应诉作为强化对行政行为监督的手段。但是，2010年

---

① 参见章志远：“行政诉讼中的行政首长出庭应诉制度研究”，载《法学杂志》2013年第3期。

② 喻少如：“功能主义视阈下的行政机关负责人出庭应诉制度”，载《法学评论》2016年第5期。

国务院发布《关于加强法治政府建设的意见》，对行政机关负责人出庭应诉的价值定位有所转向，将其作为“依法化解社会矛盾”的重要举措。与早期国务院的观点类似，最高人民法院2007年发布《关于加强和改进行政审判工作的意见》，认为行政首长出庭应诉是“国家法治水平提升、社会文明进步的可喜现象”，法院“不宜提出刚性要求和作出强制性规定”。但在2009年发布的《关于当前形势下做好行政审判工作的若干意见》中，最高人民法院旗帜鲜明地提出“要通过推动行政机关法定代表人出庭应诉制度，为协调、和解提供有效的沟通平台”，明确行政首长出庭应诉的价值主要在于促进行政争议的化解。①

2014年行政诉讼法修正，对立法目的进行调整，增加“解决行政争议”这一立法目的，着力通过行政诉讼实质化解行政争议。这一立法目的的修改，其积极意义远不只是宣示，还起到了对总体架构的整备和对具体制度的完善的统领作用。② 为实现这一立法目的，新法修正时创新了许多配套制度，行政机关负责人出庭应诉制度就是其一。根据许多指导审判实务的书籍对该制度功能和意义的阐述，③ 就个案来说，该制度确立的首要目的就是提供直接对话沟通的平台，有效化解行政争议，与此同时在整体上发挥法治主义的宣示、象征的作用，实现法治宣传教育、带动依法行政的功能，进而从源头上减少行政争议的发生。因此，在现行法框架下，要以个案中和整体上实质化

---

① 高春燕：“行政首长出庭应诉：价值重估与技术改良——以浙江66个规范文本为基点的分析”，载《行政法学研究》2015年第2期。

② 李广宇：《新行政诉讼法逐条注释》，法律出版社2015年版，第13页。

③ 《中华人民共和国行政诉讼法释义》一书中指出，立法上确立行政机关负责人出庭应诉制度的重要意义包括三个方面：一是通过双方面对面的直接交流，缓和对立情绪，促进相互理解，以有利于有效化解行政争议，实现法律效果和社会效果的双赢；二是将出庭应诉作为法治教育的过程，促进行政机关负责人了解执法问题、增强法治意识，同时带动行政机关整体依法行政；三是塑造行政机关良好的法治形象，以社会效果增强人民群众对法治的信心，提高全社会的法治观念。参见信春鹰主编：《中华人民共和国行政诉讼法释义》，法律出版社2014年版。江必新、梁凤云所著《行政诉讼法理论与实务》一书中也提到，对于在行政诉讼法中是否明确要求行政机关负责人出庭应诉，在修法过程中主要有两种意见，最后采纳了应当明确规定的意见，理由是：第一，行政机关负责人出庭应诉，有利于行政机关负责人客观、全面地了解本单位的执法现状和存在的问题，有利于行政机关改进行政执法方式，提高行政执法水平，促进依法行政，从源头上减少行政争议；第二，行政机关负责人出庭应诉，有利于提高本部门、本系统行政执法人员的法律意识，有利于提高自身的法律意识，有利于提高本单位职工的行政执法水平，增强依法行政意识，提高执法水平，完善执法机制；第三，行政机关负责人出庭应诉，有利于密切“官”民关系，理顺群众情绪，有利于高效地解决行政争议，促进社会和谐。参见江必新、梁凤云：《行政诉讼法理论与实务》，法律出版社2016年版，第65~66页。

解行政争议为中心进行制度的整体构建和配套设施的匹配，并附带性地发挥该制度法治主义的象征功能。

（二）具备可行性和可操作性，落地无障碍

制度框架的构建要具备可行性和可操作性，进行充分的实践考量，考虑现实情况，以促进制度价值发挥的最大化。对于行政机关负责人出庭应诉制度，在增加制度刚性的基础上，还要着力避免制度落地中的障碍。

第一，该制度不仅给行政机关负责人在公务之外增加了额外的负担，同时也给法院的行政审判工作提出了新的要求。一方面，在立案登记制全面施行之后，行政案件大幅增加，行政应诉压力大，让行政机关负责人在每一起案件中都出庭应诉不仅难以实现，而且也没有必要。另一方面，该制度作为行政诉讼中一项新添加的程序，必然使本身就复杂严格的行政诉讼流程更加烦琐，在各项审理细节上都要有所回应。因此在进行制度设计时，一要考虑行政机关负责人出庭应诉实现的可能性，进行适当减负，不对其在每件案件中出庭作绝对化的要求，给予其自主安排工作的合理空间；二要考虑行政机关内部职权分工的专业性，在出庭应诉的行政机关负责人的范围上进行适当的扩大，尽量让真正了解案件真实情况、熟悉相关法律规范的负责人出庭；三要让审判工作人员在实施该项制度时负担最小化，减少不必要的流程和形式化的程序，减轻行政审判的压力。

第二，行政机关负责人出庭意味着庭审结构中出现了一个新的法律地位的对象，势必打破了原本的庭审结构，需要法院有能力、有魄力实现新的平衡，并推动制度落实。但是不可否认的是，司法本身自带谦抑克制性，同时考虑我国行政权大于司法权的现实权力配置情况，在制度的推行中，法院所能采取的措施有限，在一定程度上必须依赖于行政机关的配合与支持，法院过于激进的措施不具备可行性和可操作性，势必得不到行政机关的配合与支持，容易陷入法律规定被架空的窘境。因此，在行政诉讼法仅对行政机关负责人出庭应诉制度进行原则性规定，甚至可以说只是倡导性规定的情况下，在构建制度框架时，势必要考量配套制度在目前权力结构下的可行性与可操作性，沿着封闭对抗型行政诉讼模式向开放合作方向转换的道路，谋求党委和政府的理解和支持，力求务实高效，促进行政机关和司法机关在行政机关负责人出庭应诉问题上达成共识，形成良性互动和共同推进的合力。

（三）保证法律的系统性，内部协调一致

行政机关负责人出庭应诉制度作为行政诉讼系统整体延伸出和衍生出的制度，是实现行政诉讼立法目的的一个要素。在把握该制度特殊性的同时，要以法律体系的协调一致为制度设限，保证该制度在行政诉讼框架中的逻辑自洽。

第一，以立案登记制改革为背景，充分考量立案登记制改革的成效，在评估现有行政诉讼案件开庭总量以及开庭率的前提下，对行政机关负责人出庭义务履行的严格性、强制性进行梯度式规定和要求，防止立案登记制改革的推行打击行政机关负责人出庭应诉的积极性，阻碍该制度的贯彻落实。

第二，考虑复议双被告制度设置的目的以及该类案件的总量、增幅，[①] 如果在每起案件中都对复议机关和原行政行为作出机关的负责人设定同样的出庭应诉的要求，势必会导致复议机关的应诉压力过大。因此，要根据案件的特殊性进行具体分析，不能“一刀切”。

第三，在利用行政机关负责人所享有的决断权，有利于案件协调化解的独特优势时，遵守合法性原则以及法定的可调解案件范围，为行政机关负责人出庭应诉时发挥调解和解功能设限，严守行政诉讼调解制度的要求。

第四，作为行政审判流程的一部分，要将行政机关负责人嵌入庭审结构中，同时也要使其融入行政审判流程以及行政应诉工作中。比如说，对于行政机关负责人应当出庭应诉的案件，在诉讼程序上法院应当如何通知、在哪个环节通知、行政机关负责人不能出庭的情况说明应当在什么阶段提交等，都是需要考虑的问题，也是行政机关负责人出庭应诉制度进行技术性和操作性完善的重点。

三、框架建构：行政机关负责人出庭应诉制度完善的建议

《行诉解释》从行政机关负责人的范围、被诉行政机关负责人应当出庭的案件、受委托参与诉讼的行政机关相应工作人员的界定以及相应的法律后果等方面对行政诉讼法的规定予以细化，更加具有可操作性，也为后续的完

---

① 该制度实施过程中，法院受理的复议双被告案件不断增多，以北京市第四中级人民法院为例，2015 年该院受理以区政府和市政府为共同被告的复议双被告案件 86 件，2016 年受理 293 件，占当年全部受理行政案件总数的 19.2%，较上年度该类案件增长近 240%。

善提供了基本的制度框架。因此，本文就以《行诉解释》为基础，从以下几个方面提出完善的建议。

（一）行政机关负责人的认定

“行政机关负责人”并非严格意义上的学术用语和实定法上明确界定的概念，对其进行界定成为制度构建中的第一个重要问题。

1. “行政机关负责人”中“行政机关”的范围

行政诉讼中作为被告的并非仅有行政机关，还有法律、法规或者规章授权行使行政职权的内设机构、派出机构和其他组织（例如经过授权从事公共服务的高等院校等企事业单位以及律师协会、注册会计师协会等行业协会）。授权组织作为被告时与行政机关一样，也应当履行负责人出庭应诉的义务。

这是因为，根据行政诉讼法的规定，公民、法人或者其他组织对授权组织作出的行政行为不服的，有权提起行政诉讼。因此，授权组织在授权范围内与行政机关处于同等地位，在行政诉讼中作为被告承担同样的诉讼义务。而从本质上讲，行政机关负责人出庭应诉制度是立法基于平衡原告、被告双方的地位，让原告、被告在庭审中平等对话、沟通协商的目的建立的，这项义务是法律附加在被告身上的，应该与行政诉讼中被告的义务范围一致，实际指代的是“被告负责人”。此外，从行政机关负责人出庭应诉的意义角度考察，实质化解行政争议、推动依法行政是该制度要实现的首要功能，对被授权组织来说，该制度为双方搭建了沟通的平台，同样有助于双方矛盾的化解以及上述组织依法行政能力的提升。因此，法律、法规、规章授权的组织作为被告，同样适用行政机关负责人出庭应诉的相关规定。

2. “其他参与分管的负责人”的范围

《行诉解释》对“行政机关负责人”的范围进行了进一步的扩展，不仅包括“行政机关的正职、副职负责人”，还包括“其他参与分管的负责人”。笔者认为，界定“其他参与分管的负责人”的关键在于其出庭能否体现行政机关负责人出庭应诉的制度价值，是否符合立法化解行政争议的目的。同时也不能偏离对“行政机关负责人”以及“其他参与分管的负责人”的一般理解和认识太远，范围不可过于宽泛，应当是本行政机关内部分管被诉行政行为具体实施或者分管法制工作的副职级别的负责人。

首先，“其他参与分管的负责人”中的重点之一是“参与”，即应当是作出被诉行政行为部门的分管领导或者负责被诉行政行为具体实施的分管领导，应当与被诉行政行为存在负责与分管的关系，以其了解实际执法情况和案件情况来体现出庭能够实质化解争议的优势，而并未“参与”被诉行政行为的其他分管负责人不能作为该案件的行政机关负责人出庭应诉。由此可见，“其他参与分管的负责人”在实务中是一个动态的概念，该负责人在此案中因为参与被诉行政行为分管工作，可以作为行政机关负责人出庭应诉，而在彼案中由于并未负责，其不能作为行政机关负责人出庭应诉。同理，行政机关的负责人也应当与“其他参与分管的负责人”一样，具备“参与”的因素。

其次，“其他参与分管的负责人”以“行政机关”作为其定语，依照文本解释的方法以及普通人的一般认识，应当是被诉行政机关中的负责人，与本机关存在组织关系，而不能包含受委托组织的负责人以及直属下级行政机关的负责人，即便其具体经办并了解情况。

再次，由于是行政机关负责人出庭应诉，所以应当有一定的级别要求，这一要求不仅是庭审中行政决断权的保证，同时也体现“告官见官”的制度价值，因此必须是一般意义上的“官”。不过，“官”是一个相对性的概念，也是一个主观性的概念，没有客观认定标准。但笔者认为“官”应当等同于行政机关副职级别的分管领导，即至少应该是被诉行政机关领导班子成员，而不包括分管该项工作的中层正职领导。

最后，政府中参与分管法制工作的负责人能否作为行政机关负责人出庭应诉，还是要看其是否对被诉行政行为“参与分管”。由于行政应诉以及执法等工作从本质上来说是政府法制工作的一部分，因此参与分管法制工作的负责人也是“其他参与分管的负责人”，应当可以作为行政机关负责人出庭应诉。

3. 共同被告案件中行政机关负责人的出庭应诉义务

共同被告案件包括复议双被告案件和两个以上行政机关作出同一行政行为的案件，对于该类案件没有必要要求所有的行政机关都安排负责人都出庭应诉，应当给予其合理安排自身活动的空间。以复议双被告案件为例，首先，行政诉讼法明确规定适用于复议维持类案件，这类案件中对相对人的权利义务产生影响的是原行政行为，矛盾纠纷也系原行政行为引发的，而维持的复议决定并未改变原行政行为作出机关与行政相对人之间的行政法律关系，当事人本质上是对原行政行为不服，因此从行政机关负责人制度力求化解矛盾纠纷的预设来讲，复议机关负责人出庭应诉实效性不强。其次，从复议双被告制度设置的原理与价值定位来看，将复议机关拉入诉讼程序主要是为了激发复议机关在复议程序中纠错的积极性，其在诉讼程序中并没有过多纠纷化解的作用。因此，对于复议双被告案件，可以放低对复议机关的要求。不过，复议机关作为原行政行为作出机关的上级，对于部分具有普遍示范效应或者原行政行为作出机关是依照上级机关的指示作出的行为的案件，由复议机关负责人出庭应诉效果更好。故折中的方法就是允许共同被告协商确定一个被告的负责人出庭应诉，同时法院有权根据案件情况对出庭的被告负责人提出建议。这样既有利于发挥行政机关负责人出庭应诉制度的功效，同时还能减轻行政机关的应诉压力。

（二）出庭应诉范围及通知程序

1. 出庭应诉义务涵盖的诉讼阶段

行政机关负责人出庭应诉制度中的“出庭应诉”是指在一审、二审等各个诉讼程序中的开庭审理阶段到庭参加诉讼。因此，行政机关负责人在证据交换、谈话及听取宣判等阶段[①]的到场不能认定为行政机关负责人出庭应诉；对于多次开庭的案件，只要行政机关负责人在一次开庭时到庭，即可认定为行政机关负责人出庭应诉；多次开庭时更换行政机关负责人也应当然地认定为已出庭应诉；对于没有开庭这一程序的案件，行政机关负责人则没有出庭应诉的义务，因此不能认定为行政机关负责人未出庭应诉。之所以采取这种狭义的理解，理由如下：

一是从行政机关负责人出庭应诉制度设置的初衷来看，主要是通过行政机关负责人出席庭审活动，利用庭审搭建的平台与相对人进行沟通交流，化解争议，同时进行法治宣传教育，提升依法行政能力。而证据交换则是针对案情比较复杂或者证据数量较多的案件，提交证据并进行质证，双方并无就案件事实、法律适用等展开辩论的机会；听取宣判则是在案件裁判结果已经确定的情况下，向原被告宣读裁判结果，并没有双方再就矛盾争议进行沟通交流的时间和必要；

---

① 参见《行诉解释》第三十八条规定：“对于案情比较复杂或者证据数量较多的案件，人民法院可以组织当事人在开庭前向对方出示或者交换证据，并将交换证据清单的情况记录在卷。”《行诉解释》第六十九条第三款规定：“人民法院经过阅卷、调查或者询问当事人，认为不需要开庭审理的，可以迳行裁定驳回起诉。”《行政诉讼法》第八十条规定：“人民法院对公开审理和不公开审理的案件，一律公开宣告判决。当庭宣判的，应当在十日内发送判决书；定期宣判的，宣判后立即发给判决书。”

稍有疑虑的在于谈话程序，在谈话程序中，双方当事人会就案件事实和法律适用进行辩论，就案件矛盾争议进行沟通，但是仅适用谈话程序结案的案件全都属于不符合法定起诉条件应当裁定驳回起诉的案件，并未进入实体审理，在法官主导下，谈话程序关注的重点以及双方当事人就案件事实和法律适用进行争议的重点都在于原告在程序上是否符合法定起诉条件，而非行政争议的实体问题，行政机关负责人也没有出席的必要。

二是如果将出庭应诉扩大化会产生一系列负面效应。一方面，会给行政机关负责人逃避出庭义务提供空间，挑选证据交换、听取宣判等程序，不需要在开庭前了解案情、了解执法情况，更无法通过开庭与原告就矛盾争议进行沟通，使得行政机关负责人出庭应诉的效果大打折扣。另一方面，行政机关负责人出庭义务扩大至其他程序中，会导致行政机关在谈话询问、证据交换以及听取宣判中也负担出庭应诉的义务，在不出庭时承担相应的法律后果，要求过于严格。

三是行政诉讼法和《行诉解释》并未对一审、二审和再审开庭时的行政机关负责人出庭应诉义务予以区别对待，或者放松对行政机关负责人在二审和再审开庭中的出庭义务要求；同时，对于二审和再审案件，其矛盾纠纷并未在一审中化解，甚至相对人的对立情绪更加激烈，矛盾冲突更加深化，因此从矛盾纠纷化解的角度看，行政机关负责人仍有出庭应诉的必要。因此，行政机关负责人是否有出庭应诉的义务由案件是否开庭所决定，不仅包含一审庭审的出庭，还包含二审和再审程序庭审的出庭，即便一审时行政机关负责人已经出庭，也不能免除二审和再审程序中的出庭应诉义务，同时适用相应的法律后果。

2. 行政机关负责人应当出庭案件的界定

《行诉解释》第一百二十九条第一款根据案件不同，对行政机关负责人出庭应诉义务履行的严格程度和约束力进行了区分，对于部分案件着重强调行政机关负责人出庭应诉义务的实际履行，以更加正式严肃的程序进行规范。[①] 该款列举了四类对出庭义务要求更严格的案件，包括涉及重大公共利益、社会高度关注、可能引发群体性事件以及人民法院书面建议行政机关负

---

① 参见《行诉解释》第一百二十九条第一款规定："涉及重大公共利益、社会高度关注或者可能引发群体性事件等案件以及人民法院书面建议行政机关负责人出庭的案件，被诉行政机关负责人应当出庭。"

责人出庭等案件。其中第四类属于兜底条款，即对于明显不属于前三种类型的案件，但是法院根据案件情况认为行政机关负责人仍然有出庭应诉必要的，则可以书面建议行政机关负责人出庭应诉，本质上属于人民法院认为行政机关负责人应当出庭的其他案件。具体来说可以包括：行政机关所在地或者所在行业的相关规定要求行政机关负责人出庭应诉的案件；依法可以调解的行政赔偿、补偿以及行政机关行使法律、法规规定的自由裁量权的案件；行政公益诉讼案件；行政机关反复败诉的同类案件；行政机关负责人出庭应诉有助于实质性解决行政争议的案件等。这种规定方式一方面增强了行政机关负责人出庭应诉制度的刚性和强制力，防止该制度在实务中被虚置；另一方面又给看似缩小了的行政机关负责人出庭应诉的案件范围以扩大的弹性空间，以退为进，使法官有充分的余地根据千差万别的个案情况进行具体判断。

3. 出庭应诉的通知程序

根据上文所述，《行诉解释》第一百二十九条第一款规定的四类案件全部属于行政机关负责人应当出庭的案件，此时需要法院通过一定的方式向行政机关传达其对案件是否属于上述案件类型的判断结果。[①] 同时，由于上述四类案件并没有本质上的区别，其通知程序可以进行整合，统一在送达开庭传票前或者与开庭传票一并送达《行政机关负责人出庭应诉建议书》，告知该案符合《行诉解释》第一百二十九条规定的行政机关负责人应当出庭应诉的情形，并附回执。同时建议书应当明确案件涉及重大公共利益、社会高度关注、可能引发群体性事件或者其他考量因素，以备行政机关选择适当的负责人出庭应诉，并做好出庭应诉的准备。之所以选择开庭传票送达这一时间截点，是依据《行诉解释》第七十一条的规定，“人民法院适用普通程序审理案件，应当在开庭三日前用传票传唤当事人”，行政机关负责人作为代表被告出庭的人员，也应在需要出庭的三日前得知，以便有充分的时间安排公务活动并做好庭前准备工作。

---

① 在《行诉解释》颁布之前，不同法院在推进行政机关负责人出庭应诉时做法不一。有的法院每起案件中均在开庭送达传票时向被告送达负责人出庭应诉通知；有的法院仅针对部分案件在发送应诉通知时就发出行政机关负责人出庭应诉通知书；另有法院就负责人出庭应诉并不向行政机关发送任何书面材料。同时各法院发送的书面材料的语言表述以及材料名称有所不同，有的采用“行政机关负责人出庭应诉通知书”，有的采用“行政机关负责人出庭应诉建议书”，还有的法院根据本院制定的文件，对于其认为应当出庭的案件发送“通知书”，对于其他类型的案件发送“建议书”。

对于不属于《行诉解释》第一百二十九条第一款规定的行政机关负责人应当出庭应诉的四类情形之一的，不需要发送书面的建议书。这种处理方式一方面可以将《行诉解释》第一百二十九条中特别规定和强调的应当出庭的案件在诉讼程序中予以特殊化，引起行政机关的注意；另一方面也免去了法院逢案即发出庭应诉建议书的负累。

（三）不能出庭应诉时的处理

《行诉解释》第一百二十九条第三款对行政机关负责人不能出庭应诉进行了程序上的限制，增加了行政机关负责人出庭应诉制度的强制力及刚性，避免行政机关负责人任意逃避出庭义务。不过针对该条，实务操作中还存在诸多问题。

1. 提交情况说明的适用范围

从条文的整体性和内在逻辑一致性来说，《行诉解释》第一百二十九条是一个极富关联性的整体。往前追溯，是否需要说明理由与行政机关负责人出庭应诉案件的划分有关；往后追溯，是否需要说明理由还与后续是否审查以及拒绝说明理由时的法律后果有关。因此，《行诉解释》第一百二十九条第三款规定的行政机关负责人不出庭时提交情况说明，系指第一百二十九条第一款规定的应当出庭应诉的情形，且要求所有符合条件的负责人不能出庭时都要说明理由。

首先，《行诉解释》对行政机关负责人出庭案件作了出庭强制程度上的区分，而作为刚性和强制力的来源，后续不能出庭时的程序处理也应当更加严格，理应与其他案件有所区别，要求针对这类行政机关负责人应当出庭案件，行政机关负责人有正当理由不能出庭应诉的，要向法院提交情况说明。

其次，是否需要提交情况说明关系后续是否需要审查。一方面，对于行政机关负责人提交的情况说明，法院要进行审查（理由参见下文）；另一方面，如果要求行政机关负责人对于所有不出庭的案件都要提交情况说明，则势必会给法院增添很重的审查压力。

再次，是否需要提交情况说明还关系到拒绝说明理由时的处理措施。《行诉解释》第一百二十九条第四款规定了行政机关拒绝说明理由的法律后果。如果提交情况说明的要求适用于全部案件，则对于并非第一款规定的行政机关负责人应当出庭应诉的案件，行政机关不提交情况说明的，人民法院就可以向监察机关、上一级行政机关提出司法建议，后果较为严重，且并未在第一款的基础上对案件分类处理。因此，第四款规定的拒绝说明理由的后果仅适用于行政机关负责人应当出庭应诉的案件。相应地，说明理由的义务仅应附加在第一款行政机关负责人应当出庭的案件上。

最后，如果不要求全部的“行政机关负责人”均提交情况说明并进行审查，则会将该制度人为地放开一个口子，在行政机关的正职、副职负责人不能出庭时，给其他参与分管的负责人逃避出庭提供机会。因此有必要要求所有符合条件的负责人不能出庭时都要说明理由。

2. 对情况说明的审查

实务界和学界对于不能出庭的理由是否进行审查形成了两种对立的意见。[①] 笔者认为，法院应当对情况说明进行审查。首先，根据前文结论，只有行政机关负责人应当出庭应诉的案件，才应当向人民法院提交情况说明。既然司法解释明确规定了“有正当理由”的要求，则必然应当进行审查后才能确定是否属于正当理由，同时法院也有义务进行审查，明确该理由是否属于“正当理由”。其次，从本质上说，对不能出庭理由的审查才是赋予该项制度生命力的关键，否则对于逃避出庭应诉义务的行政机关来说，只是多了一道向法院提交情况说明的程序，行政机关完全掌握了免除履行义务的主动权，导致义务的履行失去强制力，流于形式。因此，既然《行诉解释》第一百二十九条第一款明确了应当出庭的案件范围，则应当通过后续的实质审查赋予该制度以强制力。

因此，需要对不能出庭的理由进行审查。一方面，审查不能出庭理由的正当性。“正当理由”的范围并不是没有边界的，需要对其进行一定的限定，要求提出的理由具有正当性。可以认可的正当理由包括：一是不可抗力，即客观上不可抗拒、不能避免且无法克服的原因，如自然灾害、战争等；二是客观上不能控制的其他正当事由，如遭遇交通事故、罹患急症、出国未返、紧急公务、重要会议（一定级别以上的会议）等。行政机关负责人工作忙、有其他事务需要处理等不属于正当事由。[②] 另一方面，审查不能出庭理由的真实性，要求行政机关提交能够证明负责人不能出庭的理由具有真实性的材料。

---

① 参见江必新、梁凤云：《行政诉讼法理论与实务》，法律出版社 2016 年版，第 70 页。

② 参见梁凤云编著：《新行政诉讼法逐条注释》，中国法制出版社 2017 年版，第 15 页。

3. 相关法律后果

行政机关负责人有正当理由不能出庭应诉的，最迟应当在开庭前提交不能出庭的情况说明，经审查属于正当理由的，免去此次庭审行政机关负责人出庭应诉的义务。经审查不属于正当理由的，不免除行政机关负责人出庭应诉的义务，也不发生阻止案件审理的效果，行政机关负责人应当在开庭时出庭应诉，或者在开庭前提交新的不能出庭应诉的正当理由，由法院进行审查。如果行政机关未在开庭前提交或者提交后经审查不属于正当理由，其负责人也未在开庭时出庭应诉的，则认定为行政机关负责人没有出庭应诉，应当依据《行诉解释》第一百三十二条的规定作出处理。

同时，根据《行诉解释》第七十二条第（一）项规定，“应当到庭的当事人和其他诉讼参与人有正当理由没有到庭的”，可以延期开庭审理。因此，对于确实有正当理由无法出庭应诉，但是行政机关负责人又基于案件的考量想要出庭的，应当给予行政机关依据《行诉解释》第七十二条第（一）项申请延期审理的权利，由法院依据审理期限，审查确定是否有必要牺牲审理效率，延期审理，另定开庭时间。法院也可以在行政机关负责人确有正当理由不能出庭时，自行决定是否需要延期审理。

（四）不出庭的法律后果及异议处理

1. 行政机关负责人不出庭的法律后果

就《行诉解释》第一百二十九条第四款与《行诉解释》第一百三十二条的关系来说，《行诉解释》第一百二十九条第四款是对行政机关负责人在说明理由阶段拒绝说明理由的法律后果进行的规定，而第一百三十二条是对行政机关负责人在开庭阶段没有出庭应诉的法律后果的规定。从一定程度上说，由于行政机关提交情况说明的期限是开庭之前，因此行政机关负责人拒绝说明理由的认定也只能在开庭前得到确认，此时行政机关负责人不出庭应诉的情况也得到了认定，两个后果是重合的，从本质上说是一样的。因此，将这两条进行整合，如果行政机关负责人不出庭应诉且不说明理由（包含理由不具有正当性或者真实性），行政机关仅委托律师出庭的，人民法院可以通过司法建议，建议同级人民政府、上一级行政机关、监察机关作出处理。而对于仅委托律师出庭的案件和人民法院书面建议行政机关负责人出庭应诉的案件（包含有正当理由不出庭的情况），人民法院应当记录在案并在裁判文书中载明。

2. 原告异议的处理

对于行政机关负责人不出庭应诉，原告或者上诉人对此提出强烈异议，拒绝开庭、中途退庭、拒绝陈述的情况，法院应当向原告就相关法律规定以及法律后果予以释明，原告或上诉人拒不改正，拒绝开庭或者中途退庭的，依照《行政诉讼法》第五十八条的规定，可以按照撤诉处理。对于原告或者上诉人在庭审中明确拒绝陈述或者以其他方式拒绝陈述，导致庭审无法进行，经法庭释明法律后果后仍不陈述意见的，视为放弃陈述权利，由其承担不利的法律后果。

（作者单位：北京市第四中级人民法院）

行政赔偿与行政补偿竞合之诉的司法审查规则研究

——以房屋征收与行政强制拆除行为为视角

冉依依　徐海艳

【摘要】在行政征收过程中，因行政机关违法强拆导致房屋及其他财产损失，引发了行政补偿与行政赔偿救济方式的竞合，人民法院可以在行政赔偿途径中一并解决补偿和赔偿问题。司法实践中，由于行政补偿与行政赔偿在标准、范围、评估节点、举证责任等方面存在差异，导致审判理念及法律适用上的困惑。本文在具体考量贵州省高级人民法院近三年332份房屋征收与强拆案件二审裁判文书的基础上，归纳出行政赔偿与行政补偿竞合之诉存在的困惑和争议，分析原因并提出解决问题的总体思路、基本原则和具体规则，以期对统一我省就该类案件的裁判尺度和实质化解竞合之诉赔偿争议有所裨益。

【关键词】行政征收 违法强拆 行政赔偿 行政补偿 竞合之诉

一、问题的提出

行政补偿是指合法的行政行为给行政相对人造成损失，由国家依法予以补偿的制度。行政赔偿是指违法的行政行为侵犯当事人合法权益，由国家依法予以赔偿的制度。两者在标准、范围、评估节点、举证责任方面存在很大差异，司法实践中对此缺乏统一认识。

实践中，随着城镇化的推进，房屋征收类行政案件增幅较大，在承办该类案件的过程中，笔者发现，部分地方人民政府在征地拆迁过程中，为追求行政效率，未经依法征收补偿，直接以强拆行为取代合法征收。在后续行政赔偿诉讼中，由于涉及行政补偿请求权与行政赔偿请求权的竞合，征收过程中违法强拆行为造成的损失赔偿问题显得比较复杂。其中，既包含因违法强拆给行政相对人直接造成的房屋和其他合法财产损失的赔偿问题，也有因未依据征收补偿政策依法补偿而给行政相对人造成的补偿损失问题，甚至还包括补助和奖励、搬迁、临时安置费用以及其他损害问题。传统观点认为，征收过程中的违法强拆，只能依据行政补偿路径，当事人主张补偿损失的应当另行提起行政补偿之诉；又有观点认为，即便在行政赔偿之诉中，就赔偿数额的确定亦只能参照行政补偿标准，行政赔偿标准就是行政机关征收的补偿标准。按照上述观点，当事人就其损失，需要分别提起行政补偿之诉及行政赔偿之诉，且依法拆除与违法拆除补偿或赔偿的数额并无区别，通过违法强拆还能避免依法拆除烦琐的法定程序。这样，所有“理性”行政机关，都可能选择违法强拆，这在一些地区已经成为行政机关拆迁“经验”在传授。① 2018 年 1 月 25 日，最高人民法院第三巡回法庭就“许某诉金华市某区人民政府行政强制与行政赔偿案”明确，在竞合之诉中，应当坚持全面赔偿原则，无须另行提起行政补偿之诉，人民法院可以在行政赔偿案件中，一揽子融合行政赔偿与行政补偿，通过判决体现对行政相对人合法补偿的原则。

我省近三年审结的行政征收案件中，强制拆除引发的行政赔偿二审案件共计 332 件，通过对这些案件的梳理，笔者发现，由于行政补偿与行政赔偿在标准、范围、评估节点、举证责任方面的巨大差异，法律规定的不明晰以及法官审判理念的差异，导致赔偿方式、赔偿范围形式多样，同案不同判的情况较为严重。甚至有部分基层人民法院对竞合之诉的认识有待提高，审判人员始终秉持传统观点，在审判过程中僵化适用《国家赔偿法》，对行政相对人苛以过重的举证责任，而在赔偿范围上又限定过窄，不仅不能弥补当事人的实际损失，而且严重影响了司法的公信力与权威性，最终陷入案件当事人的实体权益无法得到法律有效保护的尴尬境地，导致人民群众通过司法等合法途径解决房屋征收行政纠纷的信心丧失，进而影响社会的和谐稳定。因此，为契合新形式下规范行政机关依法征收、保护被征收人合法权益的客观需要，回归《国家赔偿法》《行政强制法》《国有土地上房屋征收与补偿条例》的立法目的，行政审判亟待对该类房屋征收中涉行政赔偿及行政补偿竞合问题的司法审查理清思路、统一裁判规则，加大对行政机关以暴力强拆取

① 耿宝建：“通过判决体现产权保护中的合理补偿原则”，载《法律与生活》2018 年第 6 期。

代依法征收、以违法赔偿规避合法补偿的监督力度，切实保护行政相对人的合法权益。

二、案件基本情况分析

（一）赔偿案件数

笔者以近三年（2015 年 1 月 1 日—2017 年 12 月 31 日）我院审结的行政赔偿二审案件作为样本，对我院因土地征收、房屋强拆引发的行政赔偿案件的裁判方式进行梳理和分析。

2015 年度，我院新收行政赔偿二审案件 292 件，其中，因土地征收、房屋强拆引发的赔偿案件结案数为 30 件，其中调解撤诉 28 件，裁定驳回起诉 1 件，判决维持 1 件。

2016 年度，我院新收行政赔偿二审案件 139 件，其中，因土地征收、房屋强拆引发的赔偿案件结案数为 117 件，其中判决维持 111 件，裁定维持 1 件，指令继续审理 3 件，发回重审 1 件，改判 1 件。

2017 年度，我院新收行政赔偿二审案件 304 件，其中，因土地征收、房屋强拆引发的赔偿案件结案数为 185 件，其中判决维持 51 件，裁定维持 103 件，裁定驳回起诉 6 件，发回重审 12 件，改判 12 件，调解撤诉 1 件。从图 1 反映的数据来看，近三年该类案件总体结案 332 件，该类案件增幅明显，两次分别增长了 290%、58.1%。

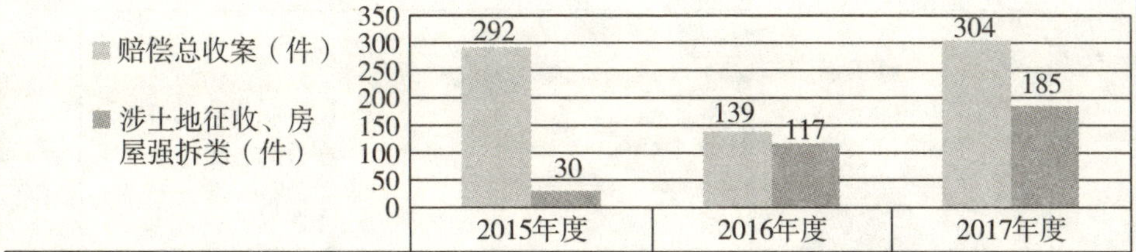

	2015年度	2016年度	2017年度
赔偿总收案（件）	292	139	304
涉土地征收、房屋强拆类（件）	30	117	185

图 1　近三年涉土地征收、房屋强拆类行政赔偿二审案件数量对比图

(二)332份二审赔偿案件文书的总体特点

1. 二审发改案件占一定比例，但总体维持一审裁判的比例较高。从裁判结果来看，判决维持163件（占比49.1%），裁定维持104件（占比31.3%），改判13件（占比3.9%），发回重审13件（占比3.9%），裁定驳回起诉7件（占比2.1%），指令继续审理3件（占比0.9%），撤诉29件（占比8.7%）。

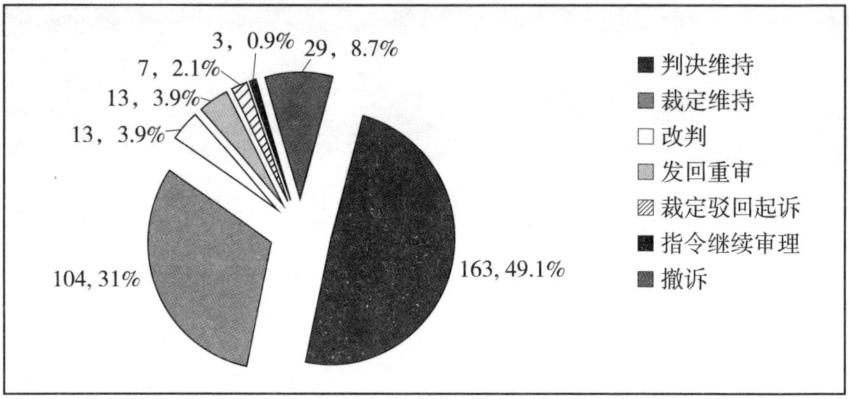

图2 涉土地征收、房屋强拆类行政赔偿二审案件裁判方式占比图

2. 程序性结案理由相对集中，因确认违法之诉被人民法院驳回诉讼请求导致赔偿案件被裁定驳回的案件较多。程序性结案事由中，未经行政机关先行处理7件，超过起诉期限12件，行政行为未被确认违法导致赔偿诉讼无事实依据89件，主体不适格3件，发回重审13件，指令继续审理3件，撤诉29件。

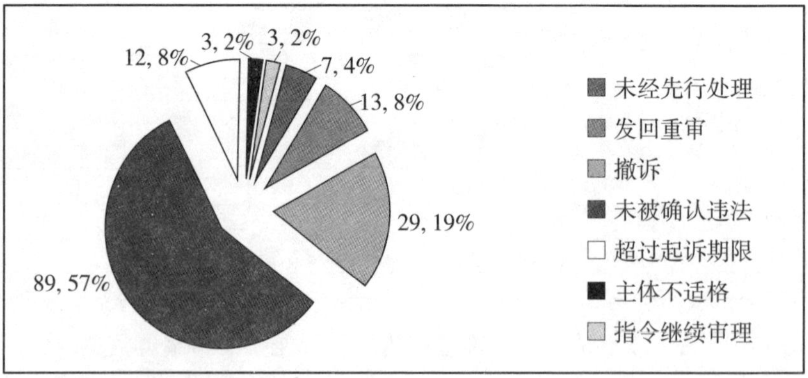

图3 程序性结案裁判方式占比图

3. 所涉案件类型广，当事人的诉讼请求多样化。332件案件中，涉国有土地209件，涉集体土地123件；涉合法产权房屋156件，涉违章建筑拆除166件。上述案件中，当事人的主要诉讼请求为土地、房屋损失，房屋附属及其他财产损失；部分当事人要求获得在补偿方案中载明的签约奖励和补助、临时安置费等；个别诉讼请求包括支付经营性损失、精神损失、律师费用及利息等。

4. 人民法院在具体给付标准的适用选择上，呈现从单一适用补偿标准到兼顾补偿标准、评估确定房屋实际损失、酌情确定其他财产损失的多元化标准。实体判决结案的176件二审赔偿案件中，130件案件系尊重行政机关订立的补偿标准，如（2016）黔行赔终2号案件，系依据县级人民政府制定的水库移民标准，以10000元每亩的标准对所淹没的承包地进行行政赔偿。38件系结合现行补偿标准，在原补偿标准上酌情上浮30%。8件通过评估或价格认定确定实际损失。绝大多数案件均支持了当事人诉请要求的补偿方案中奖励和补助的部分，并基于举证责任分配，酌情支持了部分其他财产损失。

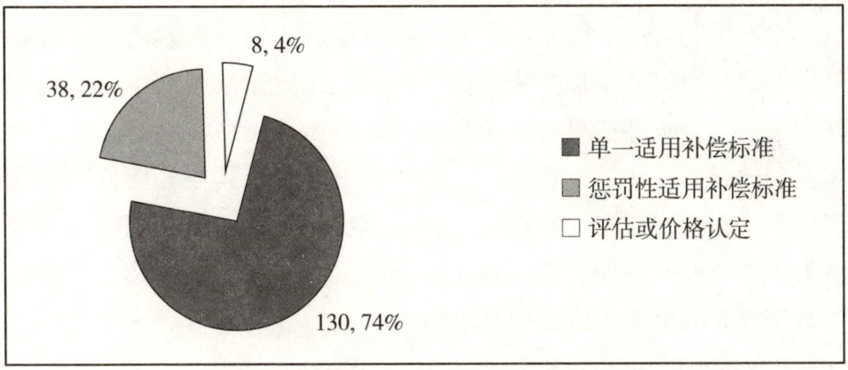

图4　具体赔偿标准适用占比图

三、土地征收、房屋强拆引发的赔偿案件实践之惑

（一）社会效果与法律效果的平衡

以前述水库移民案件为例，因涉及数千人，且绝大多数人已经按照县级人民政府拟定的征收补偿标准签订协议并交出土地。一种意见认为，人民法院应严格实行司法自限，尊重行政机关制定的征收补偿标准，以免提高标准对已完成的征地拆迁工作造成冲击；另一种意见认为，违法的赔偿数额与依

法的补偿数额应有所区别，如果行政机关因违法行为给予的赔偿数额与合法征收给予的补偿数额一致，则没有体现对违法行为的惩戒，无法对行政机关依法征收形成导向作用并切实保护行政相对人的合法权益，故，应当摒弃补偿标准，据实赔偿现行损失。

（二）赔偿标准的确定及是否引入惩罚性赔偿原则

从现行样本来看，就土地及房屋部分的损失，赔偿方式有如下三种：一是完全依照征收补偿标准计算损失；二是在原征收补偿标准上酌情上浮，上浮幅度由人民法院根据具体案情酌定；三是不采纳补偿标准，通过评估或价格认定，引入第三方机构确定赔偿数额。而部分行政判决①就房屋部分的损失，参照征收补偿方案中上浮的规定，在一审赔偿案件中评估报告的房屋价值基础上上浮30%，据以确定对房屋价值的赔偿数额，该赔偿数额超过了当事人依据评估确定的实际损失，似乎引入了惩罚性赔偿的原则。

（三）赔偿范围的确定

《国家赔偿法》第三十六条第（八）项规定了国家赔偿的基本原则，即填平性地对财产权的直接损失进行赔偿。我国行政赔偿制度主要赔偿的范围为直接损失，在行政补偿与行政赔偿竞合之诉中，当事人的诉讼请求除了赔偿房屋及其他财产造成的直接损失，往往还要求给予其在补偿方案中能够获得的搬迁费、临时安置费、补助奖励，甚至提出利息、精神损害赔偿等。有观点认为，停产停业损失、搬迁费、临时安置费、奖励补助等不属于因强拆造成的直接损失的范围，依法应不予赔偿。

（四）评估节点的确定

因行政赔偿案件往往需等待行政行为被确认违法，距离行政机关实施违法行政行为有一定时间差，而随着房屋市场价格的上涨，选择不同时间节点进行房屋价格评估会导致价格波动较大。以国有土地上房屋为例，一种意见认为，《国有土地上房屋征收评估办法》第十条规定的被征收房屋价值评估时点系恒定的，应为房屋征收决定公告之日。另一种意见认为，因涉案房屋在被强拆时未进行评估，且上诉人至今未得到任何补偿或赔偿利益，市场波动导致房屋价格变动带来的不利影响应当由实施行为的行政机关承担，故应

① 例如，辽宁省高级人民法院（2014）辽行终字第00303号行政判决。

当以行政行为被确认违法时或赔偿案件中委托评估的时点作为确定评估价格的时点。

（五）是否考虑行政相对人的过错

该问题在涉违章建筑类行政赔偿案件中表现得尤为突出。一种意见认为，行政相对人明知其未办理相关规划许可等，仍坚持修建，其对后续房屋被强拆具有过错，应当在赔偿数额中酌情予以扣减；另一种意见认为，除行政许可、房屋登记类案件外，法律法规并未规定在强拆行政赔偿案件中引入过错比例原则，行政相对人虽违法修建，但行政机关仍可以依照法定程序予以拆除，如其实施违法强拆，则应对其违法行为承担全部赔偿责任。例如，我院（2016）黔行终256号行政赔偿判决中论述："另一方面，行政相对人应当依照法律法规的规定，在许可的范围内依法从事经营活动，获取合法利益。非法经营及相关权益不受法律保护。如果对当事人从事非法经营活动以及产生的违法利益给予国家赔偿，无疑将会产生鼓励实施非法行为以获取利益的不良效果……对张某超出许可面积养殖部分，根据张某的过错程度和区政府强制拆除行为的违法性，酌定由张某自行承担80%的财产损失，区政府应承担20%。"

（六）举证责任分配

《行政诉讼法》第三十八条第二款规定了举证责任的转移，即因被告的原因导致原告无法举证的，由被告承担举证责任。在审判实践中，主要存在两个问题：一是合理分配举证责任问题，如屋内物品部分，如果行政机关无法举证，行政相对人提出名贵字画、古玩古董等在强拆中毁损，是否在行政机关无相反证据的情况下即全部支持相对人，或要求相对人对超过生活常理的部分进一步举证证明；二是举证责任转移的范围，如证明房屋系商用、系合法建筑的证据是否亦属于因强拆原因导致无法举证并举证责任倒置的范围？

四、厘清：因土地征收、房屋强拆引发的赔偿案件的界定规则

（一）总体理念和原则

1. 坚持全面赔偿，以统筹考虑行政赔偿与行政补偿，切实保护当事人合法权益为主线

最高人民法院（2014）行监字第148号行政裁定书明确写明，任何人不

能从自己的错误行为中获利，因未及时补偿或赔偿，房价上涨的损失应由行政机关承担。笔者认为，在行政征收中因违法强拆引起的行政赔偿与行政补偿竞合之诉中，基于当事人全面赔偿的诉讼请求，就赔偿金额的确定上，人民法院应当充分发挥主观能动性，综合考虑强拆行为违法情节的轻重，统筹适用《国家赔偿法》《土地管理法》《土地管理法实施条例》《国有土地上房屋征收与补偿条例》中规定的赔偿（补偿）方式、赔偿（补偿）范围、赔偿（补偿）标准，科学确定赔偿范围和赔偿项目，确保当事人得到及时、公平、合理、全面的保护。同时，人民法院在确定赔偿数额时，要坚持有权必有责、违法需担责、侵权要赔偿、赔偿应全面的法治理念[①]，对违法强拆行为，应当依法判决行政机关违法并承担行政赔偿责任，确保行政相对人因违法强拆所得到的赔偿不低于依法征收所应得到的补偿。因此，就该类案件的处理，应当以全面赔偿为原则，在行政赔偿案件中融合行政赔偿与行政补偿，通过判决有效监督行政机关依法征收，切实保护行政相对人的合法权益。

2. 以利益衡平，尊重客观实际，维护经济社会发展为增补

样本中实体判决结案的176件二审赔偿案件中，130件系尊重行政机关订立的补偿标准。有一种观点认为：涉群体性行政赔偿案件的处理具有一定特殊性，人民法院裁判中应该综合考量兼顾公共利益和个人权益保护，特别是在具体赔偿数额的确定上，既要充分保护行政相对人的合法权益，又要兼顾该征收项目涉及的其他绝大多数被征收人已经按照相关方案得到征收补偿数额的实际。相对于竞合之诉应完全摒弃行政补偿标准的观点，最高人民法院的法官存在相对保守的观点，即就行政补偿与行政赔偿救济途径的竞合，“原则上应当向当事人释明，尽可能通过行政赔偿途径，一并解决补偿和赔偿问题。补偿标准原则上按照征收补偿方案确立的标准执行，赔偿则按当事人的实际损失予以核定，两者之和为违法强制拆除行为的全部赔偿数额”[②]。

（二）具体规则的构建

1. 赔偿范围的确定

以国有土地上房屋征收为例，行政机关越权违法强拆被征收人房屋后，造成两部分损失：第一部分是正常应予补偿的土地、房屋等损失；第二部分

① 最高人民法院（2017）最高法行再101号行政判决书。

② 蔡小雪、郭修江：《房屋征收案件审理指引》，人民法院出版社2015年版，第362页。

是因违法强制拆除造成当事人的其他财产损失。如对第一部分的损失进一步细化，即是《国有土地上房屋征收与补偿条例》第十七条所规定的房屋价值，搬迁、临时安置费，停产停业损失，补助和奖励。实践中，有部分观点认为搬迁费、停产停业损失，特别是奖励和补助并非直接损失的范围，该部分的损失不应考虑。甚至在同一司法辖区，一审、二审法院①就是否支付临时安置过渡费亦有不同认识，一审判决认为征收方案中安置过渡费系行政补偿标准，不能作为赔偿案件依据，而二审法院认为，行政机关实施强制拆除行为后，未提供临时安置补助费或周转用房，原告租房或自行解决住房均会产生实际损失，该损失属于违法强拆造成的直接损失，并决定比照征收补偿政策的标准予以赔偿。就奖励和补助部分是否能认定为直接损失并予以赔偿，司法实践中更是存在很大争议，对是否应当支持，笔者在下文中作进一步论述。

就第二部分的损失，主要是屋内物品等其他财产损失，还可能存在部分行政相对人所提的律师费、利息损失、精神损害赔偿等。是否将其纳入赔偿范围，笔者认为，应当依据《国家赔偿法》第三十五条、第三十六条的规定，严格遵从赔偿直接损失的原则。考虑支持赔偿银行同期存款利息主要基于该法第三十六条第（七）项情形；考虑支持精神损害抚慰金的赔偿主要基于该法第三条、第十七条致人精神损害的情形。另，笔者注意到，最高人民法院对利息的适用范围呈现逐渐扩大的趋势，例如，最高人民法院（2015）行提字第26号海南惠普森医药生物技术有限公司与文昌市人民政府因违法收回国有土地使用权引发的行政赔偿之诉中，最高人民法院对行政赔偿中直接损失的范围作出了进一步扩展。其根据公平原则，基于加害人理应及时支付违法损害赔偿金，以使赔偿金的孳息尽快归于受害人的原理，认为因行政机关未及时支付赔偿金所产生的利息应当属于直接损失，并将其纳入行政赔偿的范围。

2. 标准的确定

如前所述，裁判文书样本中反映出的主要是三种模式：单一适用补偿标准；补偿标准＋实际损失；实际损失。

① 辽宁省高级人民法院（2014）辽行终字第00303号行政判决书。

表1 房屋强拆行政赔偿的三种模式

模式	赔偿范围	确立路径
单一适用补偿标准	1. 被征收房屋价值；2. 搬迁、临时安置补偿；3. 停产停业损失；4. 签约奖励或补助	依据涉案《征收补偿方案》的内容
补偿标准+实际损失	1. 被征收房屋价值；2. 搬迁、临时安置补偿；3. 停产停业损失；4. 签约奖励或补助；5. 其他财产损失	依据涉案《征收补偿方案》的内容确定补偿部分；酌情确定或者评估确定其他财产损失
实际损失	房屋价值+其他财产损失	酌情确定或者评估确定房屋及其他财产损失

司法实践中，以上三种模式均存在，基于个案的具体情形不同，人民法院具有一定的自由裁量权，可以在竞合之诉中做好释明工作，选择有利于行政相对人的裁判标准，以确保不因行政机关的违法拆迁而减少行政相对人应得的合法权益。特别是在采取补偿标准的情形下，一是要考虑确认原补偿标准的时效性，如补偿标准已经严重过时，房屋价格已经明显上涨，行政机关已经对类似项目制定了数额更高、更有利于行政相对人的补偿标准，人民法院可以比照适用新的补偿标准或在原有补偿标准上适当上浮，以确保行政相对人的合法权益并未受到减损。二是对停产停业损失范围的确定应该适度，例如，最高人民法院（2017）最高法行再101号行政判决书对停产停业损失的性质进行了探讨，将其定性为补偿因征收给房屋经营人造成的临时性经营困难，并明确对停产停业损失只能计算适当期间或按房屋价值适当比例支付。故，被征收人未另找房屋及时开业的损失不应全部由行政机关承担。因此，在对停产停业损失的计算方面应当与过渡费的计算期间具有一定区别。另，最高人民法院（2015）行监字第634号范春生诉沈阳市和平区人民政府行政赔偿案中明确了基于违法强拆的行政赔偿标准不得低于基于补偿方案可以得到的征收补偿标准的原理，支持了行政相对人主张赔偿范围应包括依照征收补偿方案可以获得的奖励的诉讼请求。因此，笔者认为，对行政补偿方案中本属于相对人的奖励和补助亦应当予以支持，否则与最高人民法院确定的赔偿价款不低于补偿价款的精神相背离，将会致使行政相对人的利益减损。

3. 科学确定评估时点

在上述第二种、第三种模式中，均涉及对其他财产损失的判定，如不能评估鉴定，依据最高人民法院的观点，可以综合当事人的诉讼主张和在案证据，基于理性自然人的逻辑推理及生活常识酌情确定赔偿数额。如系依法评估确定损失，则评估时点的选择显得至关重要。《最高人民法院关于适用〈中华人民共和国行政诉讼法〉的解释》第四十七条亦肯定了这种观点。有观点认为，依据《最高人民法院关于民事、行政诉讼中司法赔偿若干问题的解释》第十一条的规定，应按侵权行为发生时当地市场价格予以赔偿财产，故评估时点应是强拆侵权行为实施时，赔偿数额应是强拆时的财产市场价格。针对该观点，最高人民法院（2015）行提字第26号行政判决书予以驳斥，主要理由为两点：一是上述司法解释适用于司法赔偿，而本案系行政赔偿纠纷，故不适用于本案。二是类比上述司法解释，以侵权行为发生时作为土地评估时点，对保护相对人的合法权益明显不公。最高人民法院（2014）行监字第148号行政裁定书亦不赞同上述观点，其强调：无适当房屋实行产权调换的，补偿款应以生效判决作出时同类房屋的房地产市场评估价格为标准。司法实践中，在评估时点的选择中，有观点认为应是行政行为被确认违法时，亦有人提出应为行政赔偿时，为最大限度保护行政相对人的合法权益，以行政赔偿一审案件中委托评估时点作为确定房屋价格的时点的做法较为常见。笔者认为，强拆行为发生后，一直未对行政相对人进行补偿或赔偿，因物价上涨的损失应由违法行政行为实施人承担，以一审行政赔偿诉讼的时点作为行政赔偿评估时点并无明显不当。

4. 慎重引入惩罚性赔偿原则

国家赔偿中的惩罚性赔偿标准，即赔偿义务机关向受害人支付的赔偿金额，除因自己的侵权行为而给受害人造成的损失费用外，还包括因侵害受害人合法权益而应承担的惩罚性费用[①]。有人将最高人民法院（2014）行监字第148号行政裁定书确立的“任何人不能从自己的错误行为中获益”的裁判要旨理解为惩罚性标准，认为行政机关在弥补强拆行政相对人所受损失的基础上，还应支付一定的赔偿性费用，该类案件的国家赔偿数额等于损失额加

---

① 江必新主编：《〈中华人民共和国国家赔偿法〉条文理解与适用》，人民法院出版社2010年版，第303页。

上惩罚额。笔者认为，就该问题的理解，应立足于对《国家赔偿法》中国家赔偿标准的准确把握，除上文论述的惩罚性标准外，还存在国家赔偿的补偿性标准及抚慰性标准，前者对受害人的实际损失进行赔偿，向受害人支付的赔偿金额以能够弥补受害人所受损失为限，后者赔偿的不是受害人的全部损失，只是以金钱赔偿表示抚慰之情。[①] 结合修正前的《国家赔偿法》第二十六条、第二十七条、第二十八条，修正前的《国家赔偿法》采用的是抚慰性的标准，“考虑国家经济状况”意味着不全部考虑受害人的实际损失，只赔偿其中的直接财产损失。2010 年，修改后的《国家赔偿法》从当时经济社会发展的实际出发，适度提高了国家赔偿的标准，向着补偿性标准迈进了重要的一步，增加了第三十四条以及精神损害抚慰金等。但从总体来看，修正后的《国家赔偿法》仍然采用抚慰性赔偿标准，在第三十六条第（六）项、第（八）项体现得尤为明显[②]。因此，人民法院在行政赔偿案件中，适用惩罚性标准的条件尚不成熟，与现行《国家赔偿法》的立法宗旨以及我国经济社会的发展状况还不适宜。就征收引发的强拆案件的赔偿范围，从最高人民法院司法案例裁判要旨来看，似乎倾向于以赔偿直接损失为基础，以使被征收人获得公平合理补偿的补偿性标准为主。

5. 慎重引入混合过错中的民事侵权责任承担方式

受害人对于损害的发生也有过错的，可以减轻侵害人的民事责任的观点在民事审判中得到普遍运用。有一种观点认为，虽然《行政诉讼法》和《国家赔偿法》都没有对行政机关违法行为与他人混合过错作出明确规定，但上述法律精神仍散见于单行法律法规或司法解释，应当引入民事侵权理论以确定责任承担方式。笔者对相关法律及司法解释进行了如下梳理：

---

① 江必新主编：《〈中华人民共和国国家赔偿法〉条文理解与适用》，人民法院出版社 2010 年版，第 303 ~ 304 页。

② 江必新主编：《〈中华人民共和国国家赔偿法〉条文理解与适用》，人民法院出版社 2010 年版，第 307 页。

表1　房屋强拆行政赔偿的三种模式

序号	法条名称	相关条款
1	《最高人民法院关于审理房屋登记案件若干问题的规定》	第十二条①
2	《最高人民法院关于审理行政许可案件若干问题的规定》	第十三条②
3	《最高人民法院关于公安机关不履行法定行政职责是否承担行政赔偿责任问题的批复》	（批复内容详见脚注）③
4	《最高人民法院关于劳动教养管理所不履行法定职责是否承担行政赔偿责任问题的批复》	（批复内容详见脚注）④

司法实践中，混合过错主要为两种形式。一种见于范元运案⑤，即受害人自身过错与行政机关过错的混合，各方根据过错程度承担责任⑥；另一种见于黄玉河案⑦，即行政机关过错与第三方过错的混合⑧。不同形式的责任承担方式也不相同，还涉及行政赔偿与民事赔偿的衔接问题，最高人民法院的法官也对此颇有争议。在审理中国银行江西省分行诉江西省南昌市管理局行政赔偿案时，最高人民法院专门组织专业论证会，就混合过错中如何承担责

① 申请人提供虚假材料办理房屋登记，给原告造成损害，房屋登记机构未尽合理审慎职责的，应当根据其过错程度及其在损害发生中所起作用承担相应的赔偿责任。

② 被告在实施行政许可过程中，与他人恶意串通共同违法侵犯原告合法权益的，应当承担连带赔偿责任；被告与他人违法侵犯原告合法权益的，应当根据其违法行为在损害发生过程和结果中所起作用等因素，确定被告的行政赔偿责任；被告已经依照法定程序履行审慎合理的审查职责，因他人行为导致行政许可决定违法的，不承担赔偿责任。在行政许可案件中，当事人请求一并解决有关民事赔偿问题的，人民法院可以合并审理。

③ 由于公安机关不履行法定行政职责，致使公民、法人和其他组织的合法权益遭受损害的，应当承担行政赔偿责任。在确定赔偿的数额时，应当考虑该不履行法定职责的行为在损害发生过程和结果中所起的作用等因素。

④ 重庆市西山坪劳动教养管理所未尽监管职责的行为属于不履行法定职责，对刘元林在劳动教养期间被同监室人员殴打致死，应当承担行政赔偿责任。人民法院在确定赔偿的数额时，应当考虑重庆市西山坪劳动教养管理所不履行法定职责的行为在造成刘元林死亡结果发生过程中所起的作用等因素。

⑤ 最高人民法院公布的范元运等诉山东省邹平县建设局规划许可暨行政赔偿案件，法院认为原告加油站被取缔的损失系原告违法建设和被告违法审批行为共同造成的。

⑥ 中华人民共和国最高人民法院行政审判庭编：《中国行政审判指导案例》（第1卷），中国法制出版社2010年版，第151～155页。

⑦ 最高人民法院公布的黄玉河诉图们市林业局行政赔偿案，第三人董亚臣违法用火和被告林业局擅离职守导致原告果园损失。

⑧ 中华人民共和国最高人民法院行政审判庭编：《中国行政审判案例》（第4卷），中国法制出版社2012年版，第204～209页。

任的问题进行研讨，与会专家提出了三种意见：第一种意见是承担补充赔偿责任；第二种意见是承担按份责任；第三种意见是本案行政机关承担的是公法上的责任，单纯用民事侵权理论会增加案件的复杂性。要区分公法和私法责任，不能简单地做份额分割或进行补充。行政机关承担公法责任时要考虑私法责任的存在而相应减免责任。该案经最高人民法院审委会讨论采纳了第三种意见，即“受害人的过错、第三人的恶意欺诈和登记机关的过失造成抵押权人贷款损失，首先应当由恶意欺诈方承担赔偿责任，当其财产不足以赔偿的情况下，由登记机关承担行政赔偿责任。由于受害人本身存在过错，可以相应地减轻登记机关的赔偿责任”①。因此，笔者认为，基于公法责任与私法责任的区别，在行政赔偿案件中单纯适用民事侵权责任承担方式应当慎重。但司法实践中，不难看出目前法院认为混合过错中的行政赔偿责任仅限于行政机关侵害所造成的损害程度，即按照行政机关所实施行为的原因力，按份额承担责任。②

具体到本课题而言，行政征收中的违法强拆，涉及行政相对人过错的情形主要体现在违章建筑的违法拆除，笔者始终认为，对于违章建筑，行政机关可以选择采取合法程序予以拆除，行政相对人的违法修建与行政机关违法拆除之间并无必然的因果联系，并非导致违法建筑违法拆除的共同原因。行政机关如违法拆除，应当对造成的全部直接损失承担行政赔偿责任，并非相对人有错在先，行政机关即可以将错就错，在违章建筑违法拆除的行政赔偿案件中考虑行政相对人的过错，并分割国家赔偿责任的份额应当慎重。前述范元运案虽然明确裁判要旨为：“就行政相对人自身行为也存在过错的情形下，更倾向于综合分析各方行为对损害后果发生的因果关系，合理确定行政机关的赔偿责任”，但其实质是行政许可引发的行政赔偿之诉，裁判要点在于“范元运已获得了规划许可但未获得施工许可的情况下，因非法建设导致加油站被取缔，但镇政府收取了其土地审批费、占地费及规服费，造成其继续修建的信赖利益并导致损失，故在赔偿责任分担上，应由行政机关与行政相对人三方分担。”其系依据《行政许可法》第六十九条的规定，在违法的行政

① 中华人民共和国最高人民法院行政审判庭编：《中国行政审判指导案例》（第1卷），中国法制出版社2010年版，第131～140页。

② 黄娟：“行政赔偿诉讼中混合过错的认定与解释方法”，载《法律方法》2016年第2期。

许可相对人对行政机关的行为存在合理信赖的情况下，对其信赖利益予以保护的特殊情形。该案并不能当然得出违章建筑违法拆除，行政机关即可以基于行政相对人的违法建设仅承担直接损失的部分责任，其侧重点应当在于对于本不属于国家赔偿范围的非法财产损失，由于行政机关的先行为导致行政相对人产生信赖利益，行政机关应当适当承担部分财产损失的赔偿责任，这两者的侧重点应当是不同的。

6. 区分合法财产和违法建筑

如前所述，就征收中的强拆案件，对于合法财产的损失可以通过酌情或者评估、鉴定的方式予以确定，在司法实践中争议不大。但是对于违章建筑的违法拆除，是否应当赔偿、如何赔偿，在司法实践中历经审判观念的变化和更迭。违章建筑强拆中，违章建筑内的其他物品属于行政相对人的合法财产，如因强拆致损，应当得到赔偿；但对于违章建筑本身，传统观点认为，《国家赔偿法》第二条保护的是公民、法人和其他组织的合法权益，应当纳入国家赔偿范围的财产应是行政相对人的合法财产，而违章建筑并非合法财产，故对违章建筑的损失不予赔偿。最高人民法院发布的上海彭浦电器开关厂诉上海市闸北区人民政府行政赔偿案[①]明确了当事人表示仍需使用被拆除的违法建筑材料，拆违实施部门未将该建筑材料返还当事人的行为违法，应就造成的直接损失承担赔偿责任。主流司法观点认为：违章建筑强拆中，应当区分违章建筑内物品及违章建筑材料，违章建筑内独立的物品属于应当赔偿的范围，违章建筑材料中应赔偿的范围为可自力救济的范围，即相对人通过自行拆除可以减少的损失应当属于国家赔偿的范围。就与建筑融为一体，难以分割的建筑材料，无论行政机关强制拆除或相对人自行拆除，均会导致财产毁损，不属于可救济的范围，亦不属于国家赔偿的范围。笔者认为，在运用上述观点时，实践中并非一成不变，应基于个案的不同情形予以区分：一是如系征收过程中引发的违章建筑强拆，征收补偿方案中规定了违章建筑的补偿标准，是否可以考虑参照征收补偿方案的标准予以赔偿，否则行政机关违法赔偿的范围比合法补偿的范围少；二是即便补偿方案中存在对违章建筑的补偿标准，但不应突破建筑材料的赔偿范围，可以部分参照征收补偿标

---

① 中华人民共和国最高人民法院行政审判庭编：《中国行政审判案例》（第2卷），中国法制出版社2011年版，第237~242页。

准，如对违章建筑的补偿标准一般是工本价，贵阳市中级人民法院认为“工”是人工，不属于可以回收的财产，“本”是建筑成本，亦并非全部可以回收，故应对该征收补偿标准予以适当扣减。

7. 合理分配举证责任

虽然《行政诉讼法》第三十八条第二款规定了举证责任转移。但人民法院在举证责任的分配上应当注意下列问题：一是原告应当对超出生活常理的巨额损失承担进一步举证责任，如最高人民法院（2015）行监字第617号苏艳诉大连金州新区管理委员会行政赔偿案明确提出，并非所有情况下均免除原告的举证责任，就符合生活常理的一般财产损失，人民法院可以基于逻辑推理和生活经验，酌定当事人的损失数额。如果行政相对人主张的是运用逻辑推理和生活经验无法认定的巨额损失，则不能免除原告对该项损失的初步证明责任。二是对举证责任转移范围不能无限扩大，即系直接因为行政机关违法强拆行为导致无法举证的才转移举证责任。实践中，就被强拆房屋是否系合法建筑、是否属于商用，主要证据系来源于房屋是否有权属证书及权属证书上对房屋用途的记载，该类证据可以在房管部门调取，其无法举证与房屋强拆行为的实施并无明显关联性，不属于在房屋强拆过程中直接致损导致举证不能的范围，因此就该部分的举证责任并不随着行政机关违法强拆导致转移。

五、结语

为实质化解行政争议，确保当事人获得公平、合理、及时的补偿，就征收引发的违法强拆行为，人民法院可以结合案件具体情况，根据行政相对人提出的行政赔偿请求，在行政赔偿之诉中一并解决行政补偿和行政赔偿问题。在具体案件的审理中，通过整合和构建行政赔偿、行政补偿竞合之诉的司法审查规则，人民法院可以结合违法行为类型与违法情节轻重，统筹适用《国家赔偿法》《国有土地上房屋征收与补偿条例》《土地管理法》等法律法规中规定的（赔偿）补偿方式、（赔偿）补偿项目、（赔偿）补偿标准，依法科学地确定赔偿项目和数额，有效监督行政机关依法行政，切实维护行政相对人的合法权益。

（作者单位：贵州省高级人民法院）

关于查处违法建筑案件司法审查若干问题的思考

陈舜川

【摘要】城市违法建筑具有搭建易、建设快、查处难等突出特点，拆除违法建筑往往涉及居住、生活等民生问题，一直是困扰执法机关的难题。目前，我国对违法建筑的预防与处理没有制定一部统一的法律规范，对如何准确定义和界定违法建筑，法律上没有明确规定，导致违法建筑的认定主体不明、界定权不集中，加大了查处违法建筑案件司法审查的难度。本文主要以对已经建成的违法建筑的查处行为的司法审查视角，提出若干问题的思考与建议。

【关键词】违法建筑　司法审查　强制执行

一、查处违法建筑的总体现状

目前，我国对违法建筑的主要规定见于《城乡规划法》《行政强制法》《土地管理法》等相关法律，以及地方性法规、市政府规章之中，立法多而散。根据现行法律法规规定，规划、房地产管理、城管、建筑、道路交通、水务、港口、市政公用事业等10个政府管理部门对违法建筑均有查处的职权，执法主体众多且职权有所交叉重叠。

（一）违法建筑的概念及演变

违法建筑，一般是指未经规划许可、建设用地许可或建筑工程施工许可，并未能取得许可证，以及虽经许可，但不按许可条件建造的建筑物。[①] 违法建筑的概念，在不同的历史时期有所不同，且违法建筑与违章建筑、违法建设概念往往被混用。

---

① 蒋拯：《违法建筑处理制度研究》，法律出版社2014年版，第57页。

“违章建筑”一词最早出现在1980年4月国务院批转的《中央气象局关于保护气象台站观测环境的通知》第四条文中。2001年国务院颁布的《城市房屋拆迁管理条例》（现已废止）第22条中使用了“违章建筑”一词。此后，“违章建筑”一词便常出现在行政执法和政府有关文件中。

“违法建筑”一词则最早出现在1983年6月城乡建设环境保护部发布的《城镇个人建造住宅管理办法》（现已废止）第9条中，这也是第一次在部门规章中出现“违法建筑”一词，但是，该“违法建筑”是指违法建设行为，而违法建设的结果自然也就是违法建筑。1990年施行的《城市规划法》（现已废止）第40条中使用了“违法建筑”一词，这是在法律层面上第一次提出“违法建筑”概念。

2008年施行的《城乡规划法》未提出“违法建筑”一词，但也没有使用“违法建设”或者“违章建设”，该法涉及建筑是否依法建造都是使用“建设”一词，强调建设应当依法进行的理念。换言之，违法建设的结果自然是违法建筑，主要包括正在建设和已经建成未经批准的建筑，强调对违法建筑的动态监管过程。违法建筑与违章建筑强调的是已经建成建筑是否依法建成的一种静态描述。

违法建筑、违章建筑与违法建设三者之间的区别，是“法”与“章”的区别。违法建筑之法，一般理解为法律法规，不包括规章及其以下的规范性文件。而违章建筑之章，一般理解为包括法律法规和部门规章，外延要宽泛得多。因此，对违法建筑的称谓，早期多称谓为违章建筑，违章建筑逐渐被违法建筑代替，有利于规范处理违法建筑，同时，加强权利主体利益的保护，推进依法行政，彰显依法治国理念。

（二）违法建筑的主要类型

用不同的标准对违法建筑进行分类，有利于我们认清其本质，正确判断某一违法建筑是否需要拆除，能否补办有关手续使之合法，以及拆除时是否需要给予补偿等问题，具有重要的指导意义。

1. 以违反程序法还是实体法为标准，分为程序违建与实质违建。程序违建是指没有实质上违反城乡规划，只是未办理合法手续，违反了程序性规定，允许通过补办手续成为合法建筑。实质违建是指实质上违反了《城乡规划法》《土地管理法》等法律禁止性规定，无法通过补办手续使之成为合法建筑。区分程序违建和实质违建，要求人们正视违法建筑的价值与公共利益，不能一拆了之，还应根据实际情况判断违法建筑能否补正手续使之合法，发挥违法建筑的价值。

2. 根据建成日期距今的远近，分为老旧违法建筑与新建违法建筑。这一分类为我国台湾地区“违章建筑处理办法”以及北京、上海、广州、深圳等地采用。区分老旧违法建筑与新建违法建筑的逻辑基础是，不同的时期对违法建筑可能出台了不同的规定，在处理违法建筑时亦应按照相关规定作出处理。根据“法不溯及既往”原则，违法建筑建造在前，拆违法律法规制定在后，这类建筑则不能适用现在的拆违规定。一般而言，对老旧违法建筑的处理采取从轻原则，对新建尤其是正在建筑的违法建筑采取从重原则，目的是维护社会秩序稳定的同时，遏制新建违法建筑的产生。

3. 根据建造程度，分为正在建设的违法建筑与已建成的违法建筑。对于正在建设的违法建筑作出处理时，应先责令停止建设，若不能通过补正手续使之合法，且当事人拒不停止建设的，对违法建设部分，可以采取立即拆除继续建设部分的措施。对于已建成的违法建筑，则不能适用“即查即拆”措施，应对是否是违法建筑作出认定，再作出相应的处理。

二、违法建筑的认定与司法审查

（一）认定违法建筑的主体

查处违法建筑的前提条件是明确违法建筑的认定主体。行政执法实践中，对违法建筑的认定主要有三种模式。一是规划部门作出认定，城市执法部门负责查处，是两个相互独立的执法程序。例如《武汉市控制和查处违法建设办法》第 8 条第 1 款、第 9 条第 1 款规定，① 规划部门负责对违反建设工程规划许可证规定的违法建设进行核查、认定，并提出处理意见，然后，由城市执法部门负责依法查处。二是规划部门负责认定、查处。《城

① 《武汉市控制和查处违法建设办法》第 8 条第 1 款规定：“城市管理执法部门负责依法查处未取得建设工程规划许可证或者未按照建设工程规划许可证的规定建设的、验收合格后未按照规定办理建设工程规划许可证又进行建设或者改造的，未经批准或者未按照批准内容进行临时建设的建筑物、构筑物或者其他设施。”第 9 条第 1 款规定：“规划部门负责对违反建设工程规划许可证规定的违法建设进行核查、认定，并提出处理意见。”

乡规划法》第64条规定，[①] 规划部门负责查处违反建设工程规划许可证规定的违法建设。三是城市执法部门负责认定、查处，规划部门协助。城市执法部门可以根据查处情况，决定是否需要规划部门协助，难以准确认定违法建设的，则需会同规划部门研究决定。例如《汕头市中心城区城乡规划违法建设查处规程》规定，中心城区（金平、龙湖、濠江区）城乡规划违法建设，由城管执法部门负责查处，城乡规划、国土资源等部门予以协助。[②] 在实行城市管理相对集中行政处罚权制度的城市，基本实行这种查处违法建筑模式。

（二）违法建筑认定权的司法审查

关于违法建筑认定行为是否属于人民法院受案范围，目前司法实践中有三种不同的观点。第一种观点认为不可诉。理由是违法建筑认定行为是执法部门进行后续查处行为的证据来源，是内部行为，不具有独立性，并不会对违法建筑行为人权益产生不利的影响，对违法建筑行为人权益产生不利影响的是执法部门作出的后续处理决定。第二种观点认为可诉。在实行相对集中行政处罚权的城市，规划部门根据城管执法部门的需要对违法建筑作出的认定行为，是城管执法部门作出处罚的事实根据之一，对行政相对人的权利义务具有实际影响，具有独立的可诉性，应赋予当事人诉权。[③] 第三种观点认为以违法建筑认定行为是否通知违法建筑行为人为标准，判断其是否可诉。如果该认定行为通知了违法建筑行为人，即该认定行为有了外部性特征，违法建筑行为人可以对该认定行为提起诉讼；反之，该认定行为未通知违法建筑行为人，只是作为城管执法部门进行后续处理的证据，不可诉。

---

① 《城乡规划法》第64条规定："未取得建设工程规划许可证或者未按照建设工程规划许可证的规定进行建设的，由县级以上地方人民政府城乡规划主管部门责令停止建设；尚可采取改正措施消除对规划实施的影响的，限期改正，处建设工程造价百分之五以上百分之十以下的罚款；无法采取改正措施消除影响的，限期拆除，不能拆除的，没收实物或者违法收入，可以并处建设工程造价百分之十以下的罚款。"

② 《汕头市中心城区城乡规划违法建设查处规程》第一部分"适用范围"中规定："中心城区城乡规划违法建设，由城管执法部门负责查处。违反城乡规划以外的违法建设，由其他相关部门查处。法律、法规另有规定的，按其规定执行。"第二部分"建立查处城乡规划违法建设工作机制"中规定："（二）建立信息共享机制。城管执法部门查处城乡规划违法建设，需要城乡规划、国土资源、建设、房管、公安、消防、工商、质量技术监督、公证、档案、供水、供电、供气及其他相关部门和单位协助提供所需信息资料的，可以向相关部门发出协查函。相关部门应当自收到协查函五个工作日内无偿提供所需信息资料。"

③ 吴宇龙、蔡维专："规划部门认定违法建设行为具有独立可诉性"，载《人民司法·案例》2013年第6期。

笔者认为，判断违法建筑认定行为是否可诉，应以该违法建筑认定行为是否通知违法建筑行为人、是否产生外化效果为标准，判断是否赋予违法建筑行为人诉权。如果规划部门根据城管执法部门的需要作出的违法建筑认定行为没有通知违法建筑行为人，只是作为城管执法部门作出后续处理的证据之一，是行政机关之间的内部函件往来，没有产生外化效果，并不具有独立性，不可诉；如果通知了违法建筑行为人，该认定行为产生了行政行为的外部性特征，应赋予其诉权，可以提起行政诉讼。

三、违法建筑的处罚与司法审查

（一）违法建筑处罚权的性质

根据《城乡规划法》第64条、第65条的规定，对于违法建筑，执法部门可以作出“罚款”“没收实物或者违法收入”“责令停止建设”“责令限期改正”及“责令限期拆除”的处理决定。按照《行政处罚法》第8条规定的行政处罚的种类，“罚款”和“没收实物或者违法收入”属于行政处罚的种类并无异议。然而，“责令停止建设”“责令限期改正”及“责令限期拆除”是否属于行政处罚的种类，司法实践中则存在较大争议。笔者认为，城管执法部门在查处违法建筑中，“责令停止建设”“责令限期改正”及“责令限期拆除”作为查处违法建筑的重要处理决定，是行政处罚的应有之义。然而，上述处理决定从本质上来说并不是行政处罚，而是行政命令，是一种行政强制措施。主要理由如下：

第一，行政处罚是对违法行为人采取的惩罚性措施，具有惩罚性。行政命令是行政机关要求行政相对人为或不为一定行为（作为或不作为）的意思表示，是行政行为的一种形式。“责令停止建设”“责令限期改正”及“责令限期拆除”是城管执法部门在查处违法建筑的过程中，为制止违法行为、防止证据损毁、避免危害发生、控制危险扩大等情形，责令违法行为人停止建设、限期改正或者限期拆除，不是以制裁违法行为人为直接目的，而是为了纠正违法行为，消除违法状态，恢复合法状态而采取的一种行政强制措施，实质上是属于行政命令。

第二，参照上海市高级人民法院《物业管理中责令限期改正、责令限期拆除有关问题解答》，“责令限期改正”一般是指行政机关或法律、法规授权的组织，为了制止正在发生或已经发生的违法行为及其后果，而责成违法行为人立即停止违法行为、消除违法后果或恢复原状的行政决定。2002 年，上海市高级人民法院沪高法行（2002）1 号《关于当前行政审判实务若干问题的解答》就“责令限期改正”是行政处罚还是在处罚过程中对违法行为的纠正问题作出答复：“可以行为是否终了为界限，即如行政机关所作是终了的行为或法律、法规明确的行政处罚的种类的行为，应认定为行政处罚；如果是在实施行政处罚的同时要求行为人纠正违法行为则不作为行政处罚。”同时，我们判断一个行政行为是否是行政处罚，还要看该行为是否符合行政处罚的属性，即行政处罚是对行为人违反行政法律规范行为的制裁。同理，“责令停止建设”“责令限期改正”及“责令限期拆除”是为了纠正违法行为，消除违法后果或恢复原状的行政行为，不应视为行政处罚。

第三，2000 年国务院法制办在对四川省法制办《关于“责令限期拆除”是否属于行政处罚行为的请示》作出的答复中提出：根据《行政处罚法》第 23 条关于“行政机关实施行政处罚时，应当责令改正或者限期改正违法行为”的规定，《城市规划法》第 40 条规定的“责令限期拆除”，不应当理解为行政处罚行为。该答复已明确指出责令限期拆除不属于行政处罚。2008 年的《城市规划法》虽已被《城乡规划法》替代，对比《城市规划法》第 40 条与《城乡规划法》第 64 条的规定，法律条文并无多大变化。[①] 国务院对该请示问题的答复，仍应具有适用性，《城乡规划法》第 64 条规定的“责令限期拆除”不应被理解为行政处罚。

（二）“责令停止建设”“责令限期改正”及“责令限期拆除”的司法审查

责令停止建设、责令限期改正、责令限期拆除等处理决定，虽然不属于

---

① 《城乡规划法》第 64 条规定：“未取得建设工程规划许可证或者未按照建设工程规划许可证的规定进行建设的，由县级以上地方人民政府城乡规划主管部门责令停止建设；尚可采取改正措施消除对规划实施的影响的，限期改正，处建设工程造价百分之五以上百分之十以下的罚款；无法采取改正措施消除影响的，限期拆除，不能拆除的，没收实物或者违法收入，可以并处建设工程造价百分之十以下的罚款。”

《城市规划法》第 40 条规定：“在城市规划区内，未取得建设工程规划许可证件或者违反建设工程规划许可证件的规定进行建设，严重影响城市规划的，由县级以上地方人民政府城市规划行政主管部门责令停止建设，限期拆除或者没收违法建筑物、构筑物或者其他设施；影响城市规划，尚可采取改正措施的，由县级以上地方人民政府城市规划行政主管部门责令限期改正，并处罚款。”

行政处罚，但是违法行为人是否有权向法院提起行政诉讼，必须根据其对违法行为人的权益是否造成了影响逐一分析。

1. 责令停止建设。执法部门对正在建设的涉案建筑，一般会先作出《责令停止建设通知书》，要求停止建设，配合调查涉案在建工程是否合法。责令停止建设通知书是否属于行政诉讼受案范围，存在两种不同的观点。第一种观点认为，责令停止建设通知书是查处违法建筑过程中的一个中间环节，不是查处程序的终结，是不成熟的行政行为，并未对违法行为人权益造成影响。对违法行为人权益造成实质影响的是后续查处行为作出的处理决定，违法行为人有不服的，完全可以等到执法部门作出最终处理决定后提起行政诉讼，维护其权益。另一种观点认为，城管执法部门作出责令停止建设通知书是具体的行政行为，对行政相对人的权利义务产生了影响，行政相对人可以提起诉讼。笔者认为，责令停止建设通知书，是城管执法部门在查处违法建筑过程中作出最终行政处理前的一个中间环节，但却在客观上对违法行为人的权益造成了影响，根据权利救济原则，违法行为人可以提起行政诉讼。

2. 责令限期改正。执法部门将已经建成的涉案建筑认定为违法建筑，但能够采取补救措施消除对规划实施的影响的，责令违法行为人在一定期限内补办相关手续，使之合法。这针对的是“程序违建”，允许违法行为人采取补办手续成为合法建筑。从严格意义上来说，责令限期改正并未给违法行为人的权益带来实质性影响或者增加负担，但责令限期改正的前提条件是认定涉案建筑是违法建筑，仍给违法行为人的权益造成了实质影响，违法行为人若是对认定违法建筑有异议的，仍可提起行政诉讼。

3. 责令限期拆除。城管执法部门认定违法建筑构成“实质违建”，无法采取改正措施消除对规划实施影响，需要强制拆除的，在强制拆除前作出《责令限期拆除通知书》，责令、督促违法行为人自行拆除违法建筑。其性质属于行政处理前的告知程序，本身并不具有强制执行力。违法行为人不自行拆除违法建筑的，执法部门还需作出责令限期拆除决定。因此，真正对违法行为人的权益造成不利影响的是之后的责令限期拆除决定，责令限期拆除通知不属于行政诉讼的受案范围，但违法行为人可以针对责令限期拆除决定提起行政诉讼。

四、违法建筑的强制执行与司法审查

（一）"责成"行为的司法审查

《城乡规划法》第68条规定，城乡规划主管部门作出责令停止建设或者限期拆除的决定后，当事人不停止建设或者逾期不拆除的，建设工程所在地县级以上地方人民政府可以责成有关部门采取查封施工现场、强制拆除等措施。也就是说，启动强制拆除违法建筑程序，应由县级以上地方人民政府责成有关部门依法进行。实践中，关于"责成"的方式，一般有两种：一是县级以上地方人民政府通过"批复"、"决定"或者"批示"等形式责令执法部门拆除违法建筑；二是县级以上地方人民政府通过规范性文件授权的方式，由执法部门启动强制拆除程序。"责成"行为是否纳入行政诉讼受案范围则以"责成"行为是否直接产生外化效果为判断标准。如果县级以上地方人民政府以自己的名义作出的"责成"行为直接产生外化效果（如责令通知书、强制执法决定书等送达了违法行为人），"责成"行为对违法行为人权利义务造成了实质的影响，属于行政诉讼受案范围，违法行为人可以作出行为的人民政府为被告提起诉讼。如果人民政府责令由相关执法部门作出强制拆除决定，相关执法部门以自己的名义作出强制拆除决定，此时人民政府的"责成"行为并没有产生外化效果，"责成"行为只是落实行政处理决定程序中的一个中间环节，违法行为人可通过起诉相关执法部门作出强制拆除决定寻求救济。

（二）强制拆除决定程序的司法审查

《城乡规划法》对于执法部门在具体实施强制拆除违法建筑时应适用何种程序，是否需要依法作出强制拆除决定等没有作明确规定。笔者认为，强制拆除违法建筑属于行政强制执行范畴，而《行政强制法》是规范行政强制措施和行政强制执行的法律，强制拆除违法建筑亦应适用《行政强制法》的规定。

1. 催告和公告行为的司法审查。《行政强制法》第35条规定，"行政机关作出强制执行决定前，应当事先催告当事人履行义务"。这是对强制执行的一般规定，行政机关应当履行催告程序义务。第44条规定："对违法的建筑物、构筑物、设施等需要强制拆除的，应当由行政机关予以公告，限期当事人自行拆除。当事人在法定期限内不申请行政复议或者提起行政诉讼，又不拆除的，行政机关可以依法强制拆除。”该条是对拆除违法建筑物的特殊性规定，行政机关应当履行公告程序义务。从立法本意来说，当事人不按照行政机关的催告限期拆除违法建筑，才导致行政机关作出强制执行决定。行政机关作出强制执行决定后，根据《行政强制法》第44条的规定，向社会公告，再次督促当事人限期自行拆除，当事人逾期不拆除的，行政机关实施强制执行拆除违法建筑。因此，执法部门拆除违法建筑，既要遵循一般规定，又要遵循特殊规定，即除了催告外，还需要公告。例如《汕头市中心城区城乡规划违法建设查处规程》第三部分查处城乡规划违法建设执法的规程及《上海市拆除违法建筑若干规定》第10、11条的规定，[①] 强制拆除违法建筑，同时需要催告和公告。

催告和公告行为是否纳入司法审查，笔者认为，执法部门作出强制执行决定前，事先催告违法行为人履行义务而作出的催告书以及需要强制拆除违法建筑而向社会公告作出的公告书，只是执法部门在实施强制拆除违法建筑过程中的一个程序性事项，并不具有独立性，未对违法行为人的权利义务产生实质影响，是一个不成熟的行政行为，不属于人民法院受案范围。但在某些特殊情形下，催告或者公告的内容实质上改变了限期拆除决定的内容，行政相对人须按照催告或者公告的要求履行义务。此时，催告或者公告实质上代替了限期拆除违法建筑决定，设定了新的权利和义务，对违法行为人的权益产生了影响，则可以提起行政诉讼。

---

① 《汕头市中心城区城乡规划违法建设查处规程》第三部分“查处城乡规划违法建设执法规程”中规定：“当事人对限期拆除决定提起诉讼或者申请复议的，按诉讼或者复议后生效法律文书执行；当事人逾期不自行拆除、逾期不起诉不复议的，由城管执法部门催告当事人在限期内自行拆除，仍不拆除的，城管执法部门作出强制拆除决定，并依法向社会公告，公告期届满，由城管执法部门依法强制拆除并清理现场。”

《上海市拆除违法建筑若干规定》第10条规定：“拆违实施部门应当依法将事先告知书、责令限期拆除决定送达当事人。当事人难以确定或者难以送达的，可以采用通告形式告示。告示期限自通告发布之日起不少于十日。”第11条规定：“当事人应当在责令限期拆除决定规定的期限内，自行拆除违法建筑。当事人自行拆除确有困难的，拆违实施部门可以代为拆除。当事人未在规定的期限内拆除违法建筑的，拆违实施部门应当向市或者区、县人民政府报告，由市或者区、县人民政府责成拆违实施部门等有关部门强制拆除，并可以依法予以罚款。市或者区、县人民政府责成有关部门强制拆除违法建筑的，应当在强制拆除的七日前发布通告。”

2. 强制拆除决定的司法审查。《行政强制法》第 37 条、第 38 条规定，[①]经催告，违法行为人不履行行政决定的，执法部门可以作出强制执行决定，行政强制执行决定书应当直接送达违法行为人。据此，执法部门实施强制拆除违法建筑之前，应作出强制拆除执行决定书，并直接送达违法行为人，违法行为人逾期不拆除的，城管执法部门可以依法实施强制拆除。

一般而言，强制拆除违法建筑行为是对强制拆除决定的具体执行，不产生法律约束力，直接产生影响或改变事实状态的效果。因此，从法律性质而言，强制拆除违法建筑行为是一种行政事实行为。[②] 行政事实行为是否可诉，司法实践中一直存在争议。按传统行政法原理，基于对行政行为规定的不同理解，行政事实行为并未对当事人权益产生影响，不可诉。但随着行政法的发展，对该问题的认识也发生了变化，现已形成基本共识，即行政主体对行政事实行为损害结果应当承担法律责任，受到行政事实行为侵害的行政相对人有获得救济的权利。《最高人民法院关于执行〈中华人民共和国行政诉讼法〉若干问题的解释》第 1 条第 1 款“公民、法人或者其他组织对具有国家行政职权的机关和组织及其工作人员的行政行为不服，依法提起诉讼的，属于人民法院行政诉讼的受案范围”的规定，便是将行政诉讼受案范围从法律行为扩大到了事实行为。[③] 强制拆除违法建筑行为作为一种行政行为具有可诉性，法院对强制拆除违法建筑行为审查的重点，是执法部门实施的强制拆除行为有没有职权依据、执行依据、执行程序是否合法、有没有超范围执行等情形，执法部门如果存在执行对象错误，擅自扩大执行范围，以及拆除过程中没有采取适当的动产登记、封存、保管等情形，造成被执行人合法财产损失的，需要承担赔偿责任。

3. 强制拆除决定的执行。《行政强制法》第 44 条规定，“当事人在法定期限内不申请行政复议或者提起行政诉讼，又不拆除的，行政机关可以依法强制拆除”，对强制拆除违法建筑设置了限制性条件。但对于行政复议或者行

---

① 第 37 条第 1 款规定：“经催告，当事人逾期仍不履行行政决定，且无正当理由的，行政机关可以作出强制执行决定。”

《行政强制法》第 38 条规定：“催告书、行政强制执行决定书应当直接送达当事人。当事人拒绝接收或者无法直接送达当事人的，应当依照《中华人民共和国民事诉讼法》的有关规定送达。”

② 行政事实行为，是指行政主体以不产生法律约束力，而以影响或改变事实状态为目的实施的行为。

③ 江必新：《中国行政诉讼制度之发展——行政诉讼司法解释解读》，金城出版社 2001 年版，第 185 页。

政诉讼的对象是责令限期拆除决定还是强制拆除决定，实践中存在不同的观点。第一种观点认为是强制拆除决定，理由是从文义解释和体系解释来说①，该法律条文与“违法建筑需要强制拆除的”，同时规定在《行政强制法》第44条中，行政复议或者行政诉讼的对象自然是强制拆除决定。第二种观点认为是责令限期拆除决定，理由是行政行为具有公定力，一经作出即被推定为合法有效，应予尊重其法律效力。《行政诉讼法》第56条规定，“诉讼期间，不停止行政行为的执行”。《行政复议法》第21条规定，“行政复议期间具体行政行为不停止执行”②。《行政强制法》第44条的规定，突破了行政复议或者行政诉讼不停止执行具体行政行为原则，其立法目的在于防止尚有争议未得到司法救济的强制拆除得以实施，损害当事人的合法权益。③ 然而，责令限期拆除决定是强制拆除决定的前提和基础，确定了强制执行的内容，是争议的关键所在。因此，行政复议、行政诉讼的对象应是责令限期拆除决定，而非强制拆除决定的强制执行行为。执法部门作出强制拆除决定后，公告期满，违法行为人仍未拆除违法建筑的，可以实施强制拆除行为，不受起诉期限届满的限制，即使被起诉，根据《行政诉讼法》第56条的规定，诉讼期间，不停止强制拆除决定的执行。但是，在责令限期拆除决定的法定起诉期限届满前或者责令限期拆除决定被起诉后的诉讼期间，根据《行政强制法》第56条的规定，执法部门不得实施强制拆除行为。在诉讼期间的，法院应当根据《行政诉讼法》第56条第3项的规定，裁定中止强制拆除行为。

五、结语

行政诉讼法规定行政强制措施的可诉性，目的是保障行政相对人受到强

---

① 体系解释是指将被解释的法律条文放在整部法律中乃至整个法律体系中，联系此法条与其他法条的相互关系来解释法律。

② 《行政诉讼法》第56条第1款规定：“诉讼期间，不停止行政行为的执行。但有下列情形之一的，裁定停止执行：（一）被告认为需要停止执行的；（二）原告或者利害关系人申请停止执行，人民法院认为该行政行为的执行会造成难以弥补的损失，并且停止执行不损害国家利益、社会公共利益的；（三）人民法院认为该行政行为的执行会给国家利益、社会公共利益造成重大损害的；（四）法律、法规规定停止执行的。”

《行政复议法》第21条规定：“行政复议期间具体行政行为不停止执行；但是，有下列情形之一的，可以停止执行：（一）被申请人认为需要停止执行的；（二）行政复议机关认为需要停止执行的；（三）申请人申请停止执行，行政复议机关认为其要求合理，决定停止执行的；（四）法律规定停止执行的。”

③ 乔晓阳：《中华人民共和国行政强制法解读》，中国法制出版社2011年版，第146页。

制措施侵害或不利影响时，可以提起行政诉讼，关于行政机关对违法建筑强行拆除的强制措施亦是如此。行政强制措施在不同的情形具有不同的法律意义，《城乡规划法》第 64、68 条与《行政强制法》第 44 条对拆除违法建筑作出了不同的规定，实践中，对拆除违法建筑该如何适用法律常引发争议，也必然造成司法审查的窘境，因此，司法审查中辨析行政机关对违法建筑强行拆除各种强制措施的性质，对于平衡保障公共利益和个人合法权益显得至关重要。

（作者单位：广东省汕头市中级人民法院）

非诉行政执行若干实务问题研究

——以法院审查和执行为视角

秦绪栋

【摘要】非诉行政执行是我国《行政强制法》和《行政诉讼法》所确立的一项基本制度，但一直不受重视，在制度建设和司法实务中也存在许多问题需要进一步完善，不管在申请、审查还是执行阶段存在的争议都非常多，各地法院各行其是，已经给我国的行政法治和司法实践带来一系列的问题。笔者通过对中国裁判文书网上的部分裁判文书进行梳理和整理，结合自己所办案件进行实证分析，对非诉行政执行的申请、审查和执行都提出了自己的意见，对非诉行政执行制度的完善进行探索，希望能对我国非诉行政执行制度的完善作出自己的努力。

【关键词】非诉行政执行　申请　审查　执行　裁执分离

引言：重要又常被忽视的非诉行政执行

1989年全国人大七届二次会议通过的《中华人民共和国行政诉讼法》（以下简称《行政诉讼法》）第六十六条（修改后为第九十七条，内容没有变化）规定，公民、法人或者其他组织对具体行政行为在法定期限内不提起诉讼又不履行的，行政机关可以申请人民法院强制执行，或者依法强制执行。这个条款确立了我国的非诉行政强制制度。根据2017年全国法院司法统计公报，该年全国法院受理的行政一审案件为230432件，而同期行政行为申请执行审查有253591件[①]，案件数量超过一审案件，在部分法院非诉执行案件比

① 参见《中华人民共和国最高人民法院公报》2018年第4期，第21页。

一审行政案件要多得多。非诉行政执行案件数量非常多、涉及面非常广，法院能否及时正确办理非诉行政执行案件对于能否有效实行行政管理效率、切实保障行政当事人的合法权益具有非常重要的意义。

虽然非诉行政执行是《中华人民共和国行政强制法》（以下简称《行政强制法》）和《行政诉讼法》规定的一项重要制度，但不论是理论界还是司法实务界都没有给予足够的重视。非诉执行案件在实务中遇到的问题非常多，但《行政诉讼法》和行政诉讼法历次司法解释对非诉行政执行的规定都非常原则和模糊，使得司法实务中不可避免地产生一定的混乱。本文试图从非诉行政执行案件的审查和执行的相关环节，如申请、审查和执行几个方面，揭示司法实务中存在的主要问题并探讨其解决路径，以期对非诉行政执行制度的进一步完善提供依据。

一、申请阶段

围绕非诉行政执行案件的申请，理论界和司法实务中主要有以下几个争议问题。

一是谁有权申请，如何理解“没有强制执行权的行政机关”。《最高人民法院关于执行〈中华人民共和国行政诉讼法〉若干问题的解释》（以下简称《执行解释》）第八十七条第一款规定：法律、法规没有赋予行政机关强制执行权，行政机关申请人民法院强制执行的，人民法院应当依法受理。但是随着《行政强制法》[①] 的出台，《执行解释》规定的可以申请强制执行的行政机关内涵和外延发生了变化。2018 年发布的《最高人民法院关于适用〈中华人民共和国行政诉讼法〉的解释》（以下简称《行诉解释》）第一百五十六条规定：没有强制执行权的行政机关申请人民法院强制执行其行政行为，应当自被执行人的法定起诉期限届满之日起三个月内提出，逾期申请的，除有正当理由外，人民法院不予受理。按照《行诉解释》的规定，如果法律没有规定某机关可以强制执行，那么在其作出的行政行为不能被自动履行时有权申请法院强制执行。换言之，如果法律已经赋予其强制执行权，就不能申请法院

① 其第十三条第二款规定：法律没有规定行政机关强制执行的，作出行政决定的行政机关应当申请人民法院强制执行。这意味着只有法律可以规定哪个机关有强制执行权，法规不能规定某机关是否有强制执行权。

强制执行。我国有多部法律规定了多个行政机关有强制执行权，如税务、海关、公安、水利等部门和地方人民政府，通过法律单独授权获得行政强制权。针对这个问题，有的法院[①]认为：《中华人民共和国海关法》（以下简称《海关法》）赋予了海关自身具有税收强制执行权和行政处罚决定的强制执行权。但《海关法》仅赋予海关对其作出的行政处罚决定既可以自行采取强制执行措施，也可以申请人民法院强制执行，并未赋予海关对其作出的征收税款的决定有权选择向人民法院申请强制执行。且案件中，延吉海关对被申请人欠缴关税的违法行为作出催缴通知后已经自行作出强制执行决定，故延吉海关申请法院对其作出的征税行为强制执行，不符合法律规定，不予受理。也有的法院[②]不加区别的一概予以受理、审查并执行，其在裁定书中认为：南昌市西湖区地方税务局针对江西某公司未按规定按季申报缴纳房产税、城镇土地使用税的行为，依法作出的西地税处［2017］第0015号西湖区地方税务局《税务处理决定书》（决定要求江西某公司补缴2012年11月1日—2017年9月30日房产税734521.49元及补缴2012年11月1日—2017年9月30日土地使用税8675.75元）认定事实清楚，适用法律正确，执行程序合法，因此裁定准予强制执行。笔者认为，对于法律已经规定其有强制执行权的行政机关申请法院强制执行的，法院不应予以受理，如果不加区别的一律予以受理并执行将可能使得部分行政机关怠于行使其职权，也使得法院沦为部分行政机关的执行工具。特别是《行政强制法》对于拆除违法建筑已经规定行政机关有强制拆除权，对于行政机关申请法院强制拆除违法建筑的，法院应当不予受理。

二是对经行政复议或行政诉讼的行政行为申请非诉行政执行问题。根据《行政强制法》第五十三条的规定，行政机关申请法院强制执行的前提是当事人在法定期限内不申请行政复议或者提起行政诉讼，又不履行行政决定，但所有法律、司法解释对于当事人申请行政复议或者提起行政诉讼的能不能申请法院强制执行没有明确规定。在裁判文书网上没有发现对经行政复议或行政诉讼的案件申请法院强制执行问题作出特别论述，但都认可经行政复议或行政诉讼的案件也可申请强制执行。笔者认为《行政强制法》虽然没有明

① 详见吉林省延边朝鲜族自治州中级人民法院（2017）吉24行审1号。法律文书详见中国裁判文书网（http：//wenshu. court. gov. cn）。本文所涉的文书如无特别说明皆来自该网站。

② 详见江西省南昌市西湖区人民法院（2018）赣0103行审1号。

确规定，但并不意味着将经过行政复议或者行政诉讼的行政行为排除在申请法院强制执行的范围之外。申请法院强制执行，需要行政行为有最终的确定力和执行力。《行诉解释》第一百五十五条规定：“行政机关根据行政诉讼法第九十七条的规定申请执行其行政行为，应当具备以下条件：……（二）行政行为已经生效并具有可执行内容；……”由此可知，没有行政强制执行权的行政机关依照《行政强制法》的规定申请人民法院强制执行的法定前提条件是当事人在法定期限内不申请行政复议或者提起行政诉讼又不履行行政决定，且行政行为已经生效并具有可执行内容。有的法院①认为，行政行为已经生效就意味着不仅包括“在法定期限内不申请行政复议或者提起行政诉讼”，还应当包括“法定期限内申请行政复议，复议机关作出复议决定后在法定期限没有提起行政诉讼”“在法定期限内提起行政诉讼，一审驳回诉讼请求在法定期限内未提起上诉或者提起上诉后被二审法院驳回”等情形。另外，如果法律规定行政复议是最终程序，也就是说复议后不能向法院起诉的，当事人在六十日内没有申请行政复议又不履行行政决定的，没有强制执行权的行政机关可以在当事人受到行政决定之日起六十日后的次日起三个月内申请法院强制执行；法律规定复议前置的案件，当事人在收到行政决定后既不申请行政复议又不履行行政决定的，则行政机关可申请强制执行。

三是法律规定行政行为既可以由行政机关强制执行，又可以申请人民法院强制执行，行政机关申请人民法院强制执行的，人民法院该如何处理。《中华人民共和国税收征收管理法》（以下简称《税收征管法》）第八十八条第三款规定：“当事人对税务机关的处罚决定逾期不申请行政复议也不向人民法院起诉、又不履行的，作出处罚决定的税务机关可以采取本法第四十条规定的强制执行措施，或者申请人民法院强制执行。”《海关法》第九十三条规定：“当事人逾期不履行海关的处罚决定又不申请复议或者向人民法院提起诉讼的，作出处罚决定的海关可以将其保证金抵缴或者将其被扣留的货物、物品、运输工具依法变价抵缴，也可以申请人民法院强制执行。”针对这种情况，有的法院②认为：“法律赋予行政机关以直接强制执行权主要是为了提高行政效率，达到迅速实现行政决定的目的，具有行政强制执行权的行政机关应当积

① 详见江苏省苏州市吴江区人民法院（2018）苏0509行审422号。

② 详见浙江省海宁市人民法院（2018）浙0481行审77号。

极行使该职权，原则上一般不得主动放弃行政强制执行权。案件中，对于申请人所申请的事项，法律已赋予申请人行政强制执行权，其可自行依法强制执行，现申请人直接申请人民法院强制执行，却未能说明其不便自行行使行政强制执行权的正当理由，故对其强制执行申请本院不予受理。”有的法院①认为：“《税收征管法》第八十八条第三款明确了税务机关对依法征收税款及滞纳金的行政处理决定拥有排他的强制执行权，其仅就税务行政处罚可选择自行强制执行或申请人民法院强制执行。”笔者认为，对于法律明确规定既可以由行政机关强制执行又可以申请人民法院强制执行的，原则上应当由行政机关自行执行②，因为《行诉解释》第一百五十六条明确规定了“没有强制执行权的行政机关”可以申请法院强制执行，而此类行政机关是有强制执行权的，因此由其自行执行有法律依据。但考虑到公共利益，对于行政机关怠于自行履行而迳行向法院申请强制执行的，法院也应予以强制执行，不能推诿，但同时要参照《行政诉讼法》第九十六条第（四）项关于“向监察机关或者该行政机关的上一级行政机关提出司法建议。接受司法建议的机关，根据有关规定进行处理，并将处理情况告知人民法院”的规定予以处理。

四是对不符合申请强制执行条件的处理问题。《行诉解释》第一百五十五条第一款规定了行政机关申请执行其行政行为应当具备的条件，第三款规定了“人民法院对符合条件的申请，应当在五日内立案受理，并通知申请人；对不符合条件的申请，应当裁定不予受理”。但事实上由于法院实行立案登记制，立案庭实际上对是否符合受理条件除了材料是否齐全外一般不进行审查，必然使得大量不应受理的此类案件进入非诉审查程序。鉴于《行政诉讼法》和《行诉解释》对这种情形没有明确规定，导致法院各自为政，各法院的做法存在较大的分歧。有的法院③依照《行诉解释》第一百五十五条之规定，裁定对该强制执行申请不予受理。有的法院④裁定不准予执行，认为申请执行人于2016年6月3作出行政处罚决定，于2017年7月18日申请执行，其

① 详见福建省福州市中级人民法院（2018）闽01行审复1号。

② 《行政强制法》也没有采取这种双重授权，理由是法律赋予某些行政机关以直接强制执行权的主要目的是提高行政效率，迅速实现行政决定的目的。如果赋予行政机关直接强制执行权，又允许其申请法院强制执行，行政机关可能怠于行使自己的权力，这样会降低行政效率，达不到授权的目的，因此本法没有规定行政机关可以选择。参见信春鹰主编：《中华人民共和国行政强制法释义》，法律出版社2011年版，第172页。

③ 详见河南省泌阳县人民法院（2018）豫1726行审33号。

④ 详见山东省临沂市罗庄区人民法院（2018）鲁1311行审6号。

申请超过了法定期限，应当不准予执行。依照《行政诉讼法》第九十七条、《行政强制法》第五十三条的规定，裁定不准予强制执行。有的法院[①]裁定驳回强制执行申请，认为申请执行人提出强制执行申请已经逾期，但未向本院提出正当的理由，依法不应受理。依照《行诉解释》第一百零一条第一款第（十五）项、第一百六十一条第二款的规定，裁定驳回强制执行申请。笔者认为对于已经受理的案件再裁定不予受理肯定有失偏颇，因强制执行申请不符合申请条件的裁定不准予执行也于法无据，相对而言，驳回执行申请更符合法律精神，逻辑上也更合理，建议全国人大常委会或者最高人民法院在之后的立法和司法解释中予以考虑。

二、审查阶段

围绕非诉行政执行案件的审查，理论界和司法实务中主要有以下几个争议问题。

一是对行政机关撤回非诉行政执行申请的处理问题。在司法实务中，不少行政机关在向法院提起非诉行政执行申请后，出于种种原因又申请撤回。一般来说，法院对于撤回非诉行政执行申请也要进行一定的审查，如果涉案的行政行为不执行将影响公共利益的不予以准许[②]，除此之外法院对行政机关的撤回申请一般都会予以准许。当前，法律和司法解释对于非诉行政执行规定的三种结案方式是裁定不予受理、裁定准予执行和裁定不准予执行。针对申请执行人撤回强制执行申请这种情况，有的法院[③]认为在审查过程中，行政机关申请撤回行政强制执行申请的，人民法院经审查认为不损害国家利益、公共利益和他人合法权益，不违反法律、法规和司法解释规定的，依照《执行解释》第一百零一条第一款第（十五）项之规定，裁定准许申请人撤回执行申请。有的法院[④]认为针对不符合立案条件但已经受理的，法院可以

---

① 详见重庆市潼南区人民法院（2018）渝0152行审29号。

② 这一般只是理论上讨论，在司法实务中很少会发生。笔者在中国裁判文书网上查询未发现法院不准予撤回执行申请的具体案例。

③ 详见广东省深圳市中级人民法院（2014）深中法行非诉审字第2301号。

④ 浙江省温州市中级人民法院《关于规范非诉行政执行案件司法审查工作的规定（试行）》第十五条规定：经审查，发现不符合立案条件但已受理的，行政审判庭可以通知申请执行人撤回申请。申请执行人撤回申请的，裁定予以准许；申请执行人拒不撤回的，裁定驳回申请。

通知申请人撤回申请，然后针对申请执行人是否撤回分别裁定予以准许或者驳回申请。有的法院[①]裁定准予撤回强制执行申请，但依据是《行政诉讼法》第五十一条（修改后为第六十二条）之规定。有的法院[②]针对申请人撤回执行申请，依据《行政诉讼法》第六十二条及《最高人民法院关于执行案件立案、结案的若干问题的意见》第十七条第（一）项之规定裁定终结执行。笔者认为以《行政诉讼法》第六十二条针对的是行政诉讼案件，申请撤诉的是处于被管理方的相对人，而非诉审查案件的申请人为代表公共利益的行政机关，两者在行政法律关系中的地位、权利义务关系都有很大的差异，以该条款作为裁定依据不妥；同时作为审查案件，裁定执行终结也不符合法律规定。笔者认为结合案件审查的情况，在没有法律和司法解释明确规定的情况下，援引《行诉解释》第一百零一条第一款第（十五）项的兜底性规定应是现行法律和司法解释框架下的最佳处置方案，下一步需要立法部门和最高人民法院在之后的立法和司法解释中予以明确。

二是非诉行政审查标准的确定。关于非诉行政执行案件的审查原则，理论界和司法实务界的分歧一直非常大。有些法院采用近乎行政诉讼的审查标准：有的法院[③]认为因申请机关作出的《征收社会抚养费决定书》未经过局务会讨论决定，程序不合法就裁定不准予执行；有的法院[④]因申请执行人提交的《案件集体讨论笔录》系在其作出行政处罚决定之后制作，且仅能体现“对被执行人行政处罚的陈述申辩理由不予采纳”的结论，明显违反法定程序，因此裁定不准予强制执行。更多的法院基本按照《行政强制法》第五十七条规定“人民法院对行政机关强制执行的申请进行书面审查”，最高人民法院也曾有这种观点，认为对非诉具体行政行为本身不进行合法性审查，主要理由是：司法原则是不告不理，人民法院不像检察院拥有监督法律实施的权能，无权亦无主动审查行政行为的合法性[⑤]。我们认为上面两个观点都不全面，如果按照第一种观点，必然会架空行政诉讼，使得行政行为缺乏必要

① 详见河南省开封市龙亭区人民法院（2014）龙行审字第10号。

② 详见湖北省蕲春县人民法院（2018）鄂1126行审49号。

③ 详见福建省泉州市泉港区人民法院（2014）港执审字第631号。

④ 详见福建省平潭县人民法院（2017）闽0128行审1号。

⑤ 参见最高人民法院行政审判庭编：《〈关于执行《中华人民共和国行政诉讼法》若干问题的解释〉释义》，中国城市出版社2000年版，第204页。

的确定性，将大大降低行政管理效率；但如果仅仅进行形式审查，将使得大量错误的行政行为进入执行程序，可能严重影响相对人的合法权益，也使得法院沦为行政机关的执行工具。笔者认为除了征收补偿案件[①]之外应采取近似于无效的标准，因为“明显缺乏事实根据，明显缺乏法律、法规依据，其他明显违法并损害被执行人合法权益”明显不是行政诉讼的审理标准，更近乎行政诉讼中的无效标准，意味着法院对行政机关的强制执行申请原则上采用书面审查即“卷面无错误”的标准，只要行政机关申请执行的行政行为不是明显的违法并损害被执行人的利益就应该准予执行。因此完全可能出现如果提起行政诉讼行政行为可能被撤销，但如果当事人不进行行政复议或者行政诉讼，相关行政行为可能被法院准予执行。如果同时作出的数个同类行政行为有的进行复议和诉讼，有的不进行复议和诉讼，结果可能完全不同。这也是可以理解的，因为法律首先保护善于保护自己权利者的权利，如果当事人不善于或者不屑于用法律保护自己的权利，其权利受到的保护程度可能会有所偏差。

三是非诉行政执行救济权的行使。在《行政强制法》实施之前，最高人民法院对非诉执行案件的救济专门有过批复，基本认可当事人的申诉权[②]。《行政强制法》第五十八条第三款规定：行政机关对人民法院不予执行的裁定有异议的，可以自收到裁定之日起十五日内向上一级人民法院申请复议，上一级人民法院应当自收到复议申请之日起三十日内作出是否执行的裁定。这意味着对非诉行政审查的救济仅在法院作出不予执行的裁定时才可行使。最高人民法院对于非诉行政执行裁定的救济途径有一个判例[③]，但遗憾的是

---

① 最高人民法院审判委员会于2012年2月27日第1543次会议通过，自2012年4月10日起施行的《关于办理申请人民法院强制执行国有土地上房屋征收补偿决定案件若干问题的规定》确立了近似诉讼审查的标准。

② 《最高人民法院对〈当事人对人民法院强制执行生效具体行政行为的案件提出申诉人民法院应如何受理和处理的请示〉的答复》（法行〔1995〕12号）规定：“公民、法人和其他组织认为人民法院强制执行生效的具体行政行为违法，侵犯其合法权益，向人民法院提出申诉，人民法院可以作为申诉进行审查。人民法院的全部执行活动合法，而生效具体行政行为违法的，应转送作出具体行政行为的行政机关依法处理，并通知申诉人同该行政机关联系；人民法院采取的强制措施等违法，造成损害的，应依照国家赔偿法的有关规定办理。”

③ 参见最高人民法院（2017）最高法行审2885号，该裁定书认为“当事人如认为行政机关申请人民法院强制执行不合法，目前可以有以下两种救济途径：一是在申请人民法院强制执行的非诉审查程序中提出异议。二是对人民法院强制执行不服的可以提出申诉。当事人如认为人民法院违法受理和审查行政机关强制执行的申请并裁定执行的，可以向人民法院提出申诉，人民法院可以作为申诉案件进行审查并根据情况作出处理”。

这个案例不是指导案例。司法实务中，被执行人对准予执行的裁定无权提出异议，有多个案件因此被驳回复议申请①。法院在执行中发现自己作出的准予执行的裁定出现错误该如何进行救济，法律和司法解释并没有明确规定，在司法实务中主要有以下几种做法：有的法院②通过审判监督形式进行审查；有的③以执行复议的形式进行审查；有的④通过检察院提出检察建议由上级法院指令原审查法院复议的形式进行审查；有的法院⑤在原来的审查案件中再作出裁定书撤销之前的行政裁定书。我们认为按照法律和司法解释的规定，对于不准予执行只有申请机关有申请复议的权利，被执行人不能申请复议，申请执行人对准予执行的行政裁定书也不能申请复议；对准予执行的裁定原则上申请执行人不能提起复议，虽然对责令行政机关组织实施有争议也不宜通过复议程序解决；如果发现原准予执行的执行裁定书确实违反法律规定，由原审判组织再行审查并作出撤销裁定效率最高，也不违反法律和司法解释的规定；如果原审判组织不作出相应裁定，则可以通过审判监督的形式予以解决⑥。

三、执行阶段

围绕非诉行政执行案件的执行，理论界和司法实务中主要有以下几个争议问题。

一是非诉行政执行案件的执行主体。关于非诉行政执行案件的执行主体，司法实务中经历了一个反复的过程。《最高人民法院关于贯彻执行〈中华人

---

① 如绍兴市中级人民法院（2017）浙06行审复2号认为：根据《行政强制法》第五十六条第二款、第五十八条第三款之规定，行政机关对人民法院不予受理、不予执行的裁定有异议的，可以向上一级人民法院申请复议。因申请人系被执行人，故其提起本次复议申请缺乏法律依据。因此裁定驳回复议申请人的复议申请。

② 详见江苏省睢宁县人民法院（2017）苏0324行申1号。重庆市高级法院也是这种观点。《重庆市高级人民法院关于非诉行政执行工作的若干意见》第四十一条规定："执行庭在强制执行中发现准予执行裁定违反法律、法规，确有错误的，应当依照审判监督程序提请院长提交审判委员会讨论决定是否重新进行合法性审查。重新进行合法性审查，由审判监督庭负责。"

③ 详见湖南省东安县人民法院（2018）湘1122行审复25号。

④ 详见广西壮族自治区环江毛南族自治县人民法院（2015）环行审复字第3号。

⑤ 详见江苏省苏州市吴江区人民法院（2017）苏0509行审518－1号。

⑥ 浙江省温州市中级人民法院也持这种观点。其《关于规范非诉行政执行案件司法审查工作的规定（试行）》规定："执行部门在强制执行程序中发现行政决定重大违法且损害被执行人合法权益等不应执行情形的，应当听取申请执行人和被执行人意见，依照审判监督程序予以纠正。"

民共和国行政诉讼法〉若干问题的意见（试行）》（以下称《试行意见》）第八十八条明确规定了“对行政机关申请人民法院强制执行其具体行政行为的，由执行庭负责审查和执行”。《执行解释》第九十三条规定：“人民法院受理行政机关申请执行其具体行政行为的案件后，应当在30日内由行政审判庭组成合议庭对具体行政行为的合法性进行审查，并就是否准予强制执行作出裁定；需要采取强制执行措施的，由本院负责强制执行非诉行政行为的机构执行。”这样的规定使得目前各地法院非诉行政执行案件的执行部门很不一致：有的法院由行政庭进行合法性审查和强制执行[①]；有的法院由行政庭审查，执行庭（局）来具体负责强制执行。由行政庭具体负责强制执行的法院认为，诉讼案件的执行已经给执行庭（局）造成了不少压力，非诉行政执行案件再由执行庭（局）来具体负责执行，压力会更大，不利于更好地完成执行任务；特别是当前行政案件集中管辖，非集中管辖法院的行政庭工作量相对较少，由行政庭统一审查和执行还可以更好地合理配置法院审判资源，提升执行效率。还有的法院认为，非诉行政执行案件的合法性审查与执行统一由行政庭来完成，不符合审执分离、执行裁决权和执行实施权适度分离的原则。我们认为以上两种观点都有一定的道理，由行政庭统一审查和执行有利于提高效率和资源配置，由行政庭审查、执行局执行更符合司法规律，鉴于两种做法都符合司法解释的规定，因此各地法院可根据自己的实际情况来决定由哪个部门作为非诉行政执行案件的执行主体。

二是非诉执行案件是否可以执行和解。执行和解在民事强制执行中时有发生，但在行政强制执行中是否存在执行和解争议却非常大。分歧的理由，主要是《行政诉讼法》没有明文规定，最高人民法院的司法解释也无明确态度。主张可和解的一般是基于行政强制执行是脱胎于民事强制执行，认为民事强制执行允许双方和解，行政强制执行也不应予以禁止，很多高级法院也持这种观点[②]。但鉴于《行政诉讼法》第六十条明确规定“人民法院审理行政案件，不适用调解”，很多人认为既然行政诉讼都不适用调解了，非诉执行

① 如《湖南省高级人民法院关于审查和执行非诉行政执行案件的若干规定（试行）》第二条第一款规定：非诉行政执行案件统一由立案庭立案，行政审判庭负责审查和执行。

② 如《福建省高级人民法院关于审查非诉执行行政案件的若干规定（试行）》第二十二条规定：在审查过程中，行政机关与被申请执行人之间已达成和解协议，行政机关提出撤回申请，人民法院应准予撤回申请；行政机关不撤回申请的，被申请执行人提交有效的执行和解协议，人民法院应裁定终结执行。

更加不应适用调解，和解也应限制在《行政诉讼法》第六十条规定的“行政赔偿、补偿以及行政机关行使法律、法规规定的自由裁量权的案件”。笔者以“非诉执行审查”“和解”“不予准许”为关键词在中国裁判文书网上进行查询，查询不到任何案件。笔者认为现行《行政诉讼法》中并没有明确的执行和解的程序规定，只是在第一百零一条规定了“人民法院审理行政案件，关于期间、送达、财产保全、开庭审理、调解、中止诉讼、终结诉讼、简易程序、执行等，以及人民检察院对行政案件受理、审理、裁判、执行的监督，本法没有规定的，适用《中华人民共和国民事诉讼法》的相关规定”，也就是说，非诉执行中的相关制度如果在《行政诉讼法》中没有规定，可以适用《民事诉讼法》中关于执行的规定。但是法院对于非诉行政执行[①]的和解应当非常慎重，因为行政法律关系的主体是行政机关和行政管理相对人，是管理者与被管理者的关系，法律地位不平等，不宜援引适用于平等主体的调解原则，如果在行政强制执行中允许双方当事人和解，那就会削弱行政机关的行政管理职能，公共秩序和公共利益将受到损害。法院在办理非诉执行案件时，除了特定情形之外一般也不能主持调解与促使申请执行人与被执行人和解；如果发现和解可能影响公共利益而申请撤回执行申请的，法院应当不予准许，并可同时向该行政机关的上一级行政机关或者监察、人事机关提出司法建议。当然，对于申请执行人和被执行人仅仅就执行期限达成了和解，而且申请人表示可以延期执行的，法院可以予以准许[②]；但如果所达成的协议违反了国家的法律、法规和政策，损害了公民、法人或者其他组织的合法权益，即使申请人同意，人民法院也不能因此而停止原生效处理决定的执行。

三是非诉行政执行中的裁执分离问题。非诉行政执行中的“裁执分离”最早开始于2012年3月26日出台的《最高人民法院关于办理申请人民法院

---

① 对行政复议中和解则多予以认可。如湖北省宜昌市西陵区人民法院（2018）鄂0502行审12号行政裁定书中认为“申请执行人宜昌市环境保护局于2017年7月10日作出的宜市环法［2017］42号《行政处罚决定书》证据确凿，适用法律、法规正确，符合法定程序；双方在行政复议程序中达成的《调解协议书》亦不违反法律规定，本院予以确认”，因此裁定对行政处罚决定和调解协议书准予强制执行。有的法院（安徽省枞阳县人民法院（2016）皖0722行审15号行政裁定书）则只裁定对和解协议准予强制执行。

② 可参见江苏省江阴市人民法院（2015）澄非诉行执字第00038号执行裁定书，该裁定书认为“2015年5月20日申请执行人建设局以已与被执行人顺嘉公司达成分期履行的和解协议为由，向本院申请终结本案本次执行程序”，因此裁定“依照《中华人民共和国民事诉讼法》第一百五十四条第一款第（十一）项之规定，裁定终结江阴市建设局澄建罚字（2014）第121号行政处罚决定书的本次执行程序；如被执行人顺嘉公司不履行和解协议，申请执行人建设局可向本院申请恢复执行”。

强制执行国有土地上房屋征收补偿决定案件若干问题的规定》，这个规定中确立了房屋征收补偿领域的“裁执分离”模式，这也为法院破解非诉行政执行难题提供了新的思路。2014 年 7 月 22 日，最高人民法院以法〔2014〕191 号文件下发了《最高人民法院关于在征收拆迁案件中进一步严格规范司法行为积极推进“裁执分离”的通知》，要求要积极拓宽“裁执分离”适用范围，以践行立法机关提出给相关改革探索“留有空间”的意见和中央有关部门对法院工作的相关建议。最高人民法院认为浙江省高级人民法院在省委、省政府的大力支持下出台相关规定，明确将“裁执分离”扩大至征收集体土地中的房屋拆迁、建筑物非法占地强制拆除等非诉案件和诉讼案件，该做法值得推广和借鉴。在司法实务中，采取这种“裁执分离”的非常多，2018 年 8 月 18 日笔者以“准予执行”和“组织实施”在中国裁判文书网查“非诉执行审查”案件，能查到 18554 个裁定书。从“裁执分离”涉及机关种类来说，以人民政府对征收补偿决定和国土部门“责令交出土地”的行政处罚为主，还有海洋和渔业部门的“责令退还非法占用海域，恢复海域原状”①、林业管理部门的“将非法改变用途的林地恢复原状”②、环境保护部门的“责令停止生产”③ 和水务管理部门的“拆除围堤部分”④ 等。组织部门一般是申请机关，如政府申请强制搬迁的都是裁定由申请执行人组织实施，有的是裁定由非申请执行人的人民政府组织实施⑤，也有规定得宽泛一些的，责令恢复林地由政府相关部门组织实施⑥。对法院采取“裁执分离”的，绝大部分行政机关都予以认可，也有少数行政机关向上级法院申请复议，大多数法院基本都支持下级法院“裁执分离”。有的法院⑦认为“裁定准予执行”并非法定申请复议的范围，故申请执行人对本案的申请不符合非诉执行复议案件的受案范围，应不予立案；有的法院⑧在复议中认为“根据实际情况确定采取由复

---

① 详见山东省龙口市人民法院（2018）鲁 0681 行审 21 号。
② 详见福建省尤溪县人民法院（2018）闽 0426 行审 12 号。
③ 详见福建省厦门市翔安区人民法院（2018）闽 0213 行审 180 号。
④ 详见黑龙江省肇源县人民法院（2015）源行审字第 29 号。
⑤ 详见江苏省南通市港闸区人民法院（2015）港非诉行审字第 00016 号。
⑥ 详见辽宁省瓦房店市人民法院（2018）辽 0281 行审 20 号。
⑦ 详见吉林省延边朝鲜族自治州中级人民法院（2017）吉 24 行审复 1 号。
⑧ 详见湖北省保定市中级人民法院（2017）冀 06 行审复 8 号。

议申请人组织实施的执行方式并无不当”；有的法院[1]认为一审法院审查后裁定准予执行是正确的，但裁定由镇人民政府组织实施没有法律依据，应予纠正。笔者认为党的十八届四中全会通过的《中共中央关于全面推进依法治国若干重大问题的决定》中提出，在加快建设法治政府中理顺行政强制执行体制，同时提出“完善司法体制，推动实行审判权和执行权相分离的体制改革试点”，《最高人民法院关于在征收拆迁案件中进一步严格规范司法行为积极推进“裁执分离”的通知》《最高人民法院关于办理申请人民法院强制执行国有土地上房屋征收补偿决定案件若干问题的规定》中确立了“裁执分离”的基本原则，明确了司法权和行政权的职能定位和理性回归，这应该是司法改革的方向，这样既有利于加强对行政机关执行的监督，有利于保护行政相对人的合法权益，也有利于行政效率的提高。对“裁执分离”应当限制在行为罚方面，关于财产的行政执行还是以法院为主。对于裁定由谁实施方面，以申请执行人实施为原则，但如果当地政府主动要求由其执行的要加强沟通和协调，合理确定适合的执行部门；对于对“裁执分离”不服提起执行异议的，法院一般不宜予以支持，而应以“裁定准予执行”并非法定申请复议的范围，故申请执行人对本案的申请不符合非诉执行复议案件的受案范围为由不予立案为宜。

四是非诉执行救济体机制。经过行政庭的审查后，法院负责非诉执行的机构就要在行政机关相应行政决定及行政庭作出的非诉行政执行裁定的基础上进行执行。然而，如果法院执行错误，被执行人应当向谁寻求救济也是一个争议良久的问题。针对这个问题，《行政强制法》和《国家赔偿法》都没有明确到底是谁的赔偿责任。笔者认为这要区别对待，对于原行政行为正确，法院执行有问题的，应当是法院来承担相关责任，如果申请执行的行政行为违法，而非诉审查裁定准予执行并实施了执行行为，此时由谁来承担责任则有较大争议。有的法院[2]认为法院在非诉审查中不进行实质审查，也不承担相应的责任。如被执行人对行政处理决定不服，应当依法申请行政复议或者提起行政诉讼。在其未申请行政复议或者提起行政诉讼的情况下，法院在非诉审查中对该行政处理决定不进行实质审查，赔偿委员会亦不进行审查。有

---

① 详见甘肃省定西市中级人民法院（2015）定中行非执申字第4号。

② 详见重庆市第一中级人民法院赔偿委员会（2017）渝01委赔6号。

的法院[①]认为非诉行政执行是法院依据行政诉讼法的规定，依行政机关的申请，对未经诉讼审查的行政行为进行受理、审查和执行的活动。与法院判决进入执行程序的案件不同，这类案件的执行依据是行政机关作出的行政行为。根据《国家赔偿法》第三十八条和《最高人民法院关于审理行政赔偿案件若干问题的规定》第十九条的规定，如果据以执行的基础行政行为错误或违法，导致人民法院审查、执行错误，或者人民法院虽裁定准予强制执行，但由行政机关具体组织实施造成损害的，应由作出行政行为的行政机关承担责任，而不属于《国家赔偿法》第三十八条规定的司法赔偿范围。在有限的涉及非诉行政执行的国家赔偿案件中，没有发现因行政行为错误导致法院赔偿的案件。也就是说，大多数法院认为非诉执行的执行依据是行政机关的行政决定，如果行政决定错了，哪怕是法院执行错误也要由行政机关承担责任。笔者认为这种观点不够全面，虽然行政决定是由行政机关作出的，但经法院非诉审查准予执行已经成了法院裁定，当然这种裁定和法院经审理作出的判决和裁定并不完全一致，非诉审查的裁定本身不具有可执行内容，和申请执行人的执行决定结合起来才具有可执行内容，因此如果因行政决定错误导致的执行上的责任应当由申请执行人和法院共同承担，这样既能有效保障当事人的合法权益，使得相关责任的承担更加合理，也有利于行政效率的提高。

非诉行政执行的问题当然不仅限于上面所列举的种类，还有许多问题需要进一步研究和解决，这也是笔者下一步努力的方向。笔者所在的江苏省苏州市吴江区人民法院每年受理上千件非诉执行案件，给我们发现问题提供了更好的素材，笔者也将会抓住这个契机，加强调查研究，为非诉行政执行的完善作出自己的努力。

（作者单位：江苏省苏州市吴江区人民法院）

① 详见河北省高级人民法院赔偿委员会（2016）冀委赔监 37 号。

案例分析

政府信息公开判决要促进当事人进行平等友善沟通

陈振宇

【裁判要旨】

政府信息公开是公民获取相关信息的法定途径，在对申请内容具有不同理解的可能性之时，行政机关和申请者应当保持平等友善的沟通，共同确定申请的内容。及时沟通既是行政机关履行政府信息公开职责的必然要求，也是申请者知情权得以有效实现的保障。行政机关在履行法定答复义务的同时多作提示和便民告知，申请者要珍惜补正等与行政机关进行沟通的机会。促进沟通是审理涉“申请不明确”政府信息公开案件的裁判出发点。

【案号】

一审：上海市黄埔区人民法院（2015）黄浦行初字第276号。

二审：上海市第三中级人民法院（2015）沪三中行终字第190号。

再审：上海市高级人民法院（2018）沪行再1号。

【案情】

抗诉机关：上海市人民检察院。

再审申请人（一审原告、二审上诉人）：张雄伟。

被申请人（一审被告、二审被上诉人）：上海市规划和国土资源管理局（以下简称市规土局）。

张雄伟于2015年2月8日以邮寄方式向市规土局提出政府信息公开申请，要求获取该局制作或者保存的针对上海市房地产登记处于2012年6月28日作出的上海市房地产登记信息中“该处已批准建设用地”所对应的建设用地批准书及附图的内容信息材料。张雄伟在申请时提交了从上海市房地产登记处获取的《上海市房地产登记信息》，其上记载了北宝兴路185弄6号北间房屋的房屋状况及土地概况，上海市房地局在虹口区广中路街道232街坊5丘土地状况的下方注明该处已批准建设用地。市规土局经延期后，于3月13日作出政府信息公开补正申请告知书，以张雄伟申请内容不明确为由，要求张雄伟在10日内补正，市规土局就补正的内容进行指导：“包括能够据以指向特定政府信息的文件名称、文号或者其他特征描述”；市规土局另作提示：“经向房地产登记机构了解，‘该处已批准建设用地’的备案文件为沪府土〔2004〕768号（以下简称768号文），请明确您是否需要768号文”。张雄伟于2015年3月21日提交了补正申请，但补正内容与原申请内容完全一致，故市规土局认为张雄伟的申请内容仍不明确，遂于2015年3月27日作出编号为沪规土资信公〔2015〕第137号的政府信息公开申请告知书（以下简称被诉告知），认为张雄伟提交的材料不符合《上海市政府信息公开规定》第二十一条规定的政府信息公开的申请要求，不再按照《上海市政府信息公开规定》作出答复。同时，市规土局在该告知书的尾部告知张雄伟：“经向房地产登记机构了解，‘该处已批准建设用地’的备案文件为768号文，该文一并邮寄给您。”张雄伟收悉后不服，诉至上海市黄浦区人民法院，要求撤销被诉告知。

上海市黄浦区人民法院一审认为，市规土局具有受理和处理政府信息公开申请的职权，执法程序合法。本案中，市规土局以张雄伟申请内容不明确为由要求其补正，并作了补正的指导，以及相关文件的提示。张雄伟虽认为其申请的内容已经明确，但从其表述来看，对申请信息的描述缺乏直接指向的明确特征，对申请信息的定义以“内容信息材料”所作的泛指不具针对性，张雄伟以补正的形式提出与原来申请一致的内容来拒绝市规土局所作的补正指导和提示，不具补正的实质。张雄伟完全可以用直接明白的表述，而非用相关材料要求市规土局推导相关信息的内容，来向有关行政机关提出正当的政府信息公开请求。故张雄伟的诉讼请求缺乏事实根据和法律依据，难以支持。依照《中华人民共和国行政诉讼法》第六十九条之规定，判决驳回张雄伟的诉讼请求。

张雄伟不服一审判决，向上海市第三中级人民法院提出上诉。上海市第三中级人民法院于2015年12月1日作出（2015）沪三中行终字第190号行政判决，以与一审法院基本相同的理由，判决驳回上诉，维持原一审判决。

张雄伟不服二审判决，向上海市高级人民法院再审申请被驳回后，向检察机关申请法律监督。上海市人民检察院于2018年4月19日作出沪检民（行）监［2018］31000000061号行政抗诉书，向上海市高级人民法院提出抗诉认为，张雄伟要求获取的信息是特定地块的建设用地批准书及附图的相关信息，其在定语部分已经具体表述为涉案地块的建设用地批准书和附图，张雄伟申请公开的信息具有明确的指向。原二审判决认为张雄伟的申请内容不明确，认定事实错误。

本案再审中，再审申请人张雄伟同意检察机关的抗诉意见，并认为，其在申请之时加上“内容信息材料”是因为不清楚市规土局以何种形式记录和保存建设用地批准书，如果市规土局以文本形式保存就应公开文本，如果是以内容摘录形式归档就应提供内容摘录。张雄伟提出的政府信息公开申请内容明确，所申请的政府信息属于被申请人公开的职责权限范围，其拒绝补正系因为行政机关在其申请明确的情况下提示768号文涉嫌误导，拒绝补正具有正当性。被诉告知及原一审、二审法院所作判决适用法律错误，请求撤销原一审、二审判决，并依法改判。

被申请人市规土局不同意检察机关的抗诉意见，并认为张雄伟所提政府信息公开申请中关于“内容信息材料”的表述会引发歧义，可以理解为建设用地批准书的内容或者建设用地批准书所记载的信息材料等，张雄伟的申请本身并不明确。其要求张雄伟补正具有合理性，在张雄伟拒绝补正的情况下作出被诉告知，并无不当。房地产登记处在涉案登记簿上所作“该处已批准建设用地”注记的依据为768号文并非建设用地批准书，故其在作出政府信息公开告知时将768号文提供给张雄伟，并在告知书中明确告知“‘该处已批准建设用地’的备案文件为768号文”。在本案再审期间，被申请人经过查询，“北宝兴路185弄6号北间”对应的建设用地批准书为2014年上海市虹口区人民政府制作的虹府土［2014］字第015号建设用地批准书，同时张雄伟在提起本案所涉政府信息公开申请之前已经获取该用地批准书，张雄伟对相关信息已经有所了解。原一审、二审法院判决正确，请求依法予以维持。

【审判】

上海市高级人民法院经审理后认为，本案的争议焦点是张雄伟所提政府信息公开申请是否明确，市规土局要求张雄伟补正是否妥当。政府信息公开是公民获取相关信息的法定途径，在对申请内容具有不同理解的可能性之时，行政机关和申请者应当保持平等友善的沟通，共同确定申请的内容。及时沟通既是行政机关履行政府信息公开职责的必然要求，也是申请者知情权得以有效实现的保障。本案中，张雄伟要求公开的是作为“该处已批准建设用地”注记依据的“建设用地批准书及附图的内容信息材料”。在“建设用地批准书及附图”之外加上“内容信息材料”的表述，使得原本清晰的概念具有不同理解的可能性，张雄伟在本案再审开庭时对“内容信息材料”的解释亦证明该表述内容存在不确定性。市规土局收到申请并经查询后发现“该处已批准建设用地”注记的依据是 768 号文，而相关的土地批文又是建设用地批准的内容之一，在此情况下，市规土局要求张雄伟对其申请内容进行补正说明，并询问张雄伟是否需要作为注记依据的 768 号文，有其合理性。张雄伟作为有经验的政府信息公开申请者，应当知道拒绝补正无助于其获得相关政府信息，但张雄伟在收到补正告知以后未选择与行政机关沟通，未对其申请内容进行解释说明，而是通过抄录原申请内容的方式予以补正，实质是拒绝补正。张雄伟在再审开庭审理时表述行政机关在作出补正告知时披露 768 号文涉嫌误导系对行政机关正常履职行为的无根据揣测，此不信任市规土局的态度与其向市规土局申请信息公开的行为相悖，亦损害了其自身本享有的补正权利，系对其本次信息公开申请目的的实现自设障碍。市规土局在张雄伟拒绝补正以后，作出被诉告知，同时便民提供 768 号文，并无不当。

综观本案，市规土局对于作为“该处已批准建设用地”依据的 768 号文的披露以及便民提供，足以说明该局在处理张雄伟所提本次政府信息公开申请中系积极履职，而非以申请不明确为由故意为难申请者，推脱其应当履行的政府信息公开职责。张雄伟若能正常补正或能遵循原审法院的指引去掉“内容信息材料”的表述重新向市规土局提出政府信息公开申请，应当早已得到相对应答复。其拒绝补正等行为与其主张的实现知情权的初衷背道而驰。

综上所述，张雄伟所提之申请实不明确，具有多种理解之可能，市规土局要求张雄伟进行补正，具有合理性。在张雄伟拒绝补正的情况下，市规土局所作被诉告知，并无不当。原一审、二审判决认定事实清楚，适用法律正确，应予维持。再审申请人张雄伟的再审请求及抗诉机关的抗诉理由不能成立。据此，依照《中华人民共和国行政诉讼法》第八十九条第一款第（一）项、第一百零一条，以及《中华人民共和国民事诉讼法》第二百零七条第一款之规定，判决维持上海市第三中级人民法院于 2015 年 12 月 1 日作出的（2015）沪三中行终字第 190 号行政判决。

【评析】

一、"促进沟通"是涉"申请不明确"政府信息公开案件的裁判出发点

行政判决的作出应当以有利于实现政府信息公开制度的价值为遵循。按照《中华人民共和国政府信息公开条例》第一条的规定，政府信息公开制度的目的在于保障公民、法人和其他组织依法获取政府信息。当申请内容不明确时，唯有沟通，方能更好地确定申请内容，确保公民获取其想要获得的信息，政府信息公开应当成为公民和政府机关沟通的渠道。但近年来，在信息公开制度实践中，有公民将信息公开作为向政府施加压力的渠道，通过反复提起政府信息公开申请和诉讼，无谓消耗行政和司法资源，影响了政府信息公开积极作用的发挥。对于行政审判而言，要通过判决引导公民理性使用政府信息公开的权利，鼓励政府和个人进行沟通。本案再审判决正是基于这样的理念，其明确指出："在申请内容具有不同理解的可能性之时，行政机关和申请者应当保持平等友善的沟通，共同确定申请的内容。及时沟通既是行政机关履行政府信息公开职责的必然要求，也是申请者知情权得以有效实现的保障。"将"促进沟通"作为政府信息公开案件的裁判出发点，是有效发挥政府信息公开制度价值的重要保障。

二、如何看待行政机关所作补正行为的合法性问题

按照《中华人民共和国政府信息公开条例》第二十一条第（四）项的规定，申请内容不明确的，行政机关应当告知申请人作出更改、补充。在案件审理中，申请人和行政机关双方常就申请内容的明确与否产生争议。本案的争议焦点是建设用地批准书附图后面加上"内容信息材料"的表述是否会导致申请的不明确，申请人、行政机关、一审及二审法院、检察机关对此有不同的理解，从文义上看，对此也很难清晰地作出一个判断。再审判决并没有将审查论证的重点限定在申请内容文义表述是否明确这一点上，而是从补正制度的角度出发，指出张雄伟提出申请时在“建设用地批准书及附图”之外加上“内容信息材料”的表述，使得原本清晰的概念具有不同理解的可能性。进而指出，基于这种不明确的可能性，行政机关作出补正有其合理性。据此，提出了判断行政机关要求补正行为合法与否的问题，即行政机关要求申请人补正并非出于故意为难申请者并且有一定理由的，法院可予以支持。

三、政府信息公开案件审理中，要通过综合评价判断行政机关答复行为的合法性

行政机关处理政府信息公开是一个过程，法院在对行政机关行政行为合法性进行评价的时候，不能仅局限于一个角度，而是要做到综合分析。在本案中，行政机关积极履行提供信息的职责，如主动披露并提供作出“已批准建设用地”批注依据的768号文，这样的便民服务有助于申请者了解相关地块被批准作为建设用地的情况。而反观申请者，其申请目的可能并非在于获取信息，理由有三：一是拒绝补正，拒绝补正的结果显然是无法获得相关信息；二是在原审判决以后并没有按照原审的指引重新提出信息公开申请，按照原审指引去掉“内容信息材料”几个字重新提出申请，远比申请抗诉可以更早获得相关信息；三是经审理发现，申请者其实在提出本案申请之前已经获得了系争的建设用地批准书。根据上述分析，申请者在此次申请中的沟通意愿、获取信息的意愿并不强烈，通过信息公开给行政机关施加压力的意图比较明显。基于上述考虑，再审判决更多认为行政机关已经履行了政府信息公开职责，而对于申请者的请求不予支持。

四、政府信息公开判决要引导申请人理性行使政府信息公开权利

政府信息公开判决会对申请人和行政机关的行为产生影响。政府信息公开判决应当有利于将政府信息公开打造成一个申请人和行政机关相互沟通的平台，不鼓励申请人将信息公开作为向行政机关施加压力的渠道。再审判决将“促进沟通”作为审理涉“申请不明确”案件的出发点，并经过综合分析支持了积极履职的行政机关，对拒绝沟通的申请人的诉讼请求不予支持。再审判决展现的指引性在于：对行政机关而言，履行法定答复义务的同时多作提示和便民告知，既有助于申请人了解更多相关信息，也有助于表明积极履职的态度，相关答复更容易得到法院的认同；对申请者而言，要珍惜补正等与行政机关进行沟通的机会，拒绝沟通不利于及时获得政府信息。同时也向申请者传达，行政救济并非获取信息的第一选择，及时沟通才是有效获得政府信息的最优选项。本案再审判决的目的在于引导行政机关更好地履行政府信息公开职责，同时也引导申请人理性行使申请权和诉讼权利。

（作者单位：上海市高级人民法院）

行政机关明显超越职权订立的协议可以宣告无效

于元祝

【裁判要旨】

乡镇政府依照《国有土地上房屋征收与补偿条例》对集体土地上房屋作出征收决定，明显违反法律、行政法规的强制性规定，系明显欠缺法律效力要件的行为，其在此情形下组织签订的房屋征收补偿协议，属于依法可以确认无效的情形。

【案号】

一审：江苏省宿迁市宿城区人民法院（2016）苏1302行初164号。

二审：江苏省宿迁市中级人民法院（2017）苏13行终71号。

【案情】

上诉人（原审被告）：江苏省宿迁市湖滨新区晓店镇人民政府（以下简称晓店镇政府）。

被上诉人（原审原告）：臧柱年。

原告臧柱年系晓店镇政府臧圩三组居民，其于1995年6月取得晓字第03号《村镇房屋所有权证》、1997年10月取得宿集建（籍）字第06－02－03－14号《集体土地使用证》。因山水绿廊项目建设需要，被告晓店镇政府于2016年3月2日发布《晓店镇关于对山水绿廊项目房屋征收决定的公告》，向包括原告在内的居民告知房屋征收相关事项。2016年3月11日，原告臧柱年与被告晓店镇政府签订《宿迁市湖滨新区房屋征收补偿安置协议》（编号：1001426），该协议载明：征收部门为晓店镇人民政府，被征收人为臧柱年，征收实施单位为晓店镇征收办，被征收房屋编号为51号。另约定经费结算：

原告臧柱年应得补偿合计（货币补偿部分总额+产权调换安置补助费）432499元，征收部门被告晓店镇政府、征收实施单位晓店镇土地房屋征收管理办公室、被征收人臧柱年分别在该协议上盖章、签名。2016年6月15日，原告臧柱年领取拆迁补偿款432499元，其中329276元用于抵扣安置购房款，剩余103223元由原告直接领取。现原告臧柱年认为，被告晓店镇政府不具有实施房屋征收工作的主体资格，且补偿款远远低于附近房地产的市场价格，显失公平，故诉至法院，要求处理。

【审判】

江苏省宿迁市宿城区人民法院一审认为，原告臧柱年房屋所在土地属于农村集体土地性质，若需要改变土地权属和用途，则应当办理土地变更登记手续，按照征收土地的方案和程序实施，而根据法律、法规的相关规定，土地征收补偿工作由县级以上地方人民政府负责，被告晓店镇政府作为乡镇一级政府，并未受县级以上人民政府的委托或授权，不具备实施土地征收补偿工作的主体资格和职权。被告晓店镇政府与原告臧柱年签订房屋征收补偿安置协议的行为超越法定职权，属于重大且明显违法情形，应予确认无效。依照《中华人民共和国行政诉讼法》第七十五条之规定，判决确认原告臧柱年与被告晓店镇政府于2016年3月11日签订的《宿迁市湖滨新区房屋征收补偿安置协议》无效。案件受理费50元，由被告晓店镇政府承担。

晓店镇政府不服，在法定期限内提出上诉。江苏省宿迁市中级人民法院二审认为，根据《国有土地上房屋征收与补偿条例》相关规定，市、县级人民政府负责其行政区域内的国有土地上房屋征收与补偿工作，其有权作出房屋征收决定并予以公告；市、县级人民政府确定的房屋征收部门有权与被征收人订立补偿协议。本案中，涉案土地系集体土地，征收应当按照土地管理法等法律法规规定履行相关征地程序。上诉人作为乡镇人民政府且明知征收范围内土地属于集体土地，仍根据《国有土地上房屋征收与补偿条例》发布房屋征收决定公告，并与被上诉人订立补偿协议，明显违反了法律、法规规定的房屋征收补偿职权和条件，属于重大且明显的违法情形，原审确认上诉人与被上诉人订立补偿协议无效于法有据，判决结果并无不当。上诉人主张其与被上诉人订立补偿协议系协助上级政府实施土地征收补偿并未超越职权的观点缺乏事实根据和法律依据，不予支持。上诉人与被上诉人订立房屋征收补偿协议存在重大且明显违法情形，依法应属无效。原审判决正确。上诉人的上诉理由不能成立，其上诉请求不应得到支持。二审法院依照《中华人民共和国行政诉讼法》（以下简称《行政诉讼法》）第八十九条第一款第（一）项之规定，判决驳回上诉，维持原判。

【评析】

2014 年《行政诉讼法》修改后，行政协议纠纷正式被纳入行政诉讼受案范围。2015 年颁布的《最高人民法院关于适用〈中华人民共和国行政诉讼法〉若干问题的解释》（现已废止）对行政协议的类型、起诉期限、裁判方式等内容进行了具体规定，为人民法院审理行政协议案件提供了基本指引。但同时，该司法解释关于行政协议的规定仍然较为原则和抽象，尤其是行政协议识别标准、审查内容、裁判方式等重要事项，更是缺乏明确具体的指引，从而给行政协议案件审理带来许多困难和障碍。本案系有关行政协议无效的认定及裁判案例，具有一定参考意义，也值得认真加以研究。

一、行政协议诉讼类型化

根据修改后《行政诉讼法》的规定，行政协议纠纷属于行政诉讼受案范围，作为行政协议一方当事人的公民、法人或者其他组织，以及虽非行政协议一方当事人但与行政协议具有特定利害关系的公民、法人或者其他组织，可以针对行政协议提起行政诉讼。目前，修改后的《行政诉讼法》和司法解释对行政协议诉讼的类型虽然作出了规定，但总体上仍不完备，亦不具有系统性。按照修改后的《行政诉讼法》第十二条第（十一）项的规定，针对行政协议诉讼似乎只有履行之诉和解除（变更）之诉。2015 年《最高人民法院关于适用〈中华人民共和国行政诉讼法〉若干问题的解释》（现已废止）第二条关于“有具体的诉讼请求”的列举情形中，也没有对行政协议的诉讼类型作出具体细化，从而导致审判实践中，各地对行政协议诉讼类型认识和把握并不一致。笔者认为，行政协议诉讼的类型是多维度和多层次的，并不限于《行政诉讼法》和司法解释列举的几种情形，既可以是有关行政协议效力的确认诉讼，如确认行政协议无效、有效、可撤销，也可能是有关行政协议履行中的给付诉讼，如价款给付诉讼、违约金给付诉讼、协助义务履行诉讼等，还可能是因行政机关单方变更、解除协议或者行使行政优益权而引发的行政行为诉讼，等等。不同的行政协议诉讼类型，其举证责任、审查规则、裁判方式甚至诉讼收费也存在明显差异。区分行政协议类型、探索构建行政协议诉讼类型化，是最高人民法院在制定行政协议司法解释时应当考虑的重要内容，也是适应行政协议案件审理需要、提升行政协议案件审理效率和专业化水平的重要途径。

二、无效行政协议的判别依据

行政协议效力问题是行政协议案件审理的重点内容和关键部分，对行政协议效力的不同评价将直接决定行政协议案件的裁判方式。行政协议只有合法有效，才具有履行的前提和必要；反之，行政协议欠缺效力性要件的，则不具备履行和实施的条件。由于行政协议是行政机关在履行行政管理职责过程中，基于实现行政管理目的的需要与公民、法人或者其他组织订立的具有行政法上权利义务关系的协议，故行政协议具有“行政性”和“协议性”双重属性，即，既有作为行政管理方式“行政性”的一面，也有作为公私合意产物“合同性”的一面。简言之，行政协议既是一种行政行为，具有行政行为的特性，同时又是一种合同，体现合同制度和契约精神。因此，对于行政协议无效的判别，既要适用《行政诉讼法》关于行政行为无效的规定，同时也要适用民事法律规范中关于合同无效的规定。[①] 现行《行政诉讼法》第七十五条对判决确认无效的情形进行了不完全列举，主要包括行政行为实施主体不具有行政主体资格、没有法律依据等。行政协议作为一类特殊行政行为，可以适用《行政诉讼法》及其司法解释关于无效行政行为的规定进行识别。自 2018 年 2 月 8 日起施行的《最高人民法院关于适用〈中华人民共和国行政诉讼法〉的解释》第九十九条对“重大且明显违法”进行了细化，将行政行为实施主体不具有行政主体资格、减损权利或者增加义务的行政行为没有法律规范依据、行政行为的内容客观上不可能实现等明确为可以申请确认无效之情形。最高人民法院部分资深行政法官甚至认为，除了《行政诉讼法》和司法解释规定的情形外，对于“行政行为的实施将导致犯罪或者严重违法、行政行为内容明显违背公序良俗、行政行为的实施将严重损害公共利益或者

---

① 参见最高人民法院（2017）最高法行申 2289 号。

他人合法权益”等情形，也可以认定为无效行政行为。[①] 同时，《中华人民共和国合同法》第五十二条规定的无效合同情形也可以作为人民法院识别和判断行政协议无效的标准。本案中，根据《中华人民共和国土地管理法》和《国有土地上房屋征收补偿条例》的相关规定，集体土地征收与补偿是市县级人民政府及其土地管理部门的法定职权，国有土地上房屋征收与补偿则是市县级人民政府与其所确定的房屋征收部门的法定职权，晓店镇政府作为乡镇人民政府，无权以自己的名义对集体土地实施征收，也不能置集体土地性质于不顾，硬性套用国有土地上房屋征收补偿程序对集体土地上房屋实施所谓的“征收”，其作出房屋征收决定并据此与房屋权利人订立协议，构成越权，属于重大且明显违法情形。一审、二审法院根据房屋权利人申请，宣告房屋征收补偿协议无效符合法律规定。

三、行政协议无效的裁判方式选择

已废止的《最高人民法院关于适用〈中华人民共和国行政诉讼法〉若干问题的解释》第十五条第二款规定，原告请求解除协议或者确认协议无效，理由成立的，判决解除协议或者确认协议无效，并根据合同法等相关法律规定作出处理。诉判一致是一项基本裁判原则，强调司法裁判对诉讼请求的尊重和回应，也是不告不理这一诉讼原则的基本要求。但是行政诉讼是在坚持主观诉讼体系架构下仍需要客观诉讼予以补充，行政诉讼目的并非仅仅在于维护公民、法人或者其他组织合法权益，促进行政争议实质化解，监督行政机关依法行使职权仍然是不可或缺的重要诉讼目标。正是基于此，“诉判错位”的现象在行政诉讼领域具有存在的合理性和必要性。一般来看，行政协议具备认定无效的情形，根据当事人申请，人民法院应当依法宣告无效。但是当出现一些极为特殊的情形，如行政协议已经履行完毕、宣告无效将会引发公共利益受损或者重大社会管理混乱的，人民法院应当按照公益优先的原则，参照情况判决的处理思路，判决确认行政协议行为违法，保留行政协议效力，同时责令行政机关采取必要措施。这一做法能够最大限度实现公私权益平衡。本案中，乡镇政府与房屋权利人订立的征收补偿协议虽然构成无效，但是该协议已经实际履行到位，被告已为原告安置房屋并支付原告补偿款，

---

① 参见江必新、梁凤云：《最高人民法院新行政诉讼法司法解释理解与适用》，中国法制出版社 2015 年版，第 160 页。

倘若此时宣告无效，根据合同法关于无效合同的处理原则，需要相互返还财产，返还不能的则折价赔偿，而实际上原告已将房屋交付拆除并已经搬入安置房，被告已对土地实施复垦，此时相互返还或者折价赔偿均不利于管理目标的实现和社会稳定。因此，从这个意义上说，一审、二审法院在无效行政协议裁判方式的选择适用上仍存在僵化和教条的问题，缺乏灵活性。当然，造成这一问题的原因可能是作为裁判依据指引的行政协议司法解释的缺位，人民法院没有可供裁判的依据适用。值得注意的是，最高人民法院已着手启动行政协议专项司法解释的起草和论证工作，并已在一定范围内公开征求意见。上述征求意见稿规定，对判决宣告行政协议无效或判决撤销行政协议可能会造成国家利益、社会公共利益重大损失的，可以判决确认行政协议违法而保留行政协议的存在，以最大限度保障公共利益和公共秩序。相信，随着行政协议司法解释的颁布出台，行政协议案件审理中出现的诸如裁判方式选择等难题将会迎刃而解，行政协议案件审判工作将会逐步得到规范。

（作者单位：江苏省宿迁市中级人民法院）

无效行政协议的认定与裁判

林 沛　吴宇龙　刘 斌

【裁判要旨】

行政协议是以契约形式出现的行政行为，契约只是一种灵活的变通手段，其目的仍在于更好地服务于行政，行政性仍为行政协议的本质属性。行政协议无效的认定应以无效行政行为理论为主导，必要时可参照合同法相关规定。当行政机关违法的程度达到“重大且明显”时，合法性原则应高于诚实信用原则，行政协议应确认无效。人民法院可以依职权在判决主文中确认行政协议无效，不受原告诉讼请求的约束。

【案号】

一审：浙江省杭州市萧山区人民法院（2017）浙0109行初2号。

二审：浙江省杭州市中级人民法院（2017）浙01行终944号。

【案情】

上诉人（原审原告）：葛水根。

被上诉人（原审被告）：浙江省杭州市萧山区进化镇人民政府（以下简称进化镇政府）。

被上诉人（原审第三人）：浙江省杭州市萧山区进化镇平阳村村民委员会（以下简称平阳村委会）。

葛水根系浙江省杭州市萧山区进化镇平阳村村民。2011年，该村部分集体土地（均为承包地，不含宅基地）被列入征收范围，葛水根户的部分承包责任田位于该次征地范围内。为尽快推进征地工作，2012年6月13日，平阳村委会（甲方）与葛水根（乙方）签订《征地农户住房安置协议》（以下简称《安置协议》），内容为：因天乐项目工程需要，甲方征租乙方宝山坂人口田0.779亩，考虑乙方住房实际困难，甲方同意乙方在宝山坂多层安置房中购买安置房一套，面积为150平方米左右，价格以天乐村村民安置房为准（1500元/平方米），进化镇政府协助办理房产证和土地证。进化镇政府作为见证单位在协议落款处盖章确认。征地完成后，葛水根户另行从杭州萧山进化平阳股份经济联合社收到了相应的土地补偿费和青苗补偿费，并获得萧山区征地农转非养老保险安置指标两个。

涉案征地项目涉及平阳村农户共90余户，其中，早期签约的60户正常享受土地补偿安置待遇，后期签约的约30户在正常享受土地补偿安置待遇之外还签订了与葛水根户类似的《安置协议》。其后，因协议未实际履行，该30户多次信访。2016年10月13日，进化镇政府作出书面《答复意见》，内容为：平阳经联社（或村委会）与农户签署的《安置协议》，虽名为“安置”，但实质上系农田征用时，出于农户住房困难考虑，给予照顾，不属于拆迁安置用房；协议若违反土地管理法等强制性规定应属无效等。葛水根认为进化镇政府未履行《安置协议》，于2016年12月提起行政诉讼，要求赔偿因无法获得安置房购买资格造成的可得利益损失150000元（安置房目前市场价格扣除安置房购房成本计算所得金额）。

【审判】

浙江省杭州市萧山区人民法院经审理后认为，《安置协议》应当认定系由进化镇政府签订，在葛水根已获征地补偿安置后，再允许其以安置房价格购买安置房将严重损害国家利益和公共利益，违反了合同法等法律法规的强制性规定，应属无效。葛水根起诉要求赔偿可得利益损失150000元，实质系要求进化镇政府承担未履行上述无效协议的违约责任，该诉讼请求缺乏法律依据，不予支持。依照《行政诉讼法》第六十九条的规定，判决驳回葛水根的诉讼请求。案件受理费3300元，由葛水根负担。

葛水根不服，提起上诉。浙江省杭州市中级人民法院经审理后认为，案涉协议明显超出了土地管理法、物权法规定的土地征收补偿范围，严重违反法律规定，且导致明显不公，应认定为无效协议。人民法院确认行政协议无效，应在判决主文中予以载明。涉案协议无效对葛水根的合法权益并不产生任何损害，故原审法院判决驳回其诉讼请求并无不当。因涉案协议系属无效，本案不需参照民事诉讼标准缴纳诉讼费用，而且行政协议无效是行政机关明显重大违法导致，本案应属政府败诉案件，应由进化镇政府承担诉讼费。依照《行政诉讼法》第七十五条、第八十九条第一款第（一）项之规定，判决：一、确认进化镇政府于2012年6月13日与葛水根签订的《安置协议》无效；二、驳回上诉，维持原判。一审、二审案件受理费各50元，均由进化镇政府负担。

【评析】

一、涉案协议是否有效

涉案协议因土地征收而签订，其核心内容是关于购买安置房，协议的甲方名为平阳村委会，但事实上却是进化镇政府主导了协议的签订与履行，故该协议应定性为行政协议，而不是民事合同。葛水根的诉讼请求系要求进化镇政府赔偿损失，其请求的逻辑基础为：（1）双方签订了低价购买安置房的协议；（2）该协议是有效的，进化镇政府应保障其购房资格；（3）进化镇政府未履行协议，构成违约；（4）因无法购买安置房，其丧失了可预期的增值利益；（5）要求赔偿该可预期的利益损失。协议的签订，双方均无异议，故判断涉案协议是否有效势必成为本案诉讼请求能否成立的关键。

行政协议效力的判断是目前行政审判中的一个难点，其原因有二。（1）行政协议在中国还是一个新生事物，2014年《行政诉讼法》修改之前，其并不是一个法定概念，亦不被普遍接受，司法实践更是一片空白，修法仅是迈出了从无到有的第一步，其相关理论和制度的架构才刚刚开始，审判实务亦处于艰难的摸索阶段。（2）行政协议具有行政和契约双重属性，行政协议的效力判断势必会受到这两种属性的影响，而行政行为的无效和民事合同的无效，是两种截然不同的、在各自领域内均已趋于成熟的理论。行政行为的无效是以“重大且明显的违法”来判断，其关注的重点在于行政机关违法的严重性；而民事合同的无效，关注的重点却是当事人意思表示的真实性。两种理论如何整合、取舍，显非易事。就本案而言，从契约的角度看，涉案《安置协议》系出于双方自愿，意思表示真实，形式合法，不损害公共利益，很难说违反了强制性规定，总体上看并无太大不妥；但从行政的角度来看，该协议存在“重大且明显的违法”。笔者认为，行政协议是以契约形式出现的行政行为，契约只是一种灵活的变通手段，其目的仍在于更好地服务于行政，行政性仍为行政协议的本质属性。行政协议无效的认定应以无效行政行为理论为主导，必要时亦可参照合同法相关规定。据此，涉案协议应认定为无效，具体理由如下。

1. 涉案协议明显违反了征地补偿安置制度

本案中，被征土地均为承包地，不涉及宅基地，也就是说不存在房屋拆迁的问题，葛水根户的房屋居住至今，不因本次征地受到任何影响。根据《土地管理法》第四十七条、第四十八条和《物权法》第四十二条的规定，征收集体土地的，按照被征收土地的原用途给予补偿。征收耕地的补偿费用包括土地补偿费、安置补助费以及地上附着物和青苗的补偿费，同时，征收方应安排被征地农民的社会保障费用，保障被征地农民的生活，维护被征地农民的合法权益。征地补偿安置方案确定后，有关地方人民政府应当公告，并听取被征地的农村集体经济组织和农民的意见。据此，承包地的征地补偿方式、补偿范围法律均已明确规定，征地补偿安置方案是确定被征收土地的土地补偿费、安置补助费、地上附着物和青苗的补偿标准和支付方式、农业人员的具体安置途径以及其他有关征地补偿安置具体措施的直接依据。本案中，葛水根户已经获得了补偿安置方案所确定的各项权益，房屋安置依法只能是针对房屋征迁的一种补偿方式，进化镇政府是行政机关，履行法定职责既是其权力又是其义务，不同于民事主体，其对于征收补偿安置事项并没有完全的处分权，其一举一动都应当在法律法规和补偿安置方案所限定的范围内，其与葛水根户签订《安置协议》，以房屋安置的方式对承包地进行补偿，显然没有任何的法律依据。而且涉案征地项目的补偿安置方案在当地亦已公告，当地群众对本次和历次征地的补偿方式和补偿标准均心知肚明，所以，涉案《安置协议》的违法性对当地普通群众来说，更是一目了然的。

2. 涉案协议的危害后果严重

首先，该协议导致了严重的不公。涉案征地共涉及农户 90 余户，早期签约的 60 户只享受了正常的土地补偿安置待遇，而后期签约的约 30 户还额外签订了与本案类似的《安置协议》，这是明显的差别性、歧视性对待。若认可了该协议的效力，对早期签约的 60 户农户如何处置？对其他的广大被征地农户如何处置?

其次，该协议将助长更多的不合理要求。该协议的签订背景，是少数人对本次征地不满提出了额外要求，当地政府为了息事宁人尽快推进征地工作，便签订了协议。基层政府虽然出发点也是为了工作，但却损害了公平正义，纵容“会哭的孩子有奶吃”，实质上是饮鸩止渴，助长不正之风，鼓励人们在征地中提出更多的不合理要求。

最后，该协议严重损害了法律的严肃性，扰乱了征地补偿制度的法律秩序。土地管理法等法律法规确立的征地补偿安置制度在我国实施多年，确立了稳定的法律预期，在城市化快速推进的同时也充分保障了失地农民的基本权益。但涉案协议却根本性地破坏了这一稳定秩序，若通过司法程序正式认可该协议的效力，征地补偿安置制度将岌岌可危。

3. 镇政府的行为应如何惩戒

本案审理过程中，有一种观点认为，进化镇政府先签订协议允诺好处让葛水根户顺利交出土地，然后以协议无效为由拒不履约，法院若确认协议无效，就是对欺骗行为的纵容，政府必须讲诚信，所以本案应当认定涉案协议有效，判决进化镇政府承担违约责任。该意见强调了政府诚信的重要性，具有一定的合理性，但混淆了违法责任与违约责任，以违约责任代替违法责任，结论有失偏颇。进化镇政府确实应该为其不法行为承担责任，但不应以牺牲法治为代价。涉案协议明显重大违法，若以司法判决认可其效力，意味着司法对严重违法行为的纵容，是更为严重的违法，为维护政府信用而严重损害法律秩序和司法权威，实属因小失大。所以，在行政协议效力判断的问题上，当行政机关违法的程度达到“重大且明显”时，合法性原则应高于诚实信用原则，确认行政协议无效；当行政机关的违法程度尚未达到“重大且明显”的，只是可撤销违法、轻微违法，甚至是有瑕疵时，诚实信用原则应高于合法性原则，此类较轻的违法并不能直接导致行政协议无效。

进化镇政府行为的失当性，不诚信只是表象，其实质在于失职和滥权。当部分被征地人无正当理由拒不交地时，依照《土地管理法实施条例》第四十五条的规定，应由县级以上人民政府土地行政主管部门责令交出土地，拒不交出土地的，申请人民法院强制执行。本案中，当地政府未依法实施强制手段，此为失职。进化镇政府迁就部分人的无理要求，任意突破法定征地补偿安置政策，此为滥权。涉案协议虽被司法确认无效，未产生严重后果，但相关行政机关的严重违法行为客观存在，应由其上级机关或监察机关追究相关责任人的党纪政纪责任。

二、确认协议无效应否在判决主文中表述

本案审理中，涉案协议被确认无效应如何在判决书中表述，又出现两种不同观点：一种认为，确认协议无效在本院认为部分表述即可，这也是本案一审判决的做法；另一种认为，确认协议无效应在判决主文中表述，也就是本案二审判决的做法。笔者同意后一种观点，理由如下。

首先，行政诉讼的立法宗旨之一为监督行政机关依法行使职权，实现该宗旨的一种主要手段就是判决行政机关败诉，即通过撤销判决、确认判决、履行判决、变更判决等判决方式，对行政机关的违法行为予以纠正或宣告。涉案协议达到明显重大违法的程度，是极其严重的违法行为，是司法审查监督的重中之重，若在本案判决主文中只表述驳回原告的诉讼请求而不表述确认协议无效，那意味着本案仅是原告败诉，行政机关并没有败诉，这样做不仅是放弃了监督之责，甚至对行政机关的严重违法行为有纵容之嫌。只有在判决主文中表述确认涉案协议无效，才能明确宣告本案被告存在严重违法，本案是一个行政机关败诉的案件，相关部门启动问责机制才有据可依，监督依法行政之责才能落到实处。

其次，行政案件的判决方式选择与民事案件存在重大差异，并不受原告诉讼请求的严格约束。原告请求撤销行政行为，法院可以依职权判决确认违法；原告请求确认违法，法院也可以直接判决撤销。也就是说，在判决方式的选择上，行政诉讼更多体现了客观诉讼的特点，主要取决于被诉行政行为合法性审查的结果，而不完全是对原告诉讼请求的回应。行政协议案件亦属于行政案件，其判决方式的选择亦应体现行政诉讼的特点。就本案而言，原告诉讼请求的核心是要求赔偿损失，该请求是以涉案协议有效为前提的，故原告没有，也不可能提出确认协议无效的诉讼请求，故在本案中，因原告没有请求确认协议无效就认为不应该在判决主文中出现确认协议无效，是对民事案件判决方式的照搬，既不符合行政诉讼的特点，也不符合本案的实际情况。

最后，确认涉案协议无效是本案的一个关键判断，是司法机关对涉案协议效力的正式态度，仅将该判断在本院认为部分表述而不在判决主文中表述，有失庄重。

三、原告应否获得赔偿

支持原告的诉讼请求是以涉案协议有效为前提的，其主张的赔偿属于违约责任的一种。因涉案协议被确认无效，故不可能存在违约责任，原告的诉讼请求不予支持，应属自然。但涉案协议被确认无效是因进化镇政府重大且明显的违法所致，故其虽然不需要承担违约责任，但需要承担《合同法》第五十八条规定的无效过错责任。若葛水根户因涉案协议无效而造成损失，应在本案中一并予以赔偿，但其因承包地被征收而应得的合法权益已被充分保障，进化镇政府的过错对其合法权益并未造成任何损害，故本案无须判决赔偿。

四、本案诉讼费应如何负担

本案中，葛水根的诉讼请求系要求进化镇政府赔偿损失，该赔偿请求实质上是主张违约赔偿，而不是认为行政机关存在违法行为侵犯其合法权益进而要求赔偿，故应将本案定性为行政诉讼法所规定的行政协议案件的一种类型，而不是国家赔偿法所规定的行政赔偿案件，故本案应当收取诉讼费。根据司法解释，行政协议案件诉讼费收取有两个标准：对行政机关不依法履行、未按照约定履行协议提起诉讼的，诉讼费用适用民事案件交纳标准；对行政机关单方变更、解除协议等行为提起诉讼的，诉讼费用适用行政案件交纳标准。《诉讼费用交纳办法》第二十九条规定，诉讼费用由败诉方负担，胜诉方自愿承担的除外。据此，本案诉讼费的负担应考虑两个因素，一个是谁胜谁败，一个是民事还是行政。

一审法院将本案理解为原告败诉被告胜诉，且应按民事案件标准交纳诉讼费，故判决案件受理费3300元由葛水根负担。笔者认为，该认识存在偏差，理由如下。

首先，本案原告的诉讼请求被驳回，显然原告不能算胜诉，但原告败诉并不必然意味被告胜诉。涉案协议因被告的严重违法而被确认无效，在行政诉讼判决方式体系里，确认无效判决无疑是针对行政机关最为严厉的败诉判决方式，行政机关的行为都被确认无效了，还认为其是本案的胜诉方，这一结论显然有悖常识。本案可以认为原告、被告均为败诉，在一般的行政案件中，该情形几乎是不可能出现的，但在行政协议案件中具有了可能性。既然双方败诉，那么本案诉讼费是否应由双方共同负担呢？笔者认为，本案诉讼费由被告负担较为适宜，因为原告虽然提出了不合理要求，但在行政协议签订过程中，行政机关是主导方，其意愿直接决定涉案协议能否签订，其本应依法拒绝而没有拒绝，应承担协议被确认无效的主要责任，本案诉讼费由其负担可体现一定的惩戒效果，亦是对其败诉责任的一种强调。

其次，本案原告的诉讼请求虽系要求违约赔偿，但本案的审理实质上是围绕涉案协议是否有效而展开，最终法院亦作出确认无效的判决，所谓的违约赔偿自然就无从谈起。故本案属于确认无效案件，应适用行政案件诉讼费交纳标准确定诉讼费金额，故二审改判一审、二审案件受理费各50元均由进化镇政府负担。

（作者单位：浙江省杭州市中级人民法院）

规范性文件的制定机关职权及内容合法性审查

马媛婧

【裁判要旨】

人民法院对规范性文件进行一并审查时，如发现制定机关超越职权，文件内容与法律、法规、规章等上位法的规定相抵触的，则该规范性文件不合法。行政机关据此作出的行政行为系法律适用错误，应予撤销。

【案号】

一审：北京市东城区人民法院（2015）东行初字第758号。

二审：北京市第二中级人民法院（2017）京02行终1558号。

【案情】

上诉人（原审被告）：北京市东城区医疗保险事务管理中心（以下简称东城医保中心）。

被上诉人（原审原告）：朱茂元。

原告朱茂元诉称，其自2005年至今一直按时足额缴纳基本医疗保险费，依法享受基本医疗保险待遇。2014年6月，原告因病在北京协和医院住院治疗19天。2015年1至2月，原告向东城医保中心申请报销全部医疗费用中符合基本医疗保险基金支付范围的部分。东城医保中心以“特需费用不予报销”为由，依据北京市医保中心（以下简称市医保中心）制定的京医保发〔2002〕16号《北京市基本医疗保险医疗费用支付范围、标准修改及增补内容》的通知（以下简称16号文）及京医保发〔2002〕39号关于印发《北京市基本医疗保险有关问题的解答（四）》的通知（以下简称39号文）作出

《关于对“北京市中伦律师事务所提请报销朱茂元特需住院医疗费用公函”的回复》(以下简称被诉回复)。原告认为：一、根据国家和北京市对参保人员的医疗保险报销规定，药品费用不考虑是否发生在特需病房，而是依据药品目录规定的类别进行报销；诊疗费用也是按相应目录规定的类别予以报销，同时规定属于特需医疗服务费用的部分不予报销，对于床位费，是采取仅报销本市医保标准以内的部分，超出部分自行负担的办法，不考虑是否发生在特需病房。二、按照《北京市基本医疗保险规定》第二十七条的规定，“基本医疗保险药品目录、诊疗项目目录以及医疗服务设施范围和支付标准的具体办法，由市劳动保障行政部门会同有关部门另行制定”。这个规定限定了北京市基本医疗保险具体范围和标准的制定者只能是北京市劳动和社会保障局，东城医保中心依据市医保中心作出的16号文和39号文中有关“特需病房所有费用医保不予报销”的规定作出被诉回复，缺乏法律依据。综上，请求法院判决撤销东城医保中心作出的被诉答回复并责令其重新作出行政行为，依法报销原告医疗费用中应由医疗保险基金支付的部分金额32279.78元。庭审中，原告提出对16号文及39号文进行规范性文件附带审查。庭审结束后，原告又提出对原北京市劳动和社会保障局等部门联合制定的京劳社医发〔2000〕90号《关于加强公费医疗、大病医疗保险管理有关问题的通知》(以下简称90号文)及市医保中心制定的京医保发〔2000〕18号《北京市基本医疗保险医疗费用支付范围及标准》的通知(以下简称18号文)进行规范性文件的附带审查。

被告东城医保中心辩称：一、朱茂元在北京协和医院花费的医疗费全部为特需收费项目，属于16号文及39号文规定的不予支付情形。16号文及39号文系市医保中心受原北京市劳动和社会保障局(以下简称原市劳动保障局)委托组织制定的本市基本医疗保险药品目录、诊疗项目目录以及医疗服务设施范围和支付标准。东城医保中心根据16号文、39号文所作被诉回复有法可依。二、朱茂元与北京协和医院签署了《国际医疗部病房住院协议书》，说明朱茂元自行选择国际部特需自费项目，放弃了基本医疗保险报销项目，并且协和医院已经明确告知朱茂元特需收费项目为自费项目。朱茂元在自行选择自费的国际部特需自费项目后，其医疗费用将不再进入基本医疗保险审核结算系统，事实上也无法支付，其要求基本医疗保险支付没有事实依据和法律依据，请求法院判决驳回朱茂元的诉讼请求。

法院经审理查明：朱茂元系北京市中伦律师事务所律师，其因病自2014年6月8日至26日在北京协和医院国际部住院治疗19天，花费医疗费共计144827.48元。2015年1月至2月期间，朱茂元通过单位北京市中伦律师事务所向东城医保中心申请报销上述住院医疗费，东城医保中心于2015年2月15日依据16号文和39号文的规定作出被诉回复，告知北京市中伦律师事务所对其参保职工朱茂元提请报销的144827.48元的特需医疗费用，医疗保险基金不予支付。朱茂元不服该回复，于法定期限内向一审法院提起行政诉讼。另查明，朱茂元在住院时与北京协和医院国际部签订了《国际医疗部病房住院协议书》，该协议约定："在您入住国际医疗部病房期间，基本医疗保险及公费医疗不予报销，全部费用均为自费。治疗、检查等按国际部病房标准收费；床位费单间800—1200元人民币/床/日，套间单间1400—1800元人民币/床/日"。朱茂元在该协议上签字确认。

【审判】

北京市东城区人民法院于2017年4月27日作出（2015）东行初字第758号行政判决：一、撤销被告东城医保中心2015年2月15日作出的《关于对"北京市中伦律师事务所提请报销朱茂元特需住院医疗费用公函"的回复》；二、责令被告东城医保中心于本判决生效后依法重新作出行政行为。宣判后，东城医保中心向北京市第二中级人民法院提起上诉。北京市第二中级人民法院于2017年12月14日以同样的事实作出（2017）京02行终1558号行政判决，驳回上诉，维持一审判决。

法院生效裁判认为：东城医保中心作为本辖区内的医疗保险事务经办机构，负责本行政区域内的基本医疗保险费用的审核管理工作，具有依法向参保职工报销医疗保险费用的法定职责，也具有作出本案被诉答复的法定职权。朱茂元对于东城医保中心作出被诉回复的行政职权及作出被诉答复程序均无异议，在此不予赘述。

本案焦点问题系东城医保中心依据市医保中心下发的16号文及39号文的相关规定，对朱茂元的特需住院医疗费用作出不予报销的被诉回复认定事实是否清楚，适用法律是否正确。对此，法院认为，《行政诉讼法》第五十三条规定："公民、法人或者其他组织认为行政行为所依据的国务院部门和地方人民政府及其部门制定的规范性文件不合法，在对行政行为提起诉讼时，可以一并请求对该规范性文件进行审查。前款规定的规范性文件不含规章。”本案中，东城医保中心作出被诉回复的直接依据系市医保中心制定的 16 号文、39 号文，这两个文件属于规范性文件，故朱茂元有权在诉讼中对北京市上述文件即市医保中心制定的 16 号文、39 号文提出一并进行规范性文件审查的申请。规范性文件的审查包括对文件制定主体、制定内容、制定程序等多方面的审查，其中一个重要内容就是对规范性文件的制定主体即制定权限进行审查。根据国务院及北京市相关法律规定，基本医疗保险报销按药品、诊疗项目、服务设施三类进行管理。2001 年颁布实施的《北京市基本医疗保险规定》第二十七条第二款规定，基本医疗保险药品目录、诊疗项目目录以及医疗服务设施范围和支付标准的具体办法，由市劳动保障行政部门会同有关部门另行制定。该规定限定北京市基本医疗保险具体范围和标准应由市劳动保障部门会同有权部门制定并发布，市医保中心只是具体经办医疗保险的机构，其无权创设基本医疗保险报销的具体范围和标准。因此，市医保中心针对本市基本医疗保险报销的具体范围和标准制定的 16 号文及 39 号文规范性文件，属于超越权限范围。而东城医保中心依据这两个文件对朱茂元作出特需医疗费用不予报销的被诉回复，缺乏法律依据，依法应予撤销。

关于朱茂元要求法院直接判令东城医保中心为其报销部分医疗费用的诉讼请求，法院认为这属于东城医保中心的行政裁量权范畴，需要东城医保中心在充分调查核实、综合考虑基本医疗保险制度的制定背景、现实操作、法律依据等多种因素的情况下依法重新作出相应的回复，故对朱茂元的该项请求不予支持。

【评析】

该案例是涉及规范性文件审查的典型案件，同时由于涉及特需住院医疗费用的报销问题，引起了社会的广泛关注。在案件审理中，争议焦点主要有以下三点：一是原告提起的四项规范性文件附带审查请求是否均需法院启动规范性文件审查程序；二是原告与北京协和医院国际部签订的《国际医疗部病房住院协议书》中“放弃享受医保待遇”的约定，能否免除东城医保中心的报销义务；三是市医保中心受原市劳动保障局委托制定的16号文和39号文是否属于合法的规范性文件。

关于第一个问题，笔者认为，根据《行政诉讼法》第五十三条第一款及案件审理过程中有效的《最高人民法院关于适用〈中华人民共和国行政诉讼法〉若干问题的解释》第二十条之规定①，原告在向法院提起规范性文件附带审查时，必须满足两个前提条件：一是在时限方面，一般应在开庭审理前，如有正当理由的，可放宽至法庭调查中；二是在范围方面，应是被诉行政行为所依据的规范性文件。故对原告在庭审程序结束后提起的针对90号文和18号文进行审查的主张，不应准许。

关于第二个问题，笔者认为，东城医保中心作为医疗保险事务经办机构，负责本行政区域内基本医疗保险费用的审核管理工作，依法为参保职工报销医疗保险费用是其法定职责。《国际医疗部病房住院协议书》在性质上系民事合同，基于民事合同的相对性原理，其中关于“基本医疗保险及公费医疗不予报销，全部费用均为自费”的约定效力仅能作用于原告、北京协和医院两者之间，并不能由此免除东城医保中心的行政法定职责。故东城医保中心以原告与北京协和医院国际部的民事约定作为其不予报销医疗费的一项理由，不予支持。

关于第三个问题，笔者认为，市医保中心受市劳动保障局的委托制定的16号文和39号文存在超越法定职权及与上位法规定相抵触的不合法情形，系不合法的规范性文件。具体分析如下。

一、市医保中心受原市劳动保障局的委托制定的16号文和39号文系越权制定基本医疗保险报销具体范围和标准的行为

在规范性文件的审查中，制定机关是否具有制定规范性文件的权力以及该权力是否在允许的范围内行使，是法院评判规范性文件是否合法的基本依据。

本案中，原告主张：《北京市基本医疗保险规定》第二十七条第二款限定了北京市基本医疗保险报销的具体范围和标准的制定机关只能是原市劳动保障局，市医保中心是市人社局下属的事业单位，仅为具体经办医疗保险的

① 现有效条款为《最高人民法院关于适用〈中华人民共和国行政诉讼法〉的解释》第一百四十六条。

机构，其在经办基本医疗保险工作中仅限于执行业务指导和监督检查，无权创设或实际创设基本医疗保险报销的具体范围和标准，故市医保中心未经市人社局批准发布的16号文和39号文系越权行为。被告主张：根据《关于委托局属事业单位承办部分行政管理事项的通知》，原市劳动保障局已将组织制定本市基本医疗保险药品目录、诊疗项目目录以及医疗服务设施范围和支付标准的行政管理事项委托市医保中心具体承办，故市医保中心有权制定16号文及39号文。

（一）关于我国基本医疗保险报销具体范围和标准制定机关的法律规范沿革

1998年12月14日，国务院发布了《关于建立城镇职工基本医疗保险制度的决定》，其中第五条规定由劳动保障部会同卫生部、财政部等有关部门制定国家层面的医药费用的结算办法，由各省、自治区、直辖市劳动保障行政管理部门会同有关部门制定本地区相应的实施办法[①]。

2001年2月20日，北京市政府发布了《北京市基本医疗保险规定》，其中第二十七条第二款规定本市基本医疗保险报销范围及支付标准的具体办法由市劳动保障行政部门会同有关部门另行制定[②]。

2000年12月4日，原市劳动保障局发布了《关于委托局属事业单位承办部分行政管理事项的通知》，其中第十七项将北京市基本医疗保险报销范围及支付标准的行政管理事项委托给市医保中心[③]。

2002年5月14日，市医保中心制定发布了《北京市基本医疗保险医疗费用支付范围、标准修改及增补内容》(16号文)。2002年11月29日，市医保中心制定发布了《北京市基本医疗保险有关问题的解答（四)》(39号文)。

2006年11月2日，原市劳动保障局发布了《关于将委托市医保中心承办

---

①《关于建立城镇职工基本医疗保险制度的决定》(国发〔1998〕44号）第五条规定：劳动保障部会同卫生部、财政部等有关部门制定基本医疗服务的范围、标准和医药费用结算办法，制定国家基本医疗保险药品目录、诊疗项目、医疗服务设施标准及相应的管理办法，各省、自治区、直辖市劳动保障行政管理部门根据国家规定，会同有关部门制定本地区相应的实施标准和办法。

②《北京市基本医疗保险规定》(北京市人民政府第68号令）第二十七条第二款规定：基本医疗保险报销按药品、诊疗项目、服务设施三类进行管理。基本医疗保险药品目录、诊疗项目目录以及医疗服务设施范围和支付标准的具体办法，由市劳动保障行政部门会同有关部门另行制定。

③《关于委托局属事业单位承办部分行政管理事项的通知》(京劳社法发〔2000〕207号)。按照其中第十七项的规定，将本市基本医疗保险药品目录、诊疗项目目录及医疗服务设施范围和支付标准的行政管理事项委托北京市医疗保险事务管理中心组织制定。

的行政管理事项移交医疗保险处管理的通知》规定，从2006年11月1日起，原市劳动保障局委托市医保中心承办的组织制定北京市基本医疗保险报销范围及支付标准规定的行政管理事项划归市局医疗保险处负责。①

（二）行政机关不能将规范性文件的制定权予以委托

现代行政法上的行政委托，是指行政主体在其职权和职责范围内，根据行政管理的实际需要自行决定将其行政职权或行政事务委托给另一行政主体或其他组织，以及特殊情况下委托给个人，受委托者以委托者的名义行使行政职权、实施行政管理行为，并由委托者承担法律后果②。故行政委托的客体是行政实施权而不是行政归属权，是行为权能而不是行政权能，所以行政委托只会导致行政实施权的转移。行政规范的制定是一项权益影响范围广泛的行政活动，对民主性有着较高的要求，行政规范的制定权不得委托③。同时，行政委托须以法律、法规和规章的明文许可为前提，无法律依据，不得实施委托。

本案中，本市基本医疗保险报销范围及支付标准的制定权在性质上系行政规范的制定权，其在客体上不属于行政委托所能涵盖的范围。同时，原市劳动保障局发布的《关于委托局属事业单位承办部分行政管理事项的通知》在法律层级上不属于法律、法规和规章，其将本市基本医疗保险报销范围及支付标准委托给市医保中心组织制定系无效委托。

（三）有权制定本市基本医疗保险具体范围及标准的机关为原市劳动保障局而非市医保中心

行政主体的行政规范性文件制定权与其事务管辖权相同，但是，单行法或上级行政规范性文件没有授权或禁止规定的事项，行政主体即使具有事务管辖权，也不得制定行政规范性文件④。本案中，市医保中心虽对基本医疗保险费用报销具有事务管辖权，但是《关于建立城镇职工基本医疗保险制度的决定》和《北京市基本医疗保险规定》均未将基本医疗保险费用报销范围

---

① 《关于将委托市医保中心承办的行政管理事项移交医疗保险处管理的通知》规定：从2006年11月1日起，原根据《关于委托局属事业单位承办部分行政管理事项的通知》要求，委托市医保中心承办的“组织制定本市基本医疗保险药品目录、诊疗项目目录及医疗服务设施范围的支付标准和限制使用规定”的部分行政管理事项划归市局医疗保险处负责。

② 莫于川：“行政职权的行政法解析与建构”，载《重庆社会科学》2004年第12期。

③ 黄娟：“我国行政委托规范体系之重塑”，载《法商研究》2017第5期。

④ 姜明安主编：《行政法与行政诉讼法》，北京大学出版社、高等教育出版社2015年版，第179页。

及支付标准的制定权授予市医保中心，而是授予了市劳动保障行政部门即原市劳动保障局。根据职权法定原则，有权制定本市基本医疗保险保险范围及支付标准的机关为原市劳动保障局而非市医保中心。

二、16 号文及 39 号文中关于“特需病房发生的费用全部不予报销”的内容与上位法的规定相抵触

规范性文件的内容是否与法律、法规及规章等上位法规定内容相抵触，是法院评判规范性文件是否合法的又一重要依据。本案中，原告主张：根据国家和北京市对参保人员药品费用的报销规定，基本医疗保险报销按药品、诊疗项目、服务设施三类进行管理，其中药品费用、诊疗费用分别依据各自目录进行分类报销，床位费采取仅报销本市医保标准以内的部分，超出部分自行负担，但上述三类报销均不考虑费用是否发生在特需病房。故市医保中心制定的 16 号文、39 号文关于“特需病房发生的费用全部不予报销”的内容与上位法相抵触。被告主张：16 号文和 39 号文是本市执行十余年的报销依据，且在原告选择自费医疗项目后，其医疗费用将不再进入基本医疗保险审核结算系统，基本医疗保险无法支付。

（一）关于我国基本医疗保险报销范围及标准的相关法律规范

国务院颁布的《关于建立城镇职工基本医疗保险制度的决定》确立了我国基本医疗保险报销范围及支付标准由药品目录、诊疗项目、医疗服务设施标准三大部分组成。《北京市基本医疗保险规定》亦沿用了此标准。

关于药品费用报销，在国家层面有《城镇职工基本医疗保险用药范围管理暂行办法》[①]，在北京市层面有《北京市基本医疗保险用药范围管理暂行办法》[②]。《城镇职工基本医疗保险用药范围管理暂行办法》第四条、第五条、及第八条，《北京市基本医疗保险用药范围管理暂行办法》第八条及第十二条均规定药品费用根据《药品目录》按“甲类”或“乙类”分别予以全额报

---

① 1999 年 5 月 12 日，劳动和社会保障部、卫生部、财政部等七部门制定《城镇职工基本医疗保险用药范围管理暂行办法》（劳社部发〔1999〕15 号）。

② 2001 年 2 月 28 日，北京市劳动和社会保障局、北京市物价局、北京市财政局、北京市卫生局、北京市药品监督管理局和北京市中医管理局联合制定《北京市基本医疗保险用药范围管理暂行办法》（京劳社医发〔2001〕13 号）。

销或部分报销[①]，未列入《药品目录》的不予报销[②]，即以药品类目作为能否报销的标准，对于药品费用是产生于普通病房还是特需病房并未作区分。

关于诊疗项目费用报销，在国家层面有《关于城镇职工基本医疗保险诊疗项目管理的意见》，在北京市层面有《北京市基本医疗保险费用结算暂行办法》[③] 和《北京市基本医疗保险诊疗项目范围管理暂行办法》[④]。《关于城镇职工基本医疗保险诊疗项目管理的意见》第三条及第六条、《北京市基本医疗保险费用结算暂行办法》第十条、《北京市基本医疗保险诊疗项目范围管理暂行办法》第九条规定诊疗项目费用按《诊疗项目范围》按甲类、乙类项目分部予以全额报销或部分报销[⑤]，同时就不予报销诊疗项目予以列举[⑥]，即以诊疗项目类别作为是否报销的标准，对于诊疗项目费用是产生于普通病房还是特需病房亦未作区分。

关于服务设施费用报销，在国家层面有《关于确定城镇职工基本医疗保险医疗服务设施范围和支付标准的意见》；在北京市层面有《北京市基本医

---

① 《城镇职工基本医疗保险用药范围管理暂行办法》第五条及第八条规定：《药品目录》中的西药和中成药分为“甲类目录”和“乙类目录”。使用甲类目录的药品发生的费用，按基本医疗保险的规定支付。使用乙类目录的药品发生的费用，先由参保人员自付一定比例，再按基本医疗保险的规定支付；《北京市基本医疗保险用药范围管理暂行办法》第十二条规定：本市基本医疗保险参保人员使用列入《药品目录》中的药品的，即应按“甲类”或“乙类”分别予以全额报销或部分报销，未列入《药品目录》的不予报销。

② 《城镇职工基本医疗保险用药范围管理暂行办法》第四条规定了不能纳入基本医疗保险用药范围的药品；《北京市基本医疗保险用药范围管理暂行办法》第八条规定了医保基金不予支付的药品。

③ 2001年2月28日，北京市劳动和社会保障局、北京市财政局、北京市中医管理局和北京市卫生局联合制定《北京市基本医疗保险费用结算暂行办法》（京劳社医发〔2001〕17号）。

④ 2001年2月28日，北京市劳动和社会保障局、物价局、财政局、卫生局、中医管理局发布《北京市基本医疗保险诊疗项目范围管理暂行办法》（京劳社医发〔2001〕14号）。

⑤ 《关于城镇职工基本医疗保险诊疗项目管理的意见》第六条规定：参保人员发生的诊疗项目费用，属于基本医疗保险不予支付费用的诊疗项目目录以内的，医保基金不予支付。属于基本医保支付部分费用的诊疗项目目录以内的，先由参保人员按比例自付后，再按规定支付。《北京市基本医疗保险费用结算暂行办法》第十条规定：北京市参保人员使用《诊疗项目目录》中“甲类目录”的诊疗项目按基本医疗保险的规定支付；使用“乙类目录”中的诊疗费用按一定比例部分报销。《北京市基本医疗保险诊疗项目范围管理暂行办法》第九条规定：纳入本市《诊疗项目目录》中的诊疗项目分为“甲类目录”和“乙类目录”。“甲类目录”的诊疗项目是临床诊疗必需、安全有效、费用适宜的诊疗项目。“乙类目录”的诊疗项目是可供临床诊疗选择使用，效果确定，但需适当控制使用的诊疗项目。“乙类目录”中的部分项目，按照临床适应症、医院级别与专科特点、医疗技术人员资格等予以限定。

⑥ 《关于城镇职工基本医疗保险诊疗项目管理的意见》第三条规定：劳动和社会保障部负责组织制定国家基本医疗保险诊疗项目范围，采用排除法分别规定基本医疗保险不予支付费用的诊疗项目范围和基本医疗保险支付部分费用的诊疗项目范围。基本医疗保险不予支付费用的诊疗项目，主要是一些非临床诊疗必需、效果不确定的诊疗项目以及属于特需医疗服务的诊疗项目。基本医疗保险支付部分费用的诊疗项目，主要是一些临床诊疗必需、效果确定但容易滥用或费用昂贵的诊疗项目。

疗保险服务设施范围管理暂行办法》[1] 和《关于加强公费医疗、大病医疗保险管理有关问题的通知》[2]。《关于确定城镇职工基本医疗保险医疗服务设施范围和支付标准的意见》第二条及第六条、《北京市基本医疗保险服务设施范围管理暂行办法》第七条规定床位费按物价部门规定的普通住院床位费和等级加收标准报销，高于上述支付标准的，超出部分由参保人员自付[3]，即床位费最高报销金额为 24 元/日，但未就床位费是发生于普通病房还是特需病房予以区分。

（二）16 号文及 39 号文规定的药品、诊疗项目及服务设施费用报销标准与上位法相抵触

市医保中心制定的《北京市基本医疗保险医疗费用支付范围、标准修改及增补内容》（16 号文）第九条规定：参保人员住院期间在优质优价病房发生的医疗费用不属于医疗保险基金支付范围。《北京市基本医疗保险有关问题的解答（四)》（39 号文）第八条规定：参保人员入住优质优价病房后，医疗收费如有不按《北京市统一医疗服务收费标准（合订本)》执行的项目，所发生的各项医疗费用（含床位费），医疗保险基金不予支付。上述两个文件未将药品目录、诊疗项目目录、服务设施费用标准作为医疗费用报销的标准，而是以费用是否发生在优质优价病房为标准，与上位法所规定的报销标准相抵触，故 16 号文及 39 号文中关于“特需病房发生的费用全部不予报销”的内容不合法。

综上，市医保中心受市劳动保障局的委托制定的 16 号文和 39 号文存在超越法定职权及与上位法规定相抵触的不合法情形，东城医保中心依据 16 号文及 39 号文作出的被诉回复存在法律适用错误，应予撤销。

（作者单位：北京市东城区人民法院）

---

① 2001 年 2 月 28 日，北京市劳动和社会保障局、北京市物价局、北京市财政局、北京市卫生局和北京市中医管理局制定《北京市基本医疗保险服务设施范围管理暂行办法》（京劳社医发〔2001〕15 号）。

② 2000 年 5 月 15 日，北京市劳动和社会保障局、北京市财政局、北京市卫生局联合发布《关于加强公费医疗、大病医疗保险管理有关问题的通知》（京劳社医〔2000〕90 号）。

③ 《关于确定城镇职工基本医疗保险医疗服务设施范围和支付标准的意见》第二条规定：医疗服务设施费用主要包括床位费及门（急）诊留观床位费。第六条规定，参保人员的床位费低于医保床位费支付标准的，以实际床位费按规定支付；高于医保床位费支付标准的，按基本医保的规定支付，超出部分由参保人员自付。《北京市基本医疗保险服务设施范围管理暂行办法》第七条规定：基本医疗保险按物价部门规定的普通住院床位费和等级加收标准报销服务设施费用（即床位费），高于上述标准的部分由参保人员自付。

房屋征收评估报告不属于行政复议的受案范围

马小莉

【裁判要旨】

在房屋征收过程中，对被征收房屋价值进行评估时，房屋征收部门与房地产价格评估机构虽签订有评估委托合同，但因该委托事项为专业性房屋价值评定，而并非委托实施行政职权或行政管理行为，故该评估委托实质上不属于行政委托行为，不属于行政诉讼受案范围。

权利人如对评估报告有异议，可向房地产价格评估机构申请复核；对复核仍有异议，可向评估专家委员会申请鉴定。

【案号】

一审：西安铁路运输中级法院（2017）陕71行初30号。

二审：陕西省高级人民法院（2017）陕行终561号。

【案情】

上诉人（原审被告）：陕西省安康市人民政府。

被上诉人（原审原告）：杨永志。

杨永志在陕西省安康市汉滨区江北办晏台村拥有合法房屋一处。因当地实施江北商业步行街东出口市政道路建设工程项目，杨永志的房屋被纳入征收范围。2016年7月20日，安康市汉滨区政府作出汉政字［2016］45号《房屋征收决定书》，决定对杨永志等两户的房屋实施征收。2016年10月31日，杨永志收到金诚公司作出的编号CQ20160908002《城市房屋征收补偿价格评估报告》。因对该报告有异议，杨永志向金诚公司提出复核申请。金诚公司于2016年11月15日作出《城市房屋征收补偿价格评估报告》，该报告编号为 CQ20160908002—01FH。

2016 年 11 月 8 日，杨永志认为安康市汉滨区政府作为房屋征收实施单位，其委托金诚公司对原告房屋价值进行评估的行为违法，遂通过邮寄方式向安康市人民政府提出行政复议申请。该行政复议申请书简要内容为：“申请人杨永志，被申请人汉滨区政府，第三人金诚公司；复议请求为：请求确认被申请人委托第三人对申请人位于陕西省安康市汉滨区江北办晏台村二组 65 号的房屋进行评估的行为违法，并撤销编号 CQ20160908002《城市房屋征收补偿价格评估报告》。”2016 年 11 月 9 日，安康市人民政府收到该行政复议申请，同日，作出［2016］29 号《不予受理决定书》，该决定书简要内容为：“申请人对汉滨区政府委托金诚公司及《城市房屋征收补偿价格评估报告》（编号 CQ20160908002）不服，向本机关提出行政复议申请。经查，该事项不属于行政复议受案范围，根据《行政复议法》第六条、第十七条之规定，决定不予受理。”《不予受理决定书》于 2016 年 11 月 15 日向杨永志邮寄送达，杨永志次日收到。

2017 年 1 月 9 日，杨永志提起行政诉讼，请求判令：1. 撤销安康市人民政府作出的［2016］29 号《不予受理决定书》；2. 判令安康市人民政府依法履行行政复议的法定职责。

【审判】

西安铁路运输中级法院作出一审判决：一、撤销被告安康市人民政府作出的［2016］29 号《不予受理决定书》；二、被告安康市人民政府在法定期限内对原告杨永志的行政复议申请重新审查，并作出相应处理。

一审宣判后，安康市人民政府不服，向陕西省高级人民法院提出上诉。陕西省高级人民法院审理后判决：一、撤销陕西省西安铁路运输中级法院（2017）陕 71 行初 30 号行政判决；二、驳回一审原告杨永志的诉讼请求。

西安铁路运输中级法院一审认为：本案的争议焦点是被告安康市人民政府作出的［2016］29 号《不予受理决定书》是否合法。

在职权依据方面，原告杨永志以汉滨区政府为被申请人向安康市人民政府申请行政复议，被告安康市人民政府具有对该复议申请进行审查的权限。在程序方面，被告安康市人民政府于 2016 年 11 月 9 日收到杨永志的行政复议申请，于同日作出［2016］29 号《不予受理决定书》，并于 2016 年 11 月 15 日向杨永志邮寄送达，符合法定程序。在事实依据和法律依据方面，原告向被告申请行政复议的具体请求为要求确认汉滨区政府委托金诚公司对杨永志房屋进行评估的行为违法，并撤销该评估报告。经审查本院认为，杨永志提起行政复议申请所指向的被申请人汉滨区政府是行政机关，其要求安康市人民政府行政复议审查的事项是汉滨区政府委托金诚公司进行房屋评估的行为，该行为是行政机关作出的具体行政行为，根据《行政复议法》第六条第（十一）项的规定，杨永志提起的涉案行政复议申请属于行政复议范围。因此，被告安康市人民政府未全面审查杨永志的复议申请事项，以编号 CQ20160908002《城市房屋征收补偿价格评估报告》作出主体金诚公司不是行政机关，杨永志要求撤销该评估报告的申请不属于行政复议受案范围为由作出的［2016］29 号《不予受理决定书》，属于适用法律、法规错误。故判决撤销该《不予受理决定书》，并责令安康市人民政府在法定期限内对原告杨永志的行政复议申请重新审查作出相应处理。安康市人民政府不服，提起上诉。

陕西省高级人民法院二审认为：本案争议焦点为行政机关在房屋征收补偿中委托房地产评估公司对被征收房地产进行评估的行为是否可诉?

根据《行政诉讼法》《行政复议法》的有关规定，行政诉讼、行政复议针对行政行为合法性进行审查。行政行为是指行政主体在行使行政职权，进行行政管理过程中实施的，能够产生行政法律效果的行为。本案中，被上诉人明确其行政复议请求针对的是安康市汉滨区政府委托金诚公司对被上诉人房屋进行评估的行为，不仅仅是金诚公司作出评估报告的行为，且认为委托评估系行政委托行为，属于行政复议范围。该观点系对法律理解有误。理由是：其一，根据《国有土地上房屋征收与补偿条例》第二十条、《国有土地上房屋征收评估办法》第四条规定，房地产评估机构由被征收人协商选定，协商不成的，通过多数决定或摇号、抽签等随机选定方式确定。房地产评估机构应当独立、客观、公正地开展房屋征收评估工作，任何单位和个人不得干预。据此，虽然房屋征收评估委托合同是由房屋征收部门与房地产评估公司签订的，但是该评估机构实质上是由被征收人协商或通过其他方式选定的，不是行政机关依行政职权选定、委托的。其二，行政委托是指行政机关在职责范围内依法将其行政职权或行政事项委托给其他有关组织或企事业单位，受委托者以委托机关名义实施行政职权和行政管理行为，并由委托机关承担法律责任。行政委托的特点在于受委托者依据委托，代替行政机关实施了行政职权和行政管理行为。这里能够引起行政复议、行政诉讼的是行政行为，即其代为实施的行使行政职权或行政管理行为，而不是行政委托本身。本案中，金诚公司接受行政机关委托实施的是房屋评估行为，其出具的评估报告是对房屋价值的测算，作用为对被征收房地产进行征收补偿时的价值依据或参考，故该评估行为并非行政行为。其三，评估在房屋征收与补偿过程中，只是确定被征收房屋价值的一个环节，是安置补偿的依据，不是最终确定当事人权利义务的房屋征收补偿行为。综上，被上诉人提起的认为行政机关委托金诚公司对其房屋进行评估的行为违法的行政复议申请，不具有可诉性，不属于行政复议范围。

关于被上诉人行政复议申请中要求撤销金诚公司作出的评估报告是否属于行政复议受案范围的问题，涉诉房地产评估报告系金诚公司作出的，金诚公司不是行政机关，其作出评估报告的行为不属于行政行为。且根据《国有土地上房屋征收评估办法》第二十条、第二十一条、第二十二条规定，被征收人或房屋征收部门对评估报告有异议的，可向原评估机构申请复核，对复核结果有异议的，可向被征收房屋所在地评估专家委员会申请鉴定。据此，对评估报告有异议的救济途径为申请复核、申请鉴定。本案中，被上诉人也已申请复核。

综上，原审判决适用法律错误，应予纠正。二审法院遂判决撤销原判，驳回一审原告杨永志的诉讼请求。

【评析】

本案涉及的主要法律问题是：在房屋征收补偿中，房屋征收部门委托房地产价格评估机构对被征收房屋进行价值评估的行为是否可诉?

当前，因城市化进程的加快，房屋征收补偿类行政案件在行政案件中占比最高。征收补偿的前提是要确定房屋价值，所以，房屋价格评估问题几乎在每个房屋征收类行政案件中都会涉及。那么，当事人对房屋征收部门委托房地产评估机构进行的房屋价格评估行为能否提起行政复议或行政诉讼，对评估报告不服应如何行使救济权利呢？这是当前司法实践中较为普遍和突出的问题，而且对此问题认识分歧较大。一种观点认为，《国有土地上房屋征收评估办法》第六条第一款规定：“房地产价格评估机构选定或者确定后，一般由房屋征收部门作为委托人，向房地产价格评估机构出具房屋征收评估委托书，并与其签订房屋征收评估委托合同。”据此，因房屋征收部门是行政机关，其与房地产评估机构签订有评估委托合同，属于行政委托行为，系行政机关委托其他单位承担房屋征收与补偿具体工作的行政行为，该行政委托行为对被征收人产生直接法律后果，属于行政复议、行政诉讼受案范围。另一种观点认为，房屋征收部门与房地产评估机构虽然签订有评估委托合同，但该合同中体现的委托事项是进行专业性的房地产价格评估，并非房屋征收部门在其行政职权范围内将某项行政职权或行政事项进行的委托，委托方虽为行政机关，但委托事项不属于行政职权转移，受托方实施的不是行政行为，其实质不是行政委托。该评估报告只是进行补偿的一项依据和参考，最终影响当事人权利义务的是达成的行政补偿协议。且如当事人对该评估报告不服，依据《国有土地上房屋征收评估办法》规定，有其体系内相应的申请复核、鉴定的救济程序，故该委托评估行为不属于行政复议、行政诉讼受案范围，不可诉。我们认为后一种观点是正确的，前一种观点系对行政委托的内涵理解有误，理由如下。

一、行政委托的实质是行政职权的转移

当前，行政委托在法律层面没有明确的界定，既没有统一、系统的规范体系，其所涉条文也没有明确具体内涵。主要涉及讨论的条文有《行政诉讼法》第二十六条第五款，《行政处罚法》第十八条、第十九条，《行政许可法》第二十四条。我国行政法学者对行政委托的内涵理解大多从相关的零散条文中推导出来。姜明安主编的《行政法与行政诉讼法》指出，行政委托是指行政机关委托行政机关系统以外的社会公权力组织或私权利组织，以该行政机关的名义行使某项行政职能、办理某种行政事务，并由该行政机关承担相应法律责任的制度。从上述表述看，行政委托具有如下特点：（1）委托主体是行政主体，包括行政机关，以及法律法规授权的组织。（2）受委托主体不限于行政机关，包括国家行政机关以外的组织和个人。（3）委托事项为国家公权力，即委托行使的是某项行政职能、办理某种行政事务。行政委托的核心是转移部分原来属于国家本身的行政法上的权限或权能。这是行政委托的实质要件。（4）委托责任由委托行政机关承担。受委托组织以委托行政机关的名义实施行政管理行为，并由该委托行政机关承担相应的法律后果和责任，即委托他人行使公权力，但行为责任仍归属于委托方。

可见，行政委托是一种行政体制内的权力组织方式，其实质要件在于委托的内容为国家公权力，该制度的核心是行政权力转移而责任归属不变。行政委托的事务从性质上看是行政行为，即由委托人行使的行政委托行为必然与特定行政相对人发生行政法律关系，并对特定行政相对人的权益产生直接影响。行政委托的特点，在于受委托者依据委托，代替委托方行政机关实施了行政职权和行政管理行为。

二、委托房地产价格评估机构的事项不属于行政委托行为

《国有土地上房屋征收评估办法》第六条中虽然规定房屋征收部门作为委托人，与房地产价格评估机构签订房屋征收评估委托合同，但该委托不符合提起行政诉讼的行政委托的实质要件，不属于行政委托行为，不可诉。主要理由如下。

1. 房地产评估机构由被征收人协商选定，不是房屋征收部门依职权确定的

在房屋征收中，房屋的评估价值是房屋补偿的重要依据，对当事人权益影响重大，所以，对房地产价格评估机构的选定尤为慎重，法律法规对其资质、选定程序都有专门的规定。《国有土地上房屋征收与补偿条例》第二十条规定："房地产价格评估机构由被征收人协商选定；协商不成的，通过多数决定、随机选定等方式确定，具体办法由省、自治区、直辖市制定。房地产价格评估机构应当独立、客观、公正地开展房屋征收评估工作，任何单位个人不得干预。"《国有土地上房屋征收评估办法》第四条具体解释了在协商不成的情形下，房屋征收部门通过组织被征收人按照少数服从多数的原则投票决定，或者采取摇号、抽签等随机方式确定。可见，房地产评估机构是由被征收人协商选定的，不是房屋征收部门依职权确定的。在委托评估机构的过程中，房屋征收部门和被征收人处于平等主体地位，委托行为不是行政机关单方依职权作出的，不具有行政行为特征。

2. 委托事项为房屋价值评估，不属于行使行政职权或行政管理的行为

根据《国有土地上房屋征收评估办法》第二条、第三条规定，房地产价格评估机构接受委托后，开展房屋征收评估、鉴定工作，评估被征收房屋价值，测算被征收房屋类似房地产的市场价格。据此规定，被委托评估机构进

行的是评定被征收房屋价值的行为，形成的评估结论是征收补偿过程中的重要参考数据。但该评估机构接受委托的事项属于专业性房屋价值评定行为，不是代替房屋征收部门行使行政管理职权的行为，其与当事人之间没有形成行政法律关系。且该评估结论只是房屋补偿中的一项依据，并没有对当事人权益造成直接的、最终的影响。该行为系房屋征收过程中的一种程序性行为，其结果将被后续的房屋征收补偿行为所吸收。对当事人权益造成直接最终影响的，是房屋征收部门与被征收人之间最终达成的征收补偿协议。故权利人可通过房屋征收安置补偿主张自己的权利，委托评估机构的行为不具有独立的可诉性。综上，委托评估中委托事项不涉及行政职权的转移，不符合行政诉讼中行政委托的实质要件。

3. 评估机构以自己的名义作出评估报告，并对该报告负责

《国有土地上房屋征收评估办法》第三条规定，房地产评估机构、房地产估价师、房地产专家评估委员会应当独立、客观、公正地开展房屋征收评估、鉴定工作，并对出具的评估、鉴定意见负责。第十七条规定，整体评估报告和分户评估报告应当由负责房屋征收评估项目的两名以上注册房地产估价师签字，并加盖房地产评估机构公章。据此规定，房地产评估机构是以自己的名义实施房屋评估工作，并对形成的评估报告负责。但在行政委托制度中，受委托组织应以委托行政机关的名义实施行政管理行为，并由该委托行政机关承担相应的法律后果和责任。故房屋征收中的房地产委托评估行为也不符合行政委托制度中的责任承担要件规定。

三、房屋征收部门委托房地产评估机构的评估行为虽不可诉，但其有自身体系内的救济渠道

根据《行政诉讼法》《行政复议法》的有关规定，行政诉讼、行政复议针对行政行为合法性进行审查。行政行为是指行政主体在行使行政职权，进行行政管理过程中实施的，能够产生行政法律效果的行为。这里能够引起行政复议、行政诉讼的是对当事人产生影响的行政行为。所以，即使是因行政委托引起的行政诉讼，审查的也是受托方代为委托行政机关实施的行使行政职权或行政管理行为，而不是行政委托本身。房屋征收部门虽然与房屋评估机构形式上签订有委托合同，但因该委托事项不发生行政权力转移，不符合行政委托的实质要件，故不属于行政委托行为，不应被纳入行政复议、行政诉讼受案范围。

虽然委托评估不属于行政诉讼范围，但并不表示当事人对评估报告有异议时无法救济，房屋评估体系中有相应的救济渠道。《国有土地上房屋征收与补偿条例》第十九条第二款规定："对评估确定的被征收房屋价值有异议的，可以向房地产价格评估机构申请复核评估。对复核结果有异议的，可以向房地产价格评估专家委员会申请鉴定。"《国有土地上房屋征收评估办法》第十九条规定："被征收人或者房屋征收部门对评估报告有疑问的，出具评估报告的房地产价格评估机构应当向其作出解释和说明。"第二十条规定："被征收人或者房屋征收部门对评估结果有异议的，应当自收到评估报告之日起 10 日内，向房地产价格评估机构申请复核评估。申请复核评估的，应当向原房地产价格评估机构提出书面复核评估申请，并指出评估报告存在的问题。"第二十二条规定："被征收人或者房屋征收部门对原房地产价格评估机构的复核结果有异议的，应当自收到复核结果之日起 10 日内，向被征收房屋所在地评估专家委员会申请鉴定……"根据上述规定，如对评估报告有异议，当事人可向原房地产评估机构申请复核评估，对复核评估仍有异议的，可向当地评估专家委员会申请鉴定。可见，对评估报告有异议的，法律法规中规定有其体系内特有的救济渠道，当事人应以此方式寻求相应的救济。

（作者单位：陕西省高级人民法院）

调查研究

福建省高级人民法院
全省法院行政案件司法审查白皮书（2017年）

福建省高级人民法院

坚持全面依法治国，是新时代坚持和发展中国特色社会主义的十四条基本方略之一。党的十九大对全面依法治国作出重要部署，强调要深化依法治国实践，建设法治政府，推进依法行政，严格规范公正文明执法。行政审判是依法解决行政争议的重要途径，在保护公民、法人和其他组织合法权益，监督行政机关依法行使职权，促进法治国家、法治政府、法治社会建设等方面担负着重要职能。为充分发挥行政审判预防和化解行政争议的职能作用，促进依法行政，推进法治福建和法治政府建设，我院对2017年全省行政诉讼案件基本情况进行总结分析，梳理行政机关在行政执法和行政应诉工作中存在的问题，并提出针对性意见、建议。

一、2017年全省法院行政审判工作总体情况

2017年，全省法院深入学习贯彻习近平新时代中国特色社会主义思想和党的十九大精神，贯彻落实中央和省委、最高人民法院决策部署，紧紧围绕“努力让人民群众在每一个司法案件中感受到公平正义”的目标，依法履行行政审判职能，有效化解行政争议，保护人民群众合法权益，推动全面依法治省工作，为“再上新台阶、建设新福建”提供了有力司法服务保障。

着力服务保障发展大局，依法履行审判职责。全省法院紧紧围绕党和国

家中心工作，贯彻新发展理念，着力服务保障发展大局，深入落实加快福建发展的各项部署要求，通过依法审理行政案件，为“一带一路”战略实施、海丝核心区建设、自贸试验区建设、厦门会晤等提供司法服务保障，行政审判在促进经济社会发展中的地位和作用更加凸显。厦门中院专门制定出台服务保障金砖国家领导人会晤的司法意见，提出加大诉前协调力度、开展行政案件速裁机制等具体措施，支持推进厦门市拆除“两违”、环境整治提升等工作。落实关于完善产权保护制度依法保护产权的意见，坚持平等、全面、依法保护原则，妥善审理征地拆迁、行政协议、知识产权等行政案件，确保产权主体行政相对人合法权益得到尊重和维护，促进营造良好营商环境。监督、支持行政机关依法履行环境保护职责，创新环境资源行政案件审理机制，推进国家生态文明试验区建设。

着力司法为民公正司法，维护社会公平正义。认真贯彻落实最高人民法院《关于进一步保护和规范当事人依法行使行政诉权的若干意见》，拓宽对行政相对人权益的保护范围，加大对行政相对人的人身权、财产权、受教育权以及信息公开、环境资源、社会救济等方面权益的保护力度。2017 年，全省法院受理一审行政案件 8537 件，同比上升 15.21%。坚持以保障和改善民生为重点，加大司法审查力度，妥善审理涉及土地资源、治安管理、劳动与社会保障等与民生密切相关的案件 3953 件，占一审受理案件数的 46.3%，依法纠正违法行政行为，切实维护人民群众合法权益。认真落实行政诉讼法关于行政协议案件、一并解决民事争议案件等审理规定，回应群众的实质诉求，减轻当事人诉累。积极推进多元化纠纷解决机制建设，加大行政案件调解力度，促进行政争议实质性化解。完善以公开审判为中心的依法全面公开制度，让人民群众更加直观地感受司法公正。

着力深化司法体制改革，破解行政诉讼难题。继续推进我省行政案件管辖机制改革，坚持管辖改革的原则性和个人自愿选择的灵活性相结合，坚持异地管辖与便民服务相结合，坚持推进改革与良性互动相结合，不断完善网上立案、“跨域立案”、巡回审判等司法便民利民举措，加大跨域协调力度，有效化解行政争议，破解行政诉讼“立案难、审理难、执行难”问题，促进裁判尺度统一和司法能力水平的提升。2017 年，全省法院共受理跨行政区域一审案件 4730 件，审结 4722 件，跨域一审行政案件上诉率比全省平均上诉率低 5 个百分点，行政机关负责人出庭应诉率比全省平均水平高 4 个百分点。

探索推进行政案件繁简分流和调解速裁机制改革，厦门市思明区法院率先开展行政案件速裁机制试点，提高审判效率。规范非诉行政案件审查和执行，扩大“裁执分离”适用范围，支持行政机关“两违”清理工作，促进经济社会发展。厦门中院与市城市管理行政执法局联合下发《关于非诉行政案件实行“裁执分离”的意见》，规范办理非诉行政案件。

着力创新工作机制，提高司法质量效率和公信力。省法院精心指导各地法院妥善审理行政公益诉讼案件，支持检察机关依法履行法律监督职责，纠正行政机关不作为、乱作为的现象。截至2017年12月，全省法院共审结行政公益诉讼案件76件。完善大要案报告、裁判文书评选、案例调研等制度，部署开展行政案件集中评查活动，举办全省行政审判培训班，提高全省行政审判司法能力水平。加强理论调研和行政审判案例编撰工作，在第五届全国行政审判优秀业务成果评选中，我省法院共有六篇成果获奖，省法院荣获评选活动组织奖。福州中院首次发布行政诉讼十大典型案例，泉州中院开展网格化送达解决“送达难”问题，取得很好的效果。

着力完善良性互动机制，促进依法行政和法治政府建设。深化和完善我省首创的“省—市—县”三级府院联席会议工作机制。2017年5月，围绕“推进国家生态文明试验区建设”主题召开第四次府院联席会议，福建省委书记、时任省长于伟国出席会议并作重要讲话，会议研究部署了进一步加强生态环境司法保护，完善生态文明建设法治保障，促进依法行政和公正司法的工作举措。我省的府院联席会议机制得到最高人民法院领导的多次批示和充分肯定。加强行政复议行政应诉和行政诉讼工作联系，积极推进行政机关负责人出庭应诉，支持配合省政府出台《福建省行政应诉办法》，专门下发通知对全省法院支持和推动行政诉讼应诉工作提出具体要求。2017年全省法院审结的一审行政案件中，行政机关负责人出庭应诉1728件，占一审开庭审结案件数的36.17%。完善司法建议和白皮书制度，2017年全省法院共制作行政审判白皮书61份，发出司法建议129份，已收到反馈95份。福州、莆田、宁德适应行政案件管辖机制改革要求，联合发布《福建省行政审判第一司法片区白皮书》。加强与行政机关的联合调研、培训、座谈研讨等日常工作联系，漳州中院与市城市管理行政执法局建立司法与行政执法联动机制，推进城市执法体制改革。

二、2017 年全省法院行政案件基本情况

2017 年，全省法院受理各类行政诉讼案件 14179 件，同比 2016 年上升 21.07%。其中一审 8537 件、二审 3860 件、再审 83 件、申诉和申请再审 958 件。审结行政诉讼案件 12520 件，同比 2016 年上升 33.76%。其中一审 7160 件、二审 3574 件、再审 74 件、申诉和申请再审 842 件。审查非诉执行申请 11918 件，审结 11934 件，裁定准予执行 11038 件，占 92.49%，执结标的额 3.7517 亿元。

表 1　2013—2017 年全省行政案件情况

年份	受理案件数	同比增长	审结案件数	同比增长
2013	4684	17.31%	4506	11.31%
2014	5647	20.56%	5489	21.82%
2015	8875	57.16%	7612	38.68%
2016	11711	31.95%	9360	22.96%
2017	14179	21.07%	12520	33.76%

在审结的一审行政诉讼案件中，被告行政机关胜诉（驳回原告诉讼请求）2333 件，占一审结案数的 32.58%；被告行政机关败诉（包括判决全部撤销、判决部分撤销、判决变更、判决履行法定职责、判决确认违法或无效、判决继续履行或采取补救措施、判决赔偿或给予补偿、被告改变原行政行为裁定准予原告撤诉）965 件，占 13.48%；裁定不予立案、驳回原告起诉 2306 件，占 32.21%；经协调，行政争议得到化解后，以原告撤诉等方式结案 1556 件，占 21.73%。

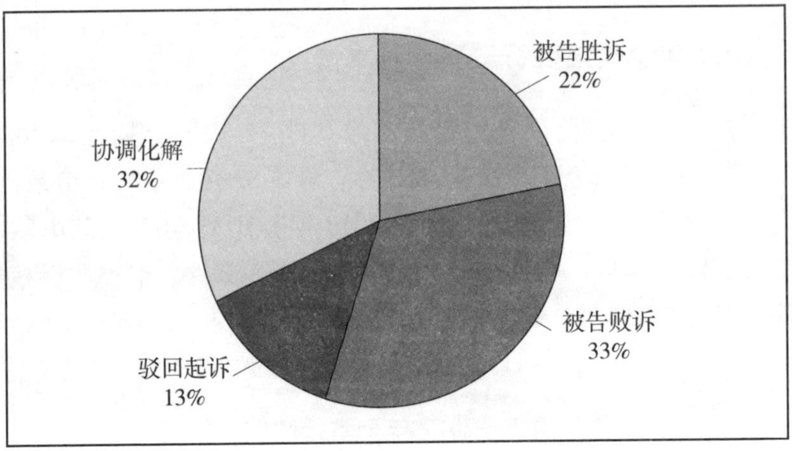

图1　2017年一审行政案件审结情况

从审理情况看，我省行政诉讼案件呈现以下特点：

（一）案件数量继续增长和地区分布不均衡并存

2017年，全省行政案件延续自2012年以来的案件增长态势。以一审案件为例，2017年全省法院受理一审案件8537件，同比上升15.21%，继续保持两位数的增长速度，执法办案压力进一步增大。从案件的地区分布看，案件主要集中于福州、泉州、莆田、厦门，四地受理案件数占全省案件总数的66.37%，地区间差异较大，其中案件最多地区福州是最少地区南平的6倍。

（二）案件类型多样化与行政争议领域相对集中现象并存

从2017年全省法院新收的一审行政案件看，案件类型呈现多样化，其中外汇管理、环保行政强制、证券监管、食品药品监督、行政协议、公益诉讼等新类型案件频发，但主要案件仍集中于城建、资源、公安、劳动与社会保障等领域，其中城建类1755件、资源类945件、公安类792件、劳动与社会保障类461件，四类案件占新收一审案件的59.35%。同时，城建、资源类案件还引发出大量如行政强制、行政复议、政府信息公开、行政赔偿等案件，说明城建、资源类案件与人民群众的基本生产生活关系最密切，也最容易引发矛盾纠纷。

（三）案件向中级以上法院集中与基层行政审判队伍弱化并存

新行政诉讼法实施后，与全国其他省市法院一样，我省行政案件逐渐向中级以上法院集中，呈“倒金字塔”型结构，其中省法院受理的案件占全省行政案件总数的1/7。在中级以上法院案多人少矛盾突出、执法办案压力增大的同时，很多基层法院尤其是非集中管辖法院面临队伍老化、骨干流失等问题，亟须从案件级别管辖机制等方面加以调整，以实现案件分布与审判力量均衡配置。

（四）案件裁驳比例高，滥用诉权现象突出

从2017年我省法院一审案件结案方式看，其中驳回起诉案件1873件，不予立案433件，两项合计占一审结案数的32.21%。部分当事人频繁就涉及土地、房屋征收行政争议提起政府信息公开、行政复议、不履行法定职责等相关诉讼，滥用诉权、程序空转现象突出，浪费大量审判资源，亟须进一步加强引导当事人正确行使诉讼权利、完善立案登记制以及规制滥用诉权等工作。

（五）行政案件调撤率相对偏低，实质性化解行政争议仍需加强

2017年，在审结的一审行政案件中，以原告撤诉等方式结案的1556件，占21.73%。调撤率偏低与案件多集中在土地征收、房屋拆迁领域有关，也说明我省在完善纠纷解决机制、实质性化解行政争议方面仍需加大力度。

三、行政机关依法行政总体情况及行政执法、行政应诉工作存在的主要问题

2017年，从全省法院审理行政诉讼案件情况看，我省各级行政机关在增强法治意识、规范执法行为、加强行政应诉、化解行政争议、支持人民法院工作等法治政府建设方面取得明显成效，但也存在一些亟待改进的问题。

（一）依法行政取得明显成效

一是运用法治思维和法治方式推进工作，法治化水平进一步提升。各级行政机关更加注重行政纠纷的源头预防，强化行政决策合法性审查，在重大项目推进、重大行政决策、执法体制改革、规范性文件“立改废”等工作中，主动征询司法机关意见，全面落实法律顾问制度，加强法律论证，推进依法民主决策，增强决策的合法性和科学性。

二是执法行为较为规范，执法水平进一步提高。各级行政机关加大法治

教育培训力度，通过组织庭审观摩、举办培训班、邀请行政审判人员开展法治讲座等方式，切实提高行政机关工作人员法治素养和能力。行政机关的整体执法水平有所提升，执法程序逐步规范，依法收集、保存证据的意识更强，适用法律较为准确，超越职权、滥用职权、严重违反法定程序、行政行为没有事实根据等严重违法行为越来越少。2017 年，在审结的一审行政诉讼案件中，被告行政机关胜诉 2333 件，败诉 965 件，呈现胜诉率上升败诉率下降的良好态势。

三是加大矛盾化解力度，防范风险的能力进一步增强。各级行政机关充分发挥自身在化解矛盾纠纷中的巨大优势，注重运用和解、调解等方式化解行政争议，同时借助良性互动平台，不断促进行政复议、行政调解、行政仲裁与行政诉讼等纠纷解决方式的有机衔接，建立起涵盖案前、诉前、诉中、诉后全过程的协调和解机制，推动行政争议实质性化解，有力维护社会和谐稳定。

四是行政应诉制度更加健全，行政机关负责人出庭应诉的意识明显增强。2017 年，省政府正式发布了《福建省行政应诉办法》，以政府立法的形式全面规范了我省行政应诉工作，标志着我省行政应诉制度的规范化体系化已经形成。各级行政机关以贯彻执行《行政应诉办法》为契机，加强和规范行政应诉工作，行政机关负责人出庭应诉的积极性、主动性明显增强，促进依法行政的正面效应逐渐凸显。行政机关的应诉行为进一步规范，应诉准备工作更加充分，基本杜绝了不出庭、不应诉、不答辩的“三不”现象。2017 年全省法院审结的一审行政案件中，行政机关负责人出庭应诉 1728 件，实现了负责人出庭数和出庭率的双提升。

五是支持人民法院工作更加有效，执行人民法院生效裁判更加有力。各级行政机关积极适应立案登记制实施和《行政诉讼法》扩大行政诉讼受案范围、复议机关共同被告、规范性文件附带审查等新制度新变化，大力支持人民法院受理和审理行政案件，积极配合我省行政案件管辖机制改革，认真做好异地应诉、矛盾化解等工作，自觉执行人民法院生效裁判，行政干预司法审判的现象基本杜绝，保障了人民法院依法独立行使行政审判权。

（二）行政机关败诉案件总体情况

2017 年，全省法院一审判决被告行政机关败诉 965 件，占一审结案总数的13.48%。从各地市的情况看，败诉率较高的是平潭、莆田、南平、宁德、三明、龙岩，分别为25.93%、18.87%、17.79%、17.54%、15.99%、14.02%，均高于全省平均值；福州、泉州、漳州败诉率略低于全省平均值，分别为12.92%、12.47%、10.88%；厦门败诉率为7.49%，连续两年全省最低，说明厦门行政机关执法水平总体较高。

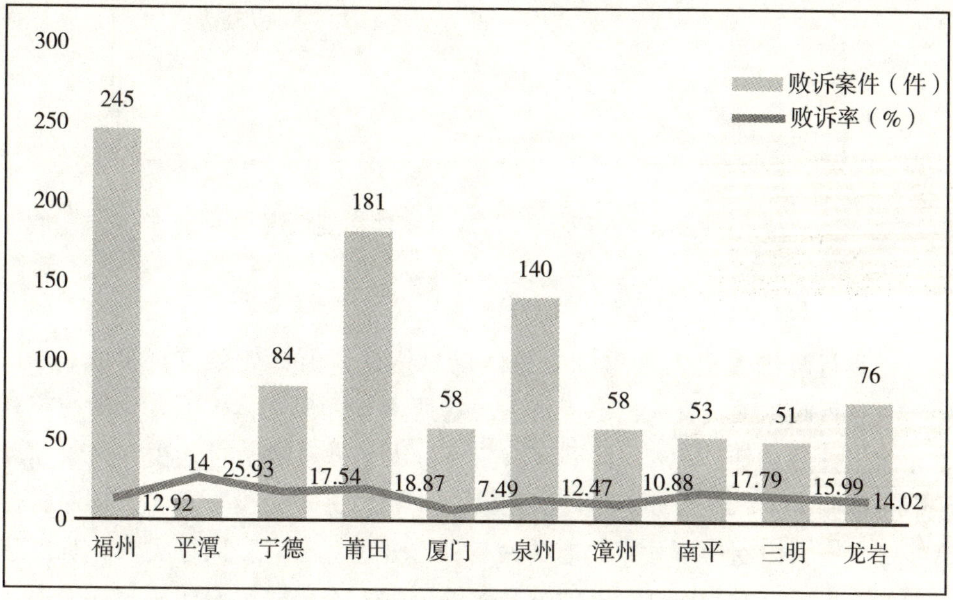

图2 2017年行政败诉案件地区统计

从败诉案件的判决类型看，在所有败诉案件中，判决确认行政行为违法的最多，有460件，占败诉案件总数的47.67%；判决撤销行政行为的219件，占22.69%；判决撤销并责令重新作出行政行为的142件，占14.72%；判决履行法定职责的117件，占12.12%；判决赔偿损失11件；判决确认行政行为无效9件；判决继续履行协议7件，判决变更行政行为3件；判决采取补救措施1件。

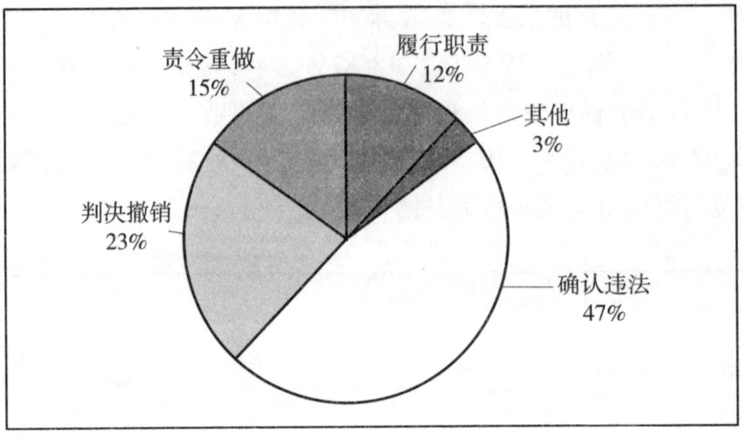

图3　2017 年行政败诉案件类型情况

(三) 行政应诉中存在的主要问题

一是行政机关负责人出庭率总体仍显偏低，出庭效果有待提升。2017年，我省行政机关负责人出庭应诉数虽有所增长，但总体偏低，只占一审开庭审结案件数的 36.17%，且呈现部门负责人多、政府负责人少，副职领导多、正职领导少，县级以下多、市级以上少的“三多三少”现象。同时，行政机关负责人出庭应诉效果仍有待改善，“出庭不出声”问题突出，难以达到负责人出庭应有的效果。有的行政机关负责人不出庭也不向法庭提交书面情况说明，有的行政机关仅委托非公职律师出庭应诉。

二是应诉能力有待提高。有的不按照法律规定在举证期限内提交证据材料；有的提交的证据材料不符合法律要求；有的行政机关工作人员对作出行政行为的事实根据、法律依据和程序规定不熟悉不了解，难以在庭审时针对案件的争议焦点举证质证、发表意见。

三是协调化解矛盾的意识仍需加强。有的行政机关在处理纠纷过程中，忽视纠纷形成的特定原因，对当事人诉求未进行全面调查、核实，对部分合理诉求未进行处置；有的在纠纷进入诉讼程序后，配合法院进行协调工作上不够积极；甚至有的行政机关在其行政行为被生效判决确认违法之后，仍不积极与当事人协商、沟通行政赔偿问题，导致当事人因长期无法得到适当的赔偿或补偿而提起行政赔偿诉讼，此种现象以福州、莆田较为突出。

四是不执行法院生效裁判的现象仍有发生。有的行政机关不执行法院责令重做、履行给付义务等生效判决，如陈某某诉福州市住房保障和房产管理局拆迁行政裁决一案中，法院责令被告在判决生效之日起二个月内重新作出房屋拆迁行政裁决，但被告一直不予执行。有的行政机关向法院申请强制执行后，却不执行法院的准予强制执行裁定。如莆田市国土资源局向莆田市涵江区人民法院申请强制执行其所作的行政处罚决定，在法院裁定准予强制执行后，却迟迟不予实施。

（四）行政执法中存在的主要问题

一是违反法定程序。程序违法一直是行政机关败诉的主要原因之一，表明行政机关重实体、轻程序的问题依然存在，依法行政的程序意识有待提高。有的行政机关作出行政行为时超过法律规定的期限，有的送达程序违法，有的行政机关在作出对相对人不利的行政行为时，未告知行政相对人陈述权、申辩权或听证权，或者虽然作出了相应告知，但并未充分保障行政相对人行使上述权利。如林某某诉仙游县公安局治安行政处罚一案，被告 2017 年 1 月 28 日立案后，2017 年 5 月 6 日才作出处罚决定，超过《中华人民共和国治安管理处罚法》第九十九条规定的期限，被一审法院确认违法。程序违法现象在征收拆迁案件中较为明显，有的行政机关为了推进项目建设，片面追求行政效率，而忽视了行政行为的正当程序，引发大量诉讼。如房屋行政强制案件中，有的被告只提交原告的房屋位于征迁范围的证据，但却未提交证明强制拆除前已依法作出行政决定、履行催告程序、作出强制执行决定等相关证据，强制拆除行为因此被确认违法。

二是认定事实不清，主要证据不足。事实依据是行政机关作出行政行为的基础，是行政行为合法性的基本要求，也是法院进行合法性评判的重点。有的行政机关对申请公开的信息未做必要的检索查询，或者在信息公开答复中遗漏了应予处理的事项；有的行政机关在工伤认定时，未对工伤发生的情况进行全面的调查。如罗某某诉龙岩市人力资源和社会保障局等工伤行政认定一案中，被告在没有对本案关键证人进行调查取证的情况下，就作出不予认定工伤的决定。有的行政机关在签订征收补偿安置协议时遗漏了部分产权人，有的行政机关在征地过程中未进行认真调查核实，如未依法对被征收土地的面积、地上附着物等情况予以登记核实，导致征地补偿费用是否足额发放的事实无法确认。有的行政机关作出的处理决定与生效的法律文书相抵触，如徐某某诉连江县社会劳动保险管理中心行政给付一案中，在连江县劳动争议仲裁委员会已就徐某某的工伤待遇等劳动争议事项进行了裁决的情况下，被告仍作出与裁决金额差距很大的核定支付行为。

三是不依法履行法定职责。懒政不为是行政执法中群众反映强烈的问题之一。有的行政机关怠于、延迟、消极履行法定职责或违法拒绝行政相对人提出的履行职责申请等。如刘某某诉古田县人民政府城东街道办事处行政允诺一案中，被告以拖延履行的方式拒不履行已经作出的《选择批地自建顺序确认书》所确定的行政允诺，存在行政不作为。有的行政机关不按照法定程序行使法律、行政法规赋予的职权，却在法律、行政法规之外对行政相对人创设新的义务。如王某某诉福州市住房保障和房产管理局不履行房屋登记法定职责一案中，被告以原告未提供继承权公证为由不予办理房屋产权变更登记，不符合《中华人民共和国继承法》《房屋登记办法》等规定。有的行政机关违法作为造成行政相对人损失，依法应予赔偿。如肖某某诉福州市台江区人民政府行政赔偿一案，被告在相关房屋拆迁安置补偿合同纠纷仍在民事诉讼审理期间、原告未腾房的情况下，对原告所居住的房屋采取停水停电、封堵等措施，违反行政强制法规定，被判决承担赔偿责任。

四是适用法律错误。有的行政机关适用法律条文不具体不明确，有的在引用罚则条款时没有适用法条中必须适用的内容，如某公司诉寿宁县城市管理综合执法局行政处罚一案中，因法律针对不同的违法建设情形规定了不同的处罚内容，被告在作出处罚决定时，没有明确原告的行为属于哪种具体违法情形，没有适用法条中必须适用的内容，被法院判决撤销。有的对法律规定的理解有偏差，如有的行政复议案件中，原告已提供证据充分说明其因被申请人拒不出具任何受理凭证而不能提供曾提出申请的相关证据材料，被告仍以此为由作出不予受理行政复议申请决定。

五是行政行为明显不当。有的行政机关没有按照过罚相当原则，根据违法行为人的违法事实、性质、情节及社会危害程度对违法行为人作出适当合理的处罚，而是在法律规定的幅度内顶格处罚。如有的治安行政处罚案件，公安机关对冒用他人居民身份证的行为，一律决定行政拘留十日，有失公平。有的行政机关在作出行政行为时考虑了不相关的因素，违背了合法性和合理性原则。如交警部门对无证驾驶非汽车类机动车的行为人作出吊销汽车准驾车型机动车驾驶证的处罚，与无证驾驶行为人的违法事实和情节没有关联性，不符合行政处罚与违法行为相当的原则。

（五）新类型行政案件审理情况

一是检察机关提起的行政公益诉讼案件。截至 2017 年 12 月，全省法院共受理检察机关提起的行政公益诉讼案件 76 件，审结 76 件。从案件的地区分布看，福州 20 件、三明 15 件、泉州 14 件、南平 14 件、龙岩 12 件、莆田 1 件。在执法领域方面，案件主要集中在生态环境和资源保护、国有资产保护、国有土地使用权出让等领域。在裁判结果上，确认违法的有 44 件，判决履行职责的 32 件。在败诉的原因方面，（1）生态环境和资源保护领域：有的不依法履行监管职责，致使违法行为长期存在；有的往往一罚了之，没有实质性地督促纠正破坏资源环境问题；有的没有穷尽法定监管措施，行政决定得不到有效执行，损害执法权威。如公益诉讼人尤溪县人民检察院诉尤溪县林业局不履行林业管理法定职责一案，尤溪县林业局对顺利驾校非法占用林地的行为作出罚款及恢复原状的行政处罚决定后，在违法行为人仅缴纳罚款但未将非法改变用途的林地恢复原状的情况下，未依法全面履行监管职责，被人民法院判决确认违法。（2）国有资产保护领域：有的审核把关不严，放任重复申报、伪造合同等骗取农机购置补贴行为，造成国有资产流失；有的怠于采取补救措施，在相对人骗补行为已经刑事判决确认之后，仍不采取补救措施追回流失资金；有的县级人防部门未按照《福建省人民防空条例》要求经上级人防部门审批，就直接审批同意异地建设防空地下室；有的在建设单位未建设防空地下室或缴清异地建设费情况下，就违法发放建设工程规划许可证，如公益诉讼人松溪县人民检察院诉松溪县规划建设和旅游局不履行人防工程建设法定职责一案，被告未履行对建设单位的申请进行核查，组织专家论证，必要时举行听证会，并在审批前向社会公示的法定职责，且未及时收缴防空地下室易地建设费用，被人民法院判令履行法定职责。（3）国有土地使用权出让领域：有的违反房地产管理法规定，采取协议方式以低于国家规定的最低价出让土地使用权；有的对欠缴土地出让金问题，没有依法采取有力措施追缴；有的放任土地闲置，有的怠于查处违法占地行为。如公益诉讼人泉州市洛江区人民检察院诉泉州市国土资源局洛江分局不履行土地管理法定职责一案，被告对双阳街道新南水库边非法占地行为作出行政处罚决定，在法定期限届满后，被处罚人不申请行政复议也不提起行政诉讼，又不履行行政处罚决定的情况下，被告未在法定期限内向人民法院申请强制执行行政处罚决定，被人民法院判决确认违法。

二是行政协议案件。2015 年 5 月 1 日新行政诉讼法实施后，行政协议案件不断增多。从我省受理的情况看，行政协议案件主要集中在土地房屋征收补偿、国有土地使用权出让等领域。这类案件一般涉及金额较大，敏感复杂，同时兼具行政行为和民事行为的特点，因此既要适用行政诉讼法律规定，也应符合相关民事法律规定，对行政机关依法行政的要求更高。行政协议类案件存在的主要问题有：(1) 有的认定事实不清，没有查明被征收人，在土地房屋征收程序中与无产权人签订补偿安置协议。如柯某某诉被告闽侯县人民政府行政协议一案，被告与持有《集体土地建设用地使用权证》的第三人签订《拆迁补偿安置协议书》，在人民法院生效裁判已经撤销第三人集体土地使用权证、确认涉案房屋产权归原告后，被告仍拒不解除该协议，被人民法院确认无效。(2) 有的行政机关违背诚信原则，在已与相对人签订协议、地上建筑物已被拆除的情况下，却拒绝履行协议。如某公司诉莆田市人民政府、莆田市城厢区人民政府土地行政补偿一案，原被告双方已经签订协议书，约定按照评估公司的评估结果予以补偿，原告也已将涉案土地及地上建筑物交付给被告进行拆除、建设，但被告却不按照约定予以补偿，被人民法院判决履行。(3) 有的行政机关不全面履行协议义务，因此给对方当事人造成的损失，应予赔偿。如某汽车修理所诉龙岩市公安局新罗分局交通警察大队行政协议一案，原告、被告签订的《交通事故涉案车辆应急救援、清障、保管授权协议》终止后，被告应当将委托原告保管的车辆搬离原告的停车场，但未予搬离，应对原告因此产生的保管费用等承担赔偿责任。

四、对进一步加强行政执法和行政应诉工作的建议

(一) 坚持以习近平新时代中国特色社会主义思想为指导，适应全面依法治国新形势新要求

党的十九大对新时代推进全面依法治国和法治政府建设作出了重要部署，提出了新的更高要求，必须把习近平新时代中国特色社会主义思想作为科学指南，深入贯彻党的十九大精神，落实中共中央《深化党和国家机构改革方案》和全国人大常委会《关于国务院机构改革涉及法律规定的行政机关职责调整问题的决定》，认真执行行政诉讼法各项新制度，以国家治理体系和治理

能力现代化为导向，把依法行政作为政府活动的基本准则，聚焦政府机构调整、行政职能优化等内容，深化简政放权，创新监管方式，提高运用法治思维和法治方式深化改革、推动发展、化解矛盾、维护稳定的能力。

（二）严格规范执法，提升依法行政能力和水平

一是强化职权法定意识。行政机关的权力来源于法律的授权，要结合国家机构改革，推进机构、职能、权限、程序、责任法定化，修订完善政府权力清单、责任清单和负面清单，明确权力行使的边界。二是强化程序正当意识。高度重视依法保障行政相对人的程序性权利，推行“行政执法公示、执法全过程记录、重大执法决定法制审核”制度，推进执法依据、执法流程、执法结果公开，保障群众的知情权、参与权、监督权。完善依法决策工作机制，对城建规划、征地拆迁等重大事项，要履行公告、听证、风险评估、集体讨论决定等法定程序，促进科学决策、民主决策、依法决策。三是强化依法履职意识。要依法全面履行法定职责，坚持放管结合，完善减权放权监管责任清单，以法治方式推进“放管服”改革。要自觉接受检察机关法律监督，认真研究检察机关提出的检察建议，及时纠正行政违法行为，加强环境保护、食品药品、国有土地使用权出让等重点领域执法，防止国有资产流失。四是完善政府守信践诺机制。严格兑现向行政相对人依法作出的政策承诺，履行在房屋土地征收、国有土地使用权出让、政府与社会资本合作等活动中签订的各类协议，维护守法诚信的形象，提升政府公信力。

（三）强化源头治理意识，减少行政争议发生

一是转变行政执法理念，坚持严格规范公正文明执法，讲求执法实效，推广运用行政指导、指引、奖励、协商等柔性执法方式，慎用行政强制手段，减少执法过程中的冲突和对抗，以群众更能接受的方式实现执法目标。二是健全规范性文件动态清理机制。适应行政诉讼法关于规范性文件附带审查要求，落实国务院办公厅《关于加强行政规范性文件制定和监督管理工作的通知》精神，探索建立行政机关与人民法院规范性文件审查联动机制，及时对出台的规范性文件进行全面清理和规范，将修改、取消的规范性文件及行政管理有关事项编制清单，向社会公布，维护规范性文件的权威性、严肃性，从源头上保障行政行为的合法性。三是进一步加强行政复议工作，充分发挥行政复议化解行政争议的主渠道作用，对于违法或不当的行政行为，依法予

以撤销、变更或确认违法，力争将大量的行政争议化解在依法行政的过程中，维护社会和谐稳定。

（四）落实行政机关负责人出庭应诉制度，加强行政应诉工作

行政机关负责人出庭应诉既是《中华人民共和国行政诉讼法》规定的法定义务，也是法治政府建设的重要内容，是领导干部带头践行法治的重要形式，对于实质解决行政争议、提升依法行政能力、弘扬法治精神具有积极作用。建议认真贯彻执行国务院和最高人民法院下发的《关于加强和改进行政应诉工作的意见》和《关于行政诉讼应诉若干问题的通知》，落实《福建省行政应诉办法》，加强宣传引导，树立法治典型，加强组织集中庭审观摩等活动，增强行政机关负责人出庭应诉学习培训力度，提升负责人出庭应诉的能力和水平；完善行政机关负责人出庭应诉的相关制度机制和配套措施，重点解决出庭应诉刚性约束不够的问题，落实负责人出庭应诉考核机制，通过绩效考核、定期通报等方式，让出庭应诉成为必须遵守的“硬杠杠”。

（五）遵循法治思维和方式，在更高水平上推进良性互动机制

完善依法行政与公正司法良性互动机制，提升良性互动的水平和实效，促进行政争议的预防和实质性化解。以问题为导向，针对征地拆迁、清理“两违”等矛盾比较突出的行政领域，共同研究制订规范执法和司法审查指南。拓展互动领域，加强在金融审判、生态环境保护、化解执行难等方面的协调联动，更好地运用法治手段服务发展大局、促进社会治理、推进法治建设。积极探索多元化解行政争议新机制，充分运用人民调解、行政调解、司法调解联动的“大调解”工作机制，引入行业组织、专家学者、社区等第三方力量，最大限度地化解行政争议，共同维护人民群众合法权益和社会公共利益。主动适应我省国家机构改革的部署方案和新变化，加强与有关部门的工作衔接，厘清机构改革后的法定职权行使主体，促进结构优化、职能转变。

行政公益诉讼若干问题研究

——以延边地区行政公益诉讼审判工作为视角

李红广

为加强国家利益和社会公共利益的保护，《中共中央关于全面深化改革若干重大问题的决定》提出了“探索建立检察机关提起公益诉讼制度”。2015年7月1日，全国人大常委会作出《关于授权最高人民检察院在部分地区开展公益诉讼试点工作的决定》（以下简称《授权决定》），授权最高人民检察院在北京、内蒙古、吉林等13个省（直辖市）开展为期两年的公益诉讼试点。2017年6月27日，全国人大常委会通过了修改《行政诉讼法》的决定，从立法层面正式确立了行政公益诉讼制度。

吉林省是公益诉讼13个试点省份之一，省内确定长春、吉林、延边等地区作为行政公益诉讼试点地区。自试点工作开展以来，延边地区法院审结了一批行政公益诉讼案件，虽然案件数量不多，但审判工作中涉及的诸多问题极具代表性，基本上涵盖了目前行政公益诉讼的共性问题。本文通过对延边地区行政公益诉讼审判工作进行梳理和总结，对行政公益诉讼中涉及的共性问题进行分析，以期为行政公益诉讼制度的发展、完善和司法实践操作提供借鉴。

一、延边地区法院审理行政公益诉讼案件的基本情况

截至2018年8月31日，延边地区法院共受理并审结一审行政公益诉讼案件23件，检察机关提起上诉的二审案件2件。一审全部支持或部分支持检察机关诉讼请求的21件，驳回检察机关诉讼请求的2件。

（一）被诉行政行为涉及的领域集中

两年的试点期间，按照《授权决定》规定，检察机关能够提起行政公益

诉讼的主要包括生态环境和资源保护、国有资产保护、国有土地使用权出让三个行政执法领域。试点结束后，修改后的《行政诉讼法》规定：“人民检察院在履行职责中发现生态环境和资源保护、食品药品安全、国有财产保护、国有土地使用权出让等领域负有监督管理职责的行政机关违法行使职权或者不作为，致使国家利益或者社会公共利益受到侵害的，应当向行政机关提出检察建议，督促其依法履行职责。行政机关不依法履行职责的，人民检察院依法向人民法院提起诉讼。”法律在原有三个领域的基础上，又新增了“食品药品安全”。而且按照权威的解释，这里法律所规定的“等”，系“等外等”，即检察机关可以提起行政公益诉讼的不限于以上四个领域。但延边地区法院受理的案件全部集中在生态环境和资源保护领域，涉及的被诉行政机关也比较集中。被诉行政机关及数量分别为：林业局 9 件，国土局 8 件，卫计局 4 件，住建局和环保局各 1 件。其他三个行政执法领域至今没有被提起行政公益诉讼。

（二）案件类型单一

按照《授权决定》和修改后的《行政诉讼法》的规定，检察机关提起行政公益诉讼指向的被诉行政行为主要包括两类，即违法行使职权和不作为。延边地区法院受理的全部案件均为不履行法定职责之诉。其中，以国土局、林业局和环保局为被告的案件，检察机关均以第三人受到刑事处罚或行政处罚后，行政机关未履行后续监管职责为由提起诉讼。以卫计局为被告的案件，检察机关均以被告在作出行政许可行为后，未履行监管许可实施职责为由提起诉讼。检察机关的诉讼请求全部表述为：“一、确认某某行为违法；二、判令继续履行监管职责。”

（三）均以判决方式结案

《人民检察院提起公益诉讼试点工作实施办法》第四十九条的规定：“在行政公益诉讼审理过程中，被告纠正违法行为或者依法履行职责而使人民检察院的诉讼请求全部实现的，人民检察院可以变更诉讼请求，请求判决确认行政行为违法，或者撤回起诉。”延边地区法院已审结的一审案件中，有 3 件检察机关以“违法行为人在诉讼中经行政机关督促自行拆除了非法建筑物并恢复土地原貌，公共利益受侵害的状态彻底消除”为由申请撤回第二项“判令继续履行监管职责”的诉讼请求，但仍请求确认行政行为违法。目前没有撤回起诉的案件。一审已经审结的案件全部以判决的方式结案，省内及全国其他法院目前的情况也是如此。

(四) 全部采取集中交叉管辖方式审理

延边地区法院是 2013 年最高人民法院确定的相对集中管辖试点法院之一。延边中院下辖 8 个市、县基层法院，其中延吉、敦化两个基层法院被确定为集中管辖试点法院。行政公益诉讼试点工作开展之初，延边中院将 8 个基层法院管辖的全部行政公益诉讼案件分别集中到这两个试点法院，这两个试点法院管辖的案件在两院之间交叉管辖。确保了在辖区内裁判理念和尺度的统一。

二、行政公益诉讼遇到的主要问题

公益诉讼制度是监督、促进行政机关依法行政，及时有效保护国家和社会公共利益的有效举措。对此，各方都给予高度重视。但在很多理念上和具体操作上，人民法院和检察机关基于各自工作的出发点和工作特性，在理解和认识上存在很大差异，也有个别的是人民法院对法律和司法解释的理解存在不同的认识，并由此导致在审判工作中诸多环节产生问题。

(一) 行政公益诉讼中检察机关的诉讼地位问题

人民法院认为，按照《行政诉讼法》及相关司法解释的规定，检察机关以公益诉讼起诉人（试点期间称为公益诉讼人）身份提起行政公益诉讼，尽管称谓与一般行政诉讼案件的原告不同，同时法律和司法解释也赋予检察机关不同于一般行政诉讼原告的权利，但按照行政公益诉讼制度设立的基础和《行政诉讼法》的规定，其诉讼地位仍是行政诉讼案件的原告，与被告具有平等的诉讼地位。而检察机关则认为，其代表国家提起行政公益诉讼，其诉讼地位应当相当于刑事案件中的公诉人。基于不同的理解和认识，试点之初，在诉讼程序中，人民法院与检察机关在当事人的称谓、主体资格证明材料、委托代理手续、出庭通知形式、庭审程序、二审程序的启动等多个环节产生争议。修改后的《行政诉讼法》虽然对一些称谓和程序争议问题予以明确，但检察机关的诉讼地位问题仍存在实质的争议。

(二) 行政公益诉讼案件的立案条件问题

检察机关认为行政机关在履行职责过程中存在违法行为，在检察建议后的法定期限内仍未依法履行职责，以此为由提起行政公益诉讼，并在起诉时提交了初步证明材料。此种情形下如何把握审查立案标准，不仅检察机关与人民法院存在不同的认识，人民法院内部也存在争议。

一种观点认为，按照行政审判的一般规律和实践做法，是否符合立案条件需要建立在对相关事实认定的基础上。被告是否负有法定职责、是否存在违法行为、是否在检察建议后依法履行法定职责消除违法后果等事实的认定，虽然直接关乎立案条件问题，但有些事实不经庭审往往无法查明。在立案审查阶段对起诉条件的审查更多的是一种程序审查。就行政公益诉讼而言，检察机关在提起诉讼时，如果提供了符合立案条件的初步证据即可予以立案。立案后经审理查明不符合受理条件，或者检察机关的诉讼请求不成立的，可分别作出裁判。另一种观点认为，相对于一般行政诉讼原告，检察机关具备专业能力和职权优势，从司法解释对提起行政公益诉讼设定的诉前程序等起诉条件上可以看出，检察机关在提起行政公益诉讼前，有足够的调查取证的权力、能力和时间作保障。在立案阶段就应当提交据以证明起诉符合法定条件的全部证据。因此，对行政公益诉讼的立案审查标准应当从严掌握。基于以上不同的理解和认识，实践中的操作也存在差异。

（三）检察机关的诉讼请求问题

如前所述，目前，检察机关提起的所有行政公益诉讼案件均同时包含“确认某某行为违法”和“判令继续履行监管职责”两项诉讼请求。试点期间，人民法院也针对两项诉请分别作出裁判。《行政诉讼法》对公益诉讼作出规定后，人民法院认为，被诉行政机关是否存在未依法履行法定职责的违法行为，只是人民法院判断被诉行政机关应否履行法定职责的事实基础和前提。在检察机关提起的不履行法定职责之诉中，“确认违法”不能与“责令履行”一并成为单独的诉请和判项，并在判决书中对此予以指正，对检察机关提出的确认违法的诉讼请求不再作出单独判项。人民法院认为行政机关负有继续履行监管职责的，依法作出裁判。但检察机关目前仍沿用过去的诉状模式。

（四）行政机关依法履行职责的评判标准问题

人民法院认为，检察建议发出后，行政机关是否依法履行法定职责，应当从行政机关履行职责的态度、行政执法程序、执法能力等综合考量。在法院看来，有的行政机关在检察建议后已经依法及时履行职责，但因客观原因在检察建议后的法定期限内未能及时消除违法侵害后果，此类案件不具备起诉条件，或者认为检察机关的诉讼请求不成立。从检察机关已经提起的行政公益诉讼案件中可以看出，检察机关更强调检察建议后违法侵害国家利益和社会公共利益的后果是否消除。检察机关普遍认为，只要违法侵害后果尚未完全消除的，即应当确认行政机关未依法履行法定职责。因此对此类案件仍坚持提起诉讼。

三、行政公益诉讼相关问题研究

（一）行政公益诉讼案件的性质

《授权决定》规定："人民法院应当依法审理人民检察院提起的公益诉讼案件，试点工作必须遵循相关诉讼制度规则。"《最高人民法院、最高人民检察院关于检察公益诉讼案件适用法律若干问题的解释》（以下简称《检察公益诉讼适用解释》）第四条规定："人民检察院以公益诉讼起诉人身份提起公益诉讼，依照民事诉讼法、行政诉讼法享有相应的诉讼权利，履行相应的诉讼义务，但法律、司法解释另有规定的除外。"依照以上规定，检察机关提起行政公益诉讼虽然具有特殊性，但因其属行政诉讼案件的一类，就必然受《行政诉讼法》及相关司法解释的调整，遵循行政诉讼制度的一般原则规定及司法解释有关行政公益诉讼的特别规定。无论从立法机关对行政公益诉讼制度的设定，或是法律、司法解释的规定，以及行政司法审查的基础原理来看，行政公益诉讼起诉人的地位与刑事诉讼中的公诉人并不具有可比性。因此，在行政公益诉讼中，各方当事人的诉讼地位平等，依法享有平等的诉讼权利，应当依法履行诉讼义务。

关于这一点，可以从举证责任分配的角度分析。根据《行政诉讼法》及其司法解释的规定，行政诉讼中被告的举证范围和举证责任明显要高于其他当事人。在诉不履行法定职责的行政公益诉讼案件中，被告均属应当依职权主动履行法定职责的情形，应当对其履行职责的事实承担举证责任，检察机关仅承担初步证明责任。如果将刑事诉讼公诉人的身份移植于行政公益诉讼中，检察机关相应地必然要承担更多、更重的举证责任。实践中，检察机关为证明行政机关不履行法定职责、未完全依法履行职责等事实，常常要进行包括委托鉴定等大量的调查取证，不仅耗费了大量的人力、物力和财力，也影响了公益诉讼的推进。

当然，行政公益诉讼相对于一般的行政诉讼毕竟也有其特殊性，基于公益诉讼制度的功能发挥所需，法律及司法解释对行政公益诉讼中提起诉讼的主体资格、诉前程序、立案条件等方面作了特殊规定。行政公益诉讼也排除了起诉期限的限制。

（二）行政公益诉讼的功能定位和价值取向

首先，法律赋予检察机关提起行政公益诉讼的主体资格，以监督、促进行政机关依法行政，维护国家和社会公共利益。同时，运用公共行政权力依法维护国家和社会公共利益也是行政机关的法定职责。因此，对于生态环境和资源保护、食品药品安全、国有财产保护、国有土地使用权出让等四个重要行政执法领域中国家和社会公共利益的保护，也必然以行政权力为主导。很多情况下，国家和社会公共利益也并非完全独立于公民、法人或其他组织的私人合法权益。法律所保护的大多数权益往往具有双重性，也即违法侵权行为在侵害私权的同时，在另一个层面或角度，也同时侵害了国家和社会公共利益。公法诉讼本身即具有公益性，《行政诉讼法》赋予行政相对人或利害关系人在其合法权益受到侵害时依法提起行政复议和行政诉讼的权利，权利人通过提起行政复议或行政诉讼维护其合法权益的同时，国家和社会公共利益也一并得到救济。同时，私权利者在其合法权益受到侵害时，通过行政复议和行政诉讼等多种途径实现权利救济也是一种必然和常态。如果行政公益诉讼成为对公共利益保护的主要手段或途径，那么一定是行政管理体系出了大问题。现实的情况也印证了这一点，行政行为贯穿“摇篮到坟墓”，遍布每个角落，但相比之下提起行政诉讼的也只是凤毛麟角。

其次，行政公益诉讼只是对国家和社会公共利益救济的一种手段而非目的，也是一种给行政机关改正机会、触底线后方能使用的公共利益保护方式。基于行政公益诉讼的功能定位，如果在诉讼前行政机关已经依法履行了法定职责，违法侵害行为已经被消除或正在依照法定程序消除，那么提起行政公益诉讼已无实际意义。

再次，司法的谦抑性也决定了司法介入行政管理应当把握适当的机会、适度的方式和尺度，以防止检察权、司法权代替行政权。因此，既要高度重视和充分发挥行政公益诉讼监督促进行政机关依法行政，维护国家和社会公共利益的重要作用，也要正确把握行政公益诉讼的功能定位和价值取向，防止权力的滥用和司法资源的浪费。

有这样一组数据也印证了上述观点：截至2017年5月，全国各试点地区检察机关共办理诉前程序案件6952件，占全部公益诉讼案件的88%以上，其中行政公益诉讼诉前程序案件6774件，除了未到一个月回复期的935件外，行政机关纠正违法行为或者主动履行职责的有4358件，占75%。也就是说，四分之三以上的案涉行政机关在行政公益诉讼诉前程序中主动纠正违法行为消除了违法后果。这足以证明检察机关通过行使检察监督权维护国家和社会公共利益，并非以提起诉讼为主要途径。

（三）行政公益诉讼案件的起诉条件

依照法律及司法解释的规定，检察机关提起行政公益诉讼须同时具备以下条件：1. 行政机关已经作出的行政行为违法或行政机关不履行法定职责（拖延履行或拒绝履行）；2. 行政机关的违法行为致国家和社会公共利益受到侵害；3. 检察机关提出检察建议后的法定期限内（2个月或15日），行政机关仍拒不纠正已经作出的违法行为或者不依法履行法定职责；4. 国家和社会公共利益仍处于受侵害状态。

从另一个角度分析，具有以下情形之一的，检察机关则不具备提起行政公益诉讼的法定条件：1. 行政机关对侵害国家和社会公共利益的违法行为不具有法定的监管职责，即被告主体不适格；2. 检察机关未经诉前程序直接提起诉讼的；3. 行政机关在检察机关向其提出检察建议前或检察建议后的法定期限内已纠正违法行为或依法履行职责的；4. 国家利益和社会公共利益受侵害的违法后果已经消除的。

那么，在立案环节对行政公益诉讼立案条件的审查应达到什么程度呢？事实上这个问题在立案登记制后，对一般行政诉讼案件的立案审查也曾经有过一番争论。如前述第一种观点所讲，按照行政审判的一般规律和实践做法，是否符合立案条件，有些事实在立案审查阶段难以查明，在这个阶段对于起诉条件的审查更多的是一种程序审查。就行政公益诉讼而言，检察机关在提起诉讼时，如果提供了初步证据证明被告负有法定职责，经检察建议后国家和社会公共利益受侵害的结果尚未消除，即可予以立案。立案后经审理查明检察机关的起诉不符合起诉条件的，可裁定驳回其起诉；经实体审理认定被诉行政机关的行为合法，检察机关的诉讼请求不成立，判决驳回其诉讼请求。

（四）不履行法定职责之诉中检察机关的诉讼请求

根据《检察公益诉讼适用解释》的规定，人民法院在审理检察机关提起的不履行法定职责之诉中有三种裁判情形：1. 经审理查明行政机关存在不履行法定职责的违法行为的，依照法律及司法解释的规定判决其依法履行法定职责；2. 经审理查明行政机关存在不履行法定职责的违法行为，但判决其继续履行已无实际意义的，或者被诉行政机关在诉讼中纠正违法行为、依法履行职责而使检察机关的诉讼请求全部实现，检察机关变更诉讼请求，请求确认原行政行为违法的，人民法院即应当判决确认被诉行政机关在检察建议后未依法履行法定职责的相关行为违法；3. 经审理查明被诉行政机关不存在不履行法定职责的违法行为，检察机关诉请被诉行政机关履行法定职责理由不成立的，则判决驳回其诉讼请求。

根据以上分析，被诉行政机关是否存在未依法履行法定职责的违法行为，只是人民法院判断被诉行政机关应否履行法定职责的事实基础和前提，而不能成为单独的诉请和判项。检察机关将“确认行政机关未依法履行职责违法”与“判决行政机关继续履行监管职责”一并作为一个单独的诉讼请求，不符合法律和司法解释的规定。

（五）行政公益诉讼中被诉行政行为合法性的认定

经诉前程序，国家或社会公共利益受侵害的后果尚未消除，是否就必然得出行政机关在检察建议后未依法履行法定职责的结论？对被诉行政行为的合法性审查是以结果论，还是以行为论？这些问题直接关系被诉行政行为合法性的审查标准。

从全国各地法院受理的行政公益诉讼案件类型情况看，涉及的违法行为主要是不履行法定监管职责。延边地区法院审结的23件一审行政公益诉讼案件中，只有3件案件中的行政机关在检察建议后或人民法院审理中督促违法占地人自动履行了拆除义务。其他的案件行政机关在诉讼中均主张已经依照法定的程序履行职责，只是出于案件调查取证、履行行政执法程序、复议和起诉期限等原因，违法行为尚未消除。那么对此类案件的审查，不可避免地要涉及审查标准、审查角度和审查强度问题。事实上进入行政公益诉讼程序的案件，违法行为大都无法在短时间内立即得到纠正（大多数案件中，公共利益被侵害的后果甚至在法院作出裁判后的一段时期内都无法全部消除）。即使被诉行政机关主观上具有积极改正错误、依法履行法定职责的态度，但受客观条件限制，无法在检察建议后的法定期限内彻底消除损害后果。具体原因包括：1. 案件事实不清，需调查取证或等待相关部门处理。2. 履行行政执法程序需要一定的期限。3. 行政执法活动需要相关部门的配合。以某市环保局为被告的案件为例，违法行为人向山林中倾倒了大量的粉煤灰，消除粉煤灰对环境的污染还需要另找到合适的地点存放，否则势必会造成二次污染，运输对路面会造成损坏需与相关单位沟通协调，清运粉煤灰还受季节的影响，在冰冻期内无法清运等，都影响了侵害后果的及时消除。

因此，在行政公益诉讼案件中，对被诉行政行为的审查，应当遵循行政行为合法性审查的一般原则，坚持主客观相统一的标准作出准确评判。具体包括：1. 行政机关在检察建议后是积极主动依法履职还是表面应付、推诿扯皮。例如，某市林业局被诉不履行法定职责一案，张某未经林业主管部门批准，非法在其承包的林地内挖掘鱼池。检察机关发出检察建议后，某市林业局作出回复称，已责令村委会追究承包人张某的相关民事责任和恢复林地原状，但该林地始终未恢复原状。依照《森林法》第四十四条的规定，林业局应当“责令停止违法行为，补种毁坏株数一倍以上三倍以下的树木。拒不补种树木或者补种不符合国家有关规定的，由林业主管部门代为补种，所需费用由违法者支付”，而不是责令村委会恢复种植。表面上看，行政机关是积极作为了，但实质上是推诿。2. 行政机关是否严格依照法律规定的程序履行职责。3. 行政机关作出相关行为是否在合理期限内，是否存在拖延履行的事实。4. 行政机关在法定期限内未能消除违法侵害行为是否有自身原因之外的其他正当事由。

如果行政机关在检察建议后的法定期限内，主观上能够认识行政执法存在的问题和不足，客观上积极采取有效措施改正错误，严格依照法定程序在合理期限内履行职责，即使在检察建议后的法定期限内违法侵害后果仍然存在，也不应认定行政机关未依法履行法定职责。事实上，将此类案件引入诉讼的时机并不合适。在行政机关收到检察建议后积极履行法定职责的情形下，一方面，认定行政机关在检察建议后拒不履行、未依法履行法定职责与事实不符；另一方面，即使法院判决行政机关继续履行监管职责，仍由检察机关进行监管。既然如此，检察机关完全可以在诉讼外履行监督职责，一旦发现行政机关有违法履职的行为，即可提起诉讼。

（作者单位：吉林省延边朝鲜族自治州中级人民法院）

关于甘肃省行政案件管辖制度改革后诉讼便利问题的调研报告

冯　江　　吕　强　　马中林

2013年6月以来，我省对行政案件管辖制度采取了相对集中管辖、异地循环交叉管辖、跨行政区划集中管辖等一系列的改革措施，有效解决了行政案件立案难、审判难、执行难问题，行政审判外部环境得到极大改善，人民法院的司法公信力不断提升。但由于当事人与管辖法院分属两地，不可避免地给当事人带来诉讼不便的问题。为此，省法院行政庭抽调专人组成调研组，于2018年6月至7月对管辖制度改革后解决群众诉讼不便问题的情况进行了专题调研，通过发现问题、分析成因并提出对策和建议，以期为后续改革提供决策参考。

一、全省法院解决诉讼不便问题的基本做法

（一）开展异地巡回审判工作

为解决行政案件管辖制度改革给当事人带来的立案、诉讼因路途遥远、交通不便造成的诉讼成本增加的现实困难，各市州具有管辖权的法院尽可能到当事人所在地法院开展巡回审判，力求为当事人解决诉讼不便的问题，给当事人降低诉讼成本。

（二）设置12368诉讼服务热线

为方便当事人咨询案件相关问题，各地法院普遍设置了12368诉讼服务热线，并派专人值守，负责接听当事人电话，并作相关问题的解答。

（三）对当事人依法进行指导释明

当事人提交案件材料内容缺失或者有其他错误的，法官及时联系当事人，依照法律规定向当事人进行指导释明，督促当事人按照法律规定及时补充、更正相关案件材料。

（四）开展远程视频立案、开庭工作

部分法院运用电子信息技术手段，开展远程跨域立案、远程视频开庭等工作，空间上实现了法官与当事人“面对面”，为群众提供了方便快捷的司法服务，切实降低了当事人的诉讼成本。

二、存在的问题及成因

（一）存在的问题

1. 当事人诉讼成本大幅增加。由于是异地管辖，案件当事人需到有管辖权的异地法院参加诉讼，一起案件，当事人至少要分两次前往异地法院，如遇开庭，一般情况下，行政相对人至少有 2 人参与诉讼，行政机关有 3 人以上参与诉讼，由于路途遥远，为及时参与诉讼，避免其他影响开庭的事情发生，当事人会在开庭前一天到达异地法院所在地，第二天庭审结束，如果来得及就当天返回，来不及就只能住在异地法院所在地。如此一来，当事人参加一次庭审的时间成本是三天两夜，经济成本亦增加不少。例如，平凉的当事人前往白银法院参加一次诉讼，时间成本至少是两天以上，原告的经济成本是 2000 元以上，行政机关的经济成本是 4000 元以上，还不包含当事人因请假损失的奖金等其他隐形收入。

2. 巡回审判工作开展不力。虽然各地法院都在开展异地巡回审判，但开展巡回审判的次数较少。主要原因如下：一是预约异地法庭比较困难，大多数中基层法院审判庭较少，但使用率较高，一般情况下异地开庭需在一个月前预定，否则难以预约。二是巡回审理的案件一般是社会影响较大的案件，参与案件旁听的人员较多，审判秩序无法得到有序保障。三是各地法院行政审判力量不足，较难组成合议庭参加异地巡回审判。四是异地巡回审判给法院自身增加不小的经济成本，车辆等审判保障力量较弱，个别法院为保障开展巡回审判，将法院干警取暖费等挪用，此种做法显然已经超出法院自身能力范围。

3. 没有代收代转诉讼材料。本次调研中我们发现，大多数法院没有开展当事人诉讼材料的代收代转工作，仅是给当事人释明后指导当事人到有管辖权的法院去起诉。一方面，当地法院考虑到代收代转材料多有不便，亦担心材料丢失。例如，平凉中院曾将一起案件的诉讼材料代收后快递到白银中院，但白银中院行政庭法官声称未收到案件材料，最后追查发现快递邮寄至白银中院，值班室人员签收后未转至行政庭，导致当事人诉权受到影响。另一方面，诉讼材料的代收代转没有相关的制度性规定，如何操作、出现上述影响当事人诉权的情形后如何处理、材料在代转过程中遗失的该如何追责等没有统一标准，导致各法院难以执行代收代转诉讼材料的相关规定。所以一般情况下，法院不愿代收代转诉讼材料。

4. 送达占用大量办案时间。异地管辖导致当事人与法院之间的空间距离变远，一般情况下采用邮寄送达的方式，但是一些偏远地区，邮寄送达难以实现，尤其是一些偏远乡镇，快递公司不会直接将裁判文书送至当事人手中，而是在人口相对集中的地方设置一个快递代收点，由代收点的工作人员签收。这种情况下，快递公司系统上显示裁判文书已签收，但实际上裁判文书却在代收点，并非由当事人本人签收，也并未送达当事人手中，或者当事人实际收到裁判文书是在代收点签收快递几日之后，甚至有些地方出现快递代收点遗失裁判文书的情形，导致当事人不能及时提起上诉、进行答辩等，这在很大程度上影响了当事人的诉权。而且邮寄送达周期较长，一般情况下快递从发出到当事人签收至少需要一个月的时间。对于快递无法送达的当事人，只能由办案法官和书记员直接送达，一次送达至少需一天的时间，而且基层法院单位车辆难以正常保障提供，所以裁判文书直接送达当事人更为困难。

5. 对改革的内容宣传不到位。省法院相继制定并下发了《甘肃省高级人民法院行政案件异地管辖暂行办法》《关于兰州铁路运输两级法院跨行政区划集中管辖行政案件的公告》《关于调整部分行政案件管辖权的通知》，各中院结合本地区实际也制定了关于集中管辖、交叉管辖、相对集中管辖的相关规定，但是只有部分中级、基层法院在立案大厅、门户网站等公共场所予以宣传，大多数中级和基层法院只是在立案大厅摆放书面宣传册，搁置在柜台上，并未主动向当事人发放，或者是仅仅给当事人就行政案件管辖规定做简单的口头释明指导工作。几乎所有法院的做法是对当事人进行释明，告知其应当向异地有管辖权的法院起诉，不告知其可以向当地法院起诉。调研中发现，有的当事人或者律师内心并不愿花更多的成本向异地法院起诉，但从来不知道也可以向当地法院起诉。

6. 加剧法院审理的不便。调研中也发现，有些做法与我们倡导的诉讼便利理念背道而驰。例如，有的法院不考虑自身条件的现状，盲目追求方便群众诉讼，为了审理一起不服罚款500元的治安案件，数次驱车前往280公里外的当地法院做协调工作，办案成本高达5000元。有的法官甚至自掏腰包为经济并不困难的当事人支付证据材料邮寄费。

（二）成因分析

1. 司法为民的服务意识不强。司法为民就是为人民提供公正、高效、便利的司法保障和司法服务，运用司法手段为人民排忧解难，伸张正义，维护人民群众的根本利益，保护人民群众生命、财产安全。司法为民的工作目标要求人民法院通过司法实现为人民服务的价值理念。实践中，一些法官或多或少还存在"官本位"思想，不甘成为一名为人民群众提供司法服务的"服务人员"，虽然在做着为人民服务的工作，但其内心不是真正的"全心全意"为人民服务，严重缺乏司法为民的服务意识。

2. 贯彻落实改革精神不彻底。有的法院对管辖制度改革的精神认识不到位，缺乏便民意识，没有主动在合法合规的范围内考虑开展便民诉讼举措，只是机械地执行管辖制度改革文件的相关规定，在办理案件时没有考虑案件的特殊性和异地审理必要性，基本上是异地起诉，异地审理，巡回审判的力度不够，给当事人参加诉讼带来诸多不便。

3. 盲目追求案件协调化解率。《行政诉讼法》修改后，有的法官对"化解行政争议"的立法目的机械地去理解和执行，对没有化解争议的前提和基础的案件，一味地追求协调化解的结果，反复传唤当事人到庭，久拖不决，给当事人增加不必要的诉讼负担。

4. 两地法院协作机制不健全。虽然省法院在制度设计上对管辖制度改革后当地法院与异地法院之间的协作配合有明确的要求，也多次发文反复强调，但由于相关制度阙如，在执行中无章可循，当地法院认为协作配合成了可做可不做的事情，不做没有任何损失，做了也对自己没有任何益处，反而会增加许多风险。当地法院的不积极配合，使得许多异地法院的法官对巡回审判望而却步。

5. 信息技术服务审判工作较少。当事人诉讼不便最突出的问题就是，距离造成的成本增加，而案件往往需要经过多个环节，需要当事人往返于当地和异地多次，如立案登记、缴费一次，庭前调查、补充证据一次，开庭审理一次。目前我省法院系统基本实现了网络信息技术全覆盖，对于一些案件事实清楚，争议不大的行政案件，中间许多环节完全可以通过网络视频、信息传输系统完成立案、缴费甚至开庭，从技术上实现以上目标并无困难，但是缺乏相关法律支持和相关领导理念上的推动。

三、解决的对策及建议

（一）重新厘清模糊认识

有的法官对诉讼便利这一问题认识模糊，致使执行中走了样。因此，要正确处理好以下几个关系：一是正确处理方便群众诉讼与方便法院办案的关系。要寻找二者之间的平衡点，做到二者兼顾、不可偏废。二是正确处理方便原告与方便被告的关系。不能仅将诉讼便利聚焦在原告身上，要权衡各方因素，找好结合点，避免给其他当事人造成不便。三是正确处理对谁方便和不对谁方便的关系。准确界定当事人是否“诉讼不便”，紧扣便民的“必要性”，审慎采取便民举措，使真正困难的当事人在诉讼中受益，同时也要防止和规制滥诉行为。四是正确处理尽力而为和量力而行的关系。在有限的条件下，尽最大的努力方便群众诉讼，但也不能超出自己的能力范围，违规采取措施去一味地追求便民效果。

（二）树立繁简分流理念

“案件集中易，法官集中难。”管辖制度改革后，集中管辖法院案多人少的矛盾更加突出。因此，时下应当集中行政审判力量，选调优秀的行政审判人员到集中管辖法院工作，缓解集中管辖法院案多人少的压力。同时，应当结合实际，进一步推进案件繁简分流。在立案阶段甄别分流，对于符合《行政诉讼法》第八十二条之规定的案件，在一审程序中适用简易程序，对于案件事实清楚、权利义务关系明确、争议不大的案件，探索建立行政速裁工作机制。对于系列性或者群体性案件，选取个别或者少数案件先行审理，参照其裁判结果处理其他同类案件，通过个案示范处理批量案件的高效解决，以减少当事人诉累。

（三）探索建立协作机制

省法院应当牵头调研后，尽快在省级层面建立两地法院协作共享机制。要求当地法院积极发挥东道主的地域优势，为异地管辖法院的巡回审判提供足够的支持和便利，尤其在配合异地法院办案法官进行现场勘察、委托送达法律文书等方面，对于落实不力的应当严肃问责。

（四）强化信息技术运用

目前我省各地法院硬件设施水平普遍较高，智慧法院、科技法庭等网络信息建设也取得较大成效，但是各地法院对科技设备的使用率不高。各地法院要积极运用现代化信息手段开展电子送达、远程跨域立案、远程视频开庭等，以“互联网+”的形式，拓展诉讼服务载体的创新思路，通过电子送达、远程视频开庭、远程视频跨域立案、远程视频协调、远程视频取证等网络信息的应用服务，不仅可以实现法官与老百姓的“隔空对话”，为公众提供方便快捷的司法服务，还可以节约法院办案成本，让当事人免于异地奔波，能够在很大程度上减少当事人诉讼成本，提升司法效率。

（五）实现纠纷多元化解

异地管辖权法院要加强与当地行政机关的联系，通过座谈会、授课、发送司法建议书等方式，多渠道沟通，积极与地方政府协调联动，完善行政纠纷多元协调机制，建立行政纠纷诉调对接工作平台，形成行政纠纷化解合力，完善调解、仲裁、行政裁决、行政复议、诉讼等有机衔接、相互协调的多元化纠纷解决机制，创新诉调对接机制，引导当事人选择行政纠纷诉调对接平台解决矛盾，通过诉讼前委托调解、诉讼中委托调解的形式，实质性解决行政争议，也可以减少当事人诉讼成本。

（作者单位：甘肃省高级人民法院）

行政案件集中管辖制度下的便民诉讼问题探析

刘大琳

【摘要】行政案件集中管辖制度，在现行法律框架下实现了司法审判区域与行政管理区域的有限分离，使行政审判制度公正、及时解决行政争议，保护公民、法人和其他组织合法权益，监督行政机关依法行使职权的功能得以正常发挥。但是，该制度会导致本地公民可能需要到外地法院起诉本地行政机关的情形，且司法审判是一个漫长的过程，增加了当事人的诉累。对行政案件管辖制度下便民诉讼问题的研究，关系行政案件集中管辖制度的实施成效，对行政案件集中管辖制度更好地发挥推进法治政府建设、回应和保障人民群众的司法诉求、改善行政审判司法环境的优势作用具有重要意义。

【关键词】集中管辖　便民诉讼　巡回审判

一、行政案件集中管辖后必将增加当事人的诉讼成本

从现实情况来看，与行政机关相比较，行政相对人处于一个相对弱势的地位，而这种相对弱势地位在行政诉讼案件中则更加突显出来。如何平衡行政诉讼中原告、被告基于身份、地位而产生的权利不对等，切实保护公民、法人和其他组织的合法权益，不仅是我国行政诉讼法的立法目的，同时也是立法机关和行政机关需要解决的问题。在此种背景之下，实施行政案件集中管辖制度也是对此问题的回应，其考虑的因素是要有利于防止和排除影响公正司法的非法干预。

（一）防止地方干预与当事人诉讼成本之间的平衡

实施行政诉讼跨区域管辖后，虽然地方行政干预在一定程度上被有效阻断，主审行政案件法官的心理压力也有所减轻，不必夹在行政相对人和行政

机关中间左右为难，在一定程度上能够保证跨行政区划法院在审理案件时的依法独立性，更加有利于作出合法公正的判决。但就当事人提起行政诉讼本身来讲，其本质需求是维护自身的合法权益，如果能以最少的诉讼成本取得想要的公正结果，这是最理想的状况。但是实行行政案件集中管辖后，会存在行政案件原告的所在地和管辖该行政案件的法院分属于两个不同地方的情形，和原来的管辖模式相比，行政案件集中管辖后原告要走的距离远大于原来的管辖模式，原告付出的成本将会大幅增加。加之异地往返时间增多，诉讼时间可能相较会更长。对于行政案件原告来说，距离的远近直接影响了行政案件中原告起诉成本的多少，这方面主要体现在交通费用和食宿费用。在实现行政案件集中管辖的同时，相应地就忽略了行政诉讼管辖制度中的方便群众这一原则。

（二）“两便原则”

“两便原则”是指便于当事人诉讼，便于人民法院依法独立、公正和高效行使审判权。在“两便原则”中，便于当事人诉讼即便民原则是“两便原则”的核心，便于人民法院依法行使审判权就是要保障人民法院在不受任何外来压力的干扰下公正地作出裁判。如果司法公正得不到保障，即便在群众家门口搞审判也无济于事。从某种意义上讲，行政案件集中管辖制度是在一定程度上以牺牲当事人的程序选择权和诉讼便利换取司法公正。因此，行政案件集中管辖制度事实上形成了“两便原则”的内在分离，便于人民法院依法独立、公正和高效行使审判权，却在一定程度上给当事人诉讼带来不便。[①]从目前已经启动的改革试点来看，各地都围绕立案、审判、执行等环节的便民诉讼做了一些探索和安排，旨在弥补因案件跨区域集中管辖给当事人造成的诉讼不便。下文以徐州铁路运输法院为例，介绍其在跨行政区划改革试点工作中积极有效破解因集中管辖引发的当事人诉讼不便、诉讼成本增加等难题所采取的便民举措。

二、徐州铁路运输法院开展行政案件集中管辖中的便民诉讼举措

徐州铁路运输法院自2016年4月1日起集中管辖原由徐州市各基层人民

① 程琥：“行政案件跨行政区域集中管辖与行政审判体制改革”，载《法律适用》2016年第8期。

法院管辖的一审行政诉讼案件，在保障公正司法的同时，为节约当事人的诉讼成本和避免当事人远途奔波，徐州铁路运输法院在立案环节和审判环节施行了一系列便民诉讼举措。

（一）立案便民举措

徐州铁路运输法院集中管辖后，起诉人提起行政诉讼的，可以直接到徐州铁路运输法院立案大厅（诉讼服务中心）办理相关手续，也可以通过邮寄方式提交起诉材料。起诉人向徐州市各基层人民法院（原管辖法院）提起行政诉讼的，原管辖法院应当告知其向徐州铁路运输法院提起诉讼。当事人要求基层法院代为转交的，代收材料的基层法院应当在收到起诉材料后 3 日内以“法院专递”方式邮寄至徐州铁路运输法院，同时向起诉人发送行政诉讼指导材料。起诉人可以通过互联网进入“江苏法院诉讼服务网”进行网上立案，也可以在全市各基层法院立案大厅（诉讼服务中心）通过自助立案设施自行立案，各基层法院立案庭派员对起诉人进行指导、帮助。

现场立案、网上立案、邮寄立案、移送立案，无论是通过何种立案方式，都由徐州铁路运输法院进行审查、释明、登记立案。为达到便利诉讼的目的，徐州铁路运输法院严格落实立案登记制，对起诉材料齐全、符合行政诉讼立案条件的一律当场立案。注重一次告知制度、补正材料通知制度及其他救济制度等的完善，对不符合当场立案条件的，当场进行释明，一次性告知需补充的材料。同时实行立案庭庭长在诉讼服务中心坐班制度，并加强与审判庭的及时沟通，进一步提升立案质效。

建立并落实立案会商制度。为应对实行集中管辖后案件受理范围扩大到徐州全市的现状，徐州铁路运输法院与徐州市各基层法院建立协作机制，确保当事人在当地法院即可完成材料代转、立案咨询等诉讼活动，在收到起诉人的起诉材料后，认为起诉材料不完备，需要释明的，可以直接当面释明，或者通知起诉人到本市基层法院，通过全市法院立案窗口业务协商视频系统向当事人释明，并对需要补充的材料进行一次性告知，依法保障当事人诉权。

（二）推进巡回审判制度落实

为解决跨区域集中管辖引发当事人诉讼不便等问题，避免当事人远途奔波，让当事人就地参与庭审，不用东奔西跑，徐州铁路运输法院以推进巡回审判为着力点，统一巡回审判操作流程和工作对接机制，通过审判组织“走出去”，到当事人所在地法院、法庭就地开庭、巡回审理。根据徐州市所辖区、县（市）的地域设置，徐州铁路运输法院明确巡回审判案件范围：原告住址或住所地在徐州市下辖县（市）、贾汪区的行政案件的审理，优先选择在原告所在地的基层人民法院审判法庭开庭审理。

为有序推进巡回审判制度落实，除明确巡回审判案件的范围外，徐州铁路运输法院编制巡回审判指南，将巡回审判工作分解为“预判庭审情况”“联系审判场所”“报送庭审日程”“庭审保障安排”“落实审判场所”“送达开庭文书”“确认庭审安排”“进行庭审活动”等10个环节，绘制了相应流程图，明确各流程节点时限、完成事项、对接部门和人员等，强化流程节点管控，以精细化管理确保巡回审判工作规范有序。另外，徐州市各基层人民法院指定专人负责徐州铁路运输法院巡回审理案件的法庭安排、开庭警务保障、后勤服务等，及接受法律文书委托送达工作。徐州铁路运输法院所编制的巡回审判指南后附有巡回审判法院相关负责人的联系方式。

（三）便民诉讼举措所取得的成效及面临的困境

徐州铁路运输法院开展跨行政区划改革试点工作一年来，行政诉讼案件的受案数量并没有因为案件集中管辖的交通不便而减少。2016年4月1日至2017年3月31日，徐州铁路运输法院共受理各类一审行政诉讼案件1240件，受案数量较以往而言，呈上升趋势，在一定程度上证实徐州铁路运输法院便民诉讼举措的实施在短时期内增强了人民群众对跨行政区划法院的信任，从而不在乎路程的遥远与交通的不便。虽然在开展巡回审判的初始，到当事人所在地法院、法庭就地开庭的做法让部分当事人对徐州铁路运输法院法官的中立性产生过怀疑，但总体而言，巡回审判制度的推行得到了包括行政案件原告、行政机关在内的各方当事人的一致好评。

目前，针对行政案件起诉人提交材料不符合当场立案条件的情形，主要依靠立案释明来进行告知。而对于提交材料相对比较固定的案件类型来讲，如劳动和社会保障行政管理案件，借鉴上海三中院落实立案登记制的创新举措，在全国法院首创分类立案材料清单制度，制定了《一审行政案件登记立案工作实施办法（试行）》，根据案由分类，对立案所需材料以表格列明，方便当事人检索参考和对照提交，同时在法院官网上公布清单和填写说明，可直接下载使用，减少当事人诉累，取得了较好效果。①

就巡回审判制度的施行而言，涉及审判组织人员的出行，必然要求人民法院加强物质方面的保障，不可避免地加重了人民法院人力、物力、财力的负担。故巡回审判制度在成本支出上，意味着公共成本代替私人成本，从而会造成较大的成本增长。另外，就传统立案方式的突破和巡回审判制度的推行而言，这些便民举措仅仅是对常规审判方式的补充而不是替代，目前还很难常态化。或许随着中国交通基础设施的快速发展、人民群众生活水平的提高，方便群众诉讼这一问题将会显得越来越不突出，人民群众更加看重的仍然是司法的公正与效率。

三、巡回审判制度的改进构想

《行政诉讼法》以法律的形式明确跨行政区域法院和最高人民法院巡回法庭的法律地位，表明异地管辖已经进入了常态化，将以更加普遍的状态发展。2017 年 4 月 1 日，最高人民法院决定在包括江苏省在内的七省市试点跨域立案诉讼服务机制，当事人可在试点法院范围内就近选择任一法院提交诉讼服务申请，办理立案、庭审、执行等多项诉讼事务。立案服务的便民举措业已被规范和常态化。

为此，有必要突出巡回审判制度在跨行政区划法院改革中的重要地位，为行政诉讼案件集中管辖后兼顾公正与效率的便民诉讼机制的完善提供参考。

（一）巡回审判所实现的司法便利

巡回审判作为一项司法运动，对行政案件集中管辖而言，可以说从两个层面上实现了司法便利。

一是保障当事人接受司法裁判权。巡回审判通过审判组织“走出去”，解决了人民群众因道路交通或其他各种因素而无法利用司法制度的问题，增加了其利用司法制度的可能性。另外，巡回审判在某种程度上有助于当事人增强法律意识积极维护自己的合法权益。当人民群众遇到类似纠纷时，不至于因救济资源的不便利用、极难利用乃至于无处找寻而无奈放弃自身权益，增加了其通过司法制度维护权利、解决纠纷的可能。从深层的意义上说，这

① 吴偕林：“上海三中院探索跨行政区划法院改革的实践与思考”，载《人民法治》2016 年第 1 期。

实际上是保障了当事人的接受司法裁判权，以不断地接近法治、接近正义。

二是保障了纠纷的有效解决。在社会转型期，纠纷逐渐增多并趋向多元化，巡回审判对解决转型期社会纠纷有重要意义。巡回审判中法官有更多机会接触当地群众，通过走访调查，利用特定的民情文化，更为全面地掌握案件事实情况，同时还能掌握当地的村规民俗。这对办案能起到至关重要的作用，更利于找到行政诉讼案件纠纷的内在根源，从而找寻最佳的纠纷解决方案，因而更能有效地解决纠纷。相比而言，巡回审判的纠纷解决是更为彻底的解决。纠纷的彻底解决，不仅能让当事人不再受纠纷之困扰，也避免了纠纷扩大造成更严重冲突的风险，从而也就省却了未来的诸多苦恼。因此，这实现了一种更深层次意义上的便利。从这些意义上来讲，巡回审判制度有大力推广应用的必要性。

（二）切实保障巡回审判的运行条件

一是保障法院司法活动经费。只有坚实的物质保障才能使巡回审判长效化，充足的经费不仅有利于巡回审判的顺利进行，更有利于巡回审判的客观公正，使每一个案件得以公正处理。在我国当前体制之下，法院的办案经费主要依靠地方财政，法院经费独立体制尚未建立。在加强外来经费保障的同时，人民法院应挖掘自身内在经费资源，确保巡回审判的正常运行。一方面降低内部行政运行成本，另一方面提高巡回审判的办案效率，以有限的经费保障巡回审判的案件审结率。例如，巡回审判组织可以进行案件并审，有效简化程序；充分做好庭前准备工作，从而提高巡回审判的效率；探索巡回审判组织、巡回审判程序和审判结果执行的优化结合，确保立审并行，顺畅规范地解决纠纷，间接节约巡回审判运行成本。

二是与基层组织建立有效的合作沟通机制。一方面，构建巡回审判与人民调解之间的沟通机制。诸多行政诉讼案件的背后多涉及民事利益，而人民调解制度是人民群众依靠自身解决纠纷的司法辅助制度。通过人民调解委员会对纠纷及时有效的调解，将直接节约司法成本，减轻人民法院的工作负担，确保司法工作效率。人民调解制度中的调解员对进入人民调解程序的案件已经有所掌握，这时如果巡回审判的法官和调解员及时沟通就能很快掌握案情，有利于节省巡回审判时间，避免走弯路。另一方面，搭建巡回审判与基层组织的信息共享平台。基层组织包括行政管理中的居民委员会、村民委员会。

在涉及房屋、土地、拆迁等类型的纠纷案件中，居民委员会或村民委员会更了解案情，诉讼之前能够对案情进行全面掌握。构建信息共享平台，使基层组织和巡回审判人员之间快速沟通案情，让基层工作人员在审判程序中能够为办案人员提供有法律价值的信息。重要的是，基层组织的工作人员对当地的人文地理及风俗习惯都比较了解，将基层组织工作人员纳入信息共享平台能够有效利用他们的影响力对基层群众作出对法庭审判结果的解释，真正发挥基层组织的协助作用，达到案结事了的目的。

在当前行政案件集中管辖的环境之下，巡回审判实现了公正与效率的有机结合。切实保障巡回审判的运行条件，对更好实现便民诉讼，以及下一步探索加大跨行政区划管辖力度，提供了理论与实践支持。

（作者单位：徐州铁路运输法院）

实务争鸣

论行政诉讼监督功能的实然弱化和应然改进

——以《最高人民法院工作报告》和全国行政诉讼数据为考察样本

陈希国　刘连义

【摘要】行政诉讼的功能呈现多功能主义的特征，且在学理上和司法实践中存在一定差别，在法律文本意义上也存在历史变迁的过程。本文认为，我国对于行政诉讼的监督功能关注不够，在司法实践中，行政诉讼的监督功能更是表现出缺失的问题，本文从分析行政诉讼监督功能缺失的表现出发，试图分析这种问题的原因，进而提出提高行政诉讼监督功能的路径。本文分析了行政诉讼的基本功能，从行政诉讼的学理分类、法律文本的演变、《最高人民法院工作报告》的表述三个方面进行了分析。从实证的角度分析了行政诉讼监督功能的具体表现，分别从受案数量低位徘徊、“维护”功能的异化、原告胜诉率低、纠纷化解功能过度展现、官方话语的表述等五个方面进行了分析，展示了行政诉讼监督功能不足的问题。本文分析了行政诉讼监督功能的提升路径。从路径来看，应在条块模型和科层治理模式下，分析监督功能的调整策略，提高法院在权力架构中的地位，确立独立审判而非权力独立的思路，优化行政审判功能话语体系等。

【关键词】监督功能　权力体制　司法实践　法院地位

引言

近年来，学术界愈来愈将中国行政诉讼的功能定位为一种多中心主义。

这种观点认为，行政诉讼的功能很多，并在司法实践中随着党和国家的政策、司法政策的变化而变化。这种分析的确对于理解中国当下行政诉讼具有重要的理论意义。但是，学者们没有对多中心主义行政诉讼中各个具体功能的内部结构关系进行深入的分析。换言之，学者们都是从孤立的角度看待行政诉讼功能，而忽视了各个功能之间的地位不均衡性，特别是在司法实践中各个功能实际发挥差别很大。从司法话语模式和司法实践来看，行政诉讼监督功能弱化，维护功能、权益保障功能、解纷功能受到重视。新行政诉讼法实施以来，“维护”二字从立法条文中删除，但并不代表维护功能就此丧失。从实践运行来看，行政诉讼监督行政权运行的功能并未彰显，同时在保护当事人合法权益方面亦受到诟病，部分导致司法权在整个国家权力架构中地位和作用不高。因此，本文试图从司法实践的变迁来分析在中国这种多中心主义行政诉讼功能中监督功能缺失的表现和体制性原因，并在此基础上探寻提高监督功能的路径，力求通过深层次的权力架构的改革提高法院地位，并通过多个层面的措施提高行政诉讼的监督功能。

一、行政诉讼的基本功能

功能概念在社会学中的应用十分广泛，乃至形成了功能主义社会学。在社会学看来，功能不是事实产生的原因，而是事实得以存在的依靠。[①] 社会事实存在的根本原因是他们具有某种特殊的功能。法律功能是法学的一个重要范畴，是法律社会学部分的核心性问题。所有的法律都有功能，波斯纳曾说：“法律是功能性的。”[②] 行政诉讼作为我国三个诉讼体系之一，也当然具有自己独特的功能。行政诉讼功能是指由行政诉讼的特殊属性、各个要素及其结构构成所决定的对行政诉讼目的实现所具有的潜在的能力。可见，行政诉讼的功能与其作用、目的、任务及效果息息相关，但并不等同，行政诉讼功能的落脚点放在了“能力”上，与“依靠”这种概念高度吻合。

（一）行政诉讼功能的学理分类

行政诉讼功能的学理研究体现其应然层次，是学者对行政诉讼功能在学

---

① 付子堂主编：《法理学进阶》（第五版），法律出版社 2016 年版，第 51 页。

② ［美］波斯纳：《法理学问题》，苏力译，中国政法大学出版社 1994 年版，第 578 页。

术和理论上的研究、推进和期许。胡卫列教授认为行政诉讼是一种解决行政纠纷的诉讼制度，并以此为前提提出了行政诉讼的三大功能：解决纠纷、监督行政、救济权利。[①] 我国著名行政法学家姜明安教授也认为，行政诉讼的功能应定位在三个基本层面上，那就是解决纠纷、监督行政与权利救济。[②] 当然，也有的学者认为行政诉讼的真正功能是解决纠纷和保护合法权益，[③] 多数学者的观点虽然存在具体表述上的差别，但基本上都归结在解决纠纷、监督行政和权利救济这三个基本功能上。虽然有的学者还提出了政策形成、提供社会公正、平衡行政机关与相对人权利义务等不同主张，但这三大功能的表述可以说是我国学界关于行政诉讼功能的通说。

（二）行政诉讼功能的法律文本演变

学理关于行政诉讼功能的分类是学者对行政诉讼功能的分析和良好期许，法律自身对行政诉讼功能的表述既与学者的主张有相似之处，又不完全相同。《宪法》第四十一条规定了对于行政机关及工作人员的违法失职行为，公民有申诉、控告和检举的权利，一般认为这是行政诉讼的宪法依据，也是行政诉讼功能的宪法渊源，此规定显然是强调公民对行政机关及工作人员的监督作用。1989 年我国颁布了新中国成立后的第一部《行政诉讼法》，该法第一条规定：“为保证人民法院正确、及时审理行政案件，保护公民、法人和其他组织的合法权益，维护和监督行政机关依法行使行政职权，根据宪法制定本法。”从该条规定的话语描述上，我们能够看出，我国行政诉讼法确立的行政诉讼的功能为“权益—维护—监督”结构，从功能表述的先后顺序上讲，权益保护功能在最前面，监督行政机关依法行政在最后面。2014 年，我国对《行政诉讼法》进行了修改，修改后的第一条规定：“为保证人民法院公正、及时审理行政案件，解决行政争议，保护公民、法人和其他组织的合法权益，监督行政机关依法行使职权，根据宪法，制定本法。”新法对行政诉讼的功能进行了重新表述，结构上也出现了新的变化，行政诉讼的功能呈现新的“解纷—权益—监督”结构，去掉了维护的表述，增加了解决行政争议功能，并置于功能描述的前面，去掉了行政诉讼的维护功能。简短的法律条文描述上

① 胡卫列：《行政诉讼目的论》，中国政法大学出版社 2003 年版，第 80 ~ 83 页。
② 姜明安：“行政诉讼功能和作用的再审视”，载《求是学刊》2011 年第 1 期。
③ 彭涛：“论行政诉讼的功能”，载《法律科学》2010 年第 4 期。

的变化，呈现法律期许的行政诉讼功能也发生了变化，特别是维护功能不再作为《行政诉讼法》第一条的表述内容，表明行政诉讼功能发生了较大变化。

（三）行政诉讼功能的《工作报告》[①] 表述

从本质上讲，无论是法律文本还是《工作报告》自身也是一种话语，而且具有独有的话语体系、描述策略和语言风格。笔者将《工作报告》的表述作为探索行政诉讼功能变迁的重点。力求通过分析 1980—2018 年《工作报告》中行政诉讼部分的表述及行政诉讼功能的具体表述，探求最高人民法院对行政诉讼功能在表述上的变迁。笔者之所以选择《工作报告》作为话语功能的研究对象，是因为《工作报告》是最高人民法院每年向全国人大报告工作的权威文本，是法院极为重要的文稿形式，一般都经过仔细的修改，用语严谨，是法院对外的重要话语表现形式，并且在时间上具有连续性，自 1979 年至今从未中断。

从图 1、图 2 可以看出，行政审判的功能描述呈现以下特点。一是呈现典型的“多中心化”特点，功能有保护权益、维护支持行政工作、监督促进依法行政、密切党和国家与人民群众的关系、化解协调争议纠纷、改进经营自主权等，正如刘思达所说，中国通过法律移植引进了全新的行政诉讼制度，政治制度对其有着特殊的要求，经济发展方式的行政诉讼制度有很大压力，民众对于司法正义有特殊的渴望，各种不同的相互冲突的诉求同时指向了司法功能，最终导致了行政诉讼功能的多样性。[②] 二是呈现“权益—维护—监督”三分天下的局面。与原《行政诉讼法》第一条的话语描述相对应，《工作报告》中行政审判的功能基本呈现“权益—维护—监督”三分天下的局面，三项功能合计占了 84%。按照《工作报告》中关于行政诉讼各项功能的比重表述，行政诉讼功能主要有权益保障、权力监督、支持维护、纠纷化解四项功能。即使在 2015 年《行政诉讼法》修改之后，支持行政机关依法行政依然是最高人民法院工作报告的主流表述。

---

① 即《最高人民法院工作报告》，为行文方便简称《工作报告》。

② 参见刘思达：“法律移植与合法性冲突——现代性语境下的中国基层司法”，载《社会学研究》2005 年第 3 期。

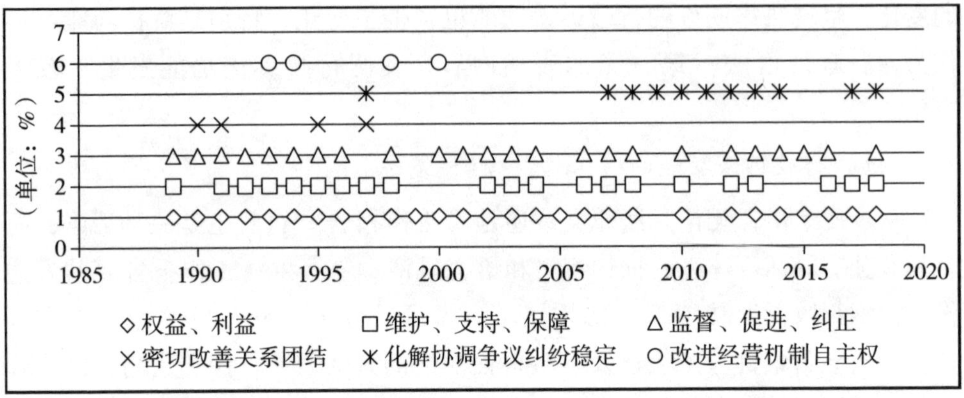

图1　行政审判功能描述变迁示意图（1989—2018年）

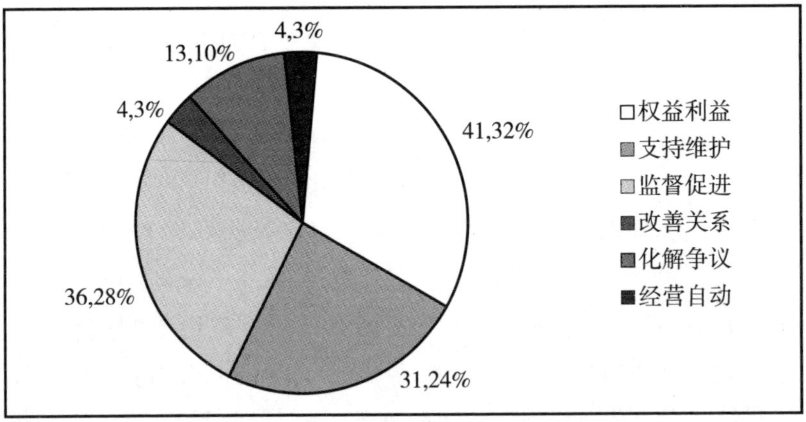

图2　行政审判功能分类比重图

二、行政诉讼监督功能缺失的具体表现

司法实践中，案件数量的多少、行政机关败诉比例等都是行政诉讼功能的直接证据，行政诉讼案件数量少、行政机关败诉率低、原告撤诉率高、非诉案件多等因素导致行政诉讼功能在各个方面产生了许多让我们深思的现象。话语中弱化的监督功能在实践中更加不张。

（一）受案数量导致监督功能空间有限

案件的数量多少并无严格标准来衡量，但是，如果人们普遍认为数量多，就出现了一个公认的标准。更重要的是，我们从案件数量的变迁和对政策的回应中找到充分的证据。

行政案件增幅明显，但绝对数量占比不高。2009年至2014年，全国行政一审案件结案数一直在12万、13万左右徘徊，按照全国3500家左右法院计算，平均每家法院37件行政案件，案人比不足万分之一，占所有一审案件比例不足1.7%。有的法院，特别是以农村为主要辖区的法院，每年受理行政案件数为个位数的法院非常多，其中还包括了大量的非对抗性行政案件，如工伤认定案件以及通过行政诉讼解决民事纠纷的案件。案件数量少的直接原因是行政案件立案难，形成了选择性司法。[①]《行政诉讼法》修改后，2016年，全国各级法院受理一审行政案件22.5万件，同比上升。2017年增长为91.3万件，同比上升46.2%。行政案件增幅增大，但相对于2000万左右的整体案件量，绝对数量占比不高。

（二）维护功能的异化挤压了监督功能的空间

从制度的本质意义上来讲，非诉行政执行案件是行政权力在司法领域的延伸，我国司法制度的建立在原理上并没有与行政制度相区分，更多的是建立在相同的政治和法律基础上，在司法实践中，由于权力行使的同一性特点，权力的执行者们更是盲目地扩大了行政权力和司法权力的共同性，这突出表现在综合治理、实行专政、执行法律等方面。法院行政诉讼在话语模式上是“权益—维护—监督”的功能模式，维护与监督功能平分秋色，甚至比监督更重要。在司法实践中，维护功能得到了尽情地发挥，而监督功能的发挥却不尽如人意。在非诉行政执行案件中，审查功能没有充分发挥，维护和支持功能却得到了充分实现，非诉行政执行过程中的监督功能弱化。

1. 非诉行政执行案件数量多。从图3、图4可以看出，全国非诉执行案件数量远高于同期的行政诉讼案件，2003年以前在3倍以上，除2015年以后行政诉讼案件剧增外，非诉行政执行案件均多于行政诉讼案件。有人提出批评，司法权在某种意义上成为行政权力在另一个特殊领域的延伸。这种问题的典型表现就是，很多法院受理行政案件推三阻四，审理行政案件十分难为，

① 参见汪庆华：“中国行政诉讼：多中心主义的司法”，载《中外法学》2007年第5期。

执行行政案件毫无办法，但却热衷于执行行政非诉执行案件，[①] 以执行非诉案件支持行政机关，提高行政审判部门在法院的地位，提高法院在地方权力中的博弈地位。

2. 非诉行政执行案件在全国呈弱势变迁。全国非诉行政执行案件自1993年以来快速增长，至2000年左右以后急剧下降，到2010年后呈现基本平衡的局面。这种增减的变迁，与2000年左右全国法院大规模清理法院设在行政机关的执行室、法庭有直接关系。同时，值得注意的是2015年立案登记制改革后，行政诉讼案件“突发性”增长，非诉行政执行案件并没有同时增长。

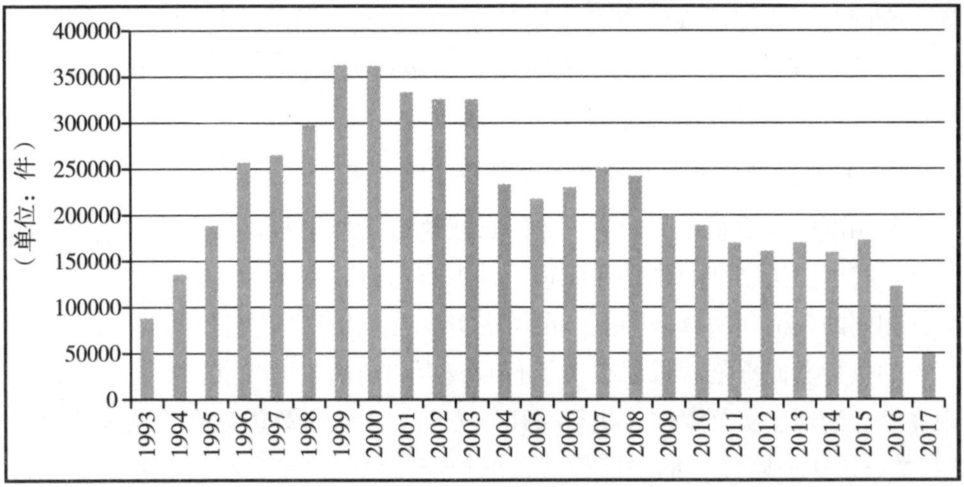

图 3　全国非诉行政执行案件数量变迁图（1993—2017 年）[②]

① 黄先雄：“论我国行政诉讼之现状——以司法权与行政权的关系为视角”，载《行政与法》2005年第9期。

② 根据《最高人民法院公报》2018年第4期中《2017年全国法院司法统计公报》显示的数据，2017年全国法院非诉行政执行案件结案49220件。但是根据司法统计数据，同期非诉行政行为申请执行案件中裁定准予执行的案件有195173件，差别非常大，笔者分析可能数据统计存在较大偏差。

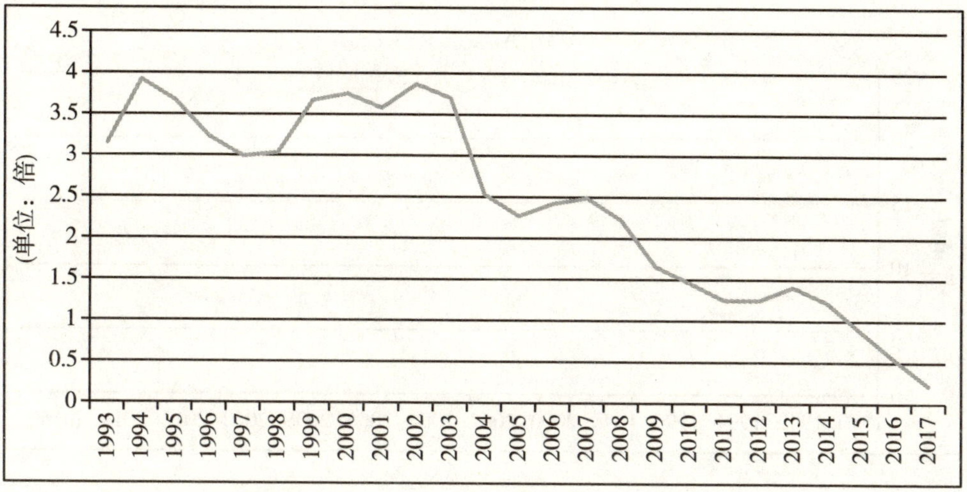

图 4　全国非诉行政执行案件与一审行政案件比例变迁图（1993—2017 年）

（三）原告胜诉率低使监督功能实效不佳

原告胜诉率是衡量行政诉讼监督功能实效的直接标准。如图 5 所示，全国行政诉讼中原告胜诉率总体不高，且总体呈下降趋势，特别是 2005 年至 2011 年间，行政诉讼原告胜诉率从 17.25% 下降到 7.09%。多年来，行政案件滥诉比例高于民事诉讼，但诉讼发起方的胜诉比率长期低于 10%，法院监督行政机关依法行政的功能在实践中发挥得并不到位，同时体现的维护功能过于凸显。过低的胜诉率也进一步导致了低受案率，当行政诉讼总体胜诉率不高的情况下，相对人往往不倾向于通过诉讼解决行政纠纷。法院对行政权的监督体现在法院在相对人的起诉下，有权审查行政行为，表现为在权力架构和诉讼模式上对行政权的监督，而做出的结果没有维持和监督的差别，在行政诉讼中强调法院的维护功能只会导致原告胜诉率不高，不能充分发挥监督的实效。

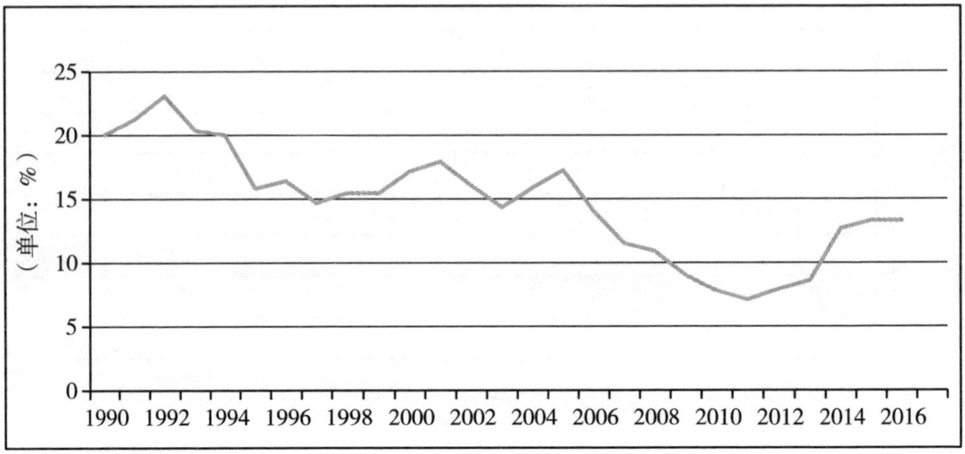

图 5　全国行政一审案件原告胜诉率变迁图（1990—2017 年）①

（四）纠纷化解功能过度展现让监督功能发挥无力

2007 年以来，《工作报告》中连续多年出现化解争议或稳定秩序的功能表述，有的出现在标题中，行政诉讼的解纷功能得到强化。有学者统计，“一审案件中有 60.3% 的案件有第三人。”② 行政诉讼目的从传统上以个体利益为主转向个体利益保障与客观法秩序维护并重。③ 特别是近 10 年来，社会转型期矛盾纠纷多发，解纷功能得到加强。从图 6 来看，全国法院行政一审案件和解撤诉率自 1990 年以后逐年攀升，在 1997 年达到 60% 左右，之后迅速下降到 30% 左右，后在 30% 左右徘徊到 2006 年，2012 年提高到 49.84%，后又下降。总体而言，只有阶段内的起伏，没有全程的变化，但是 2015 年立案登记制后突然降到 20% 左右并趋于平稳。

法院一般将和解撤诉率作为最大的政绩和办案效果的最佳指标，这主要体现解纷功能，有的学者也给予大力赞扬：“对行政案件撤诉，人们从忧虑到欢呼，从视为不正常到刻意追求，再到获得司法政策支持。”④ 也有学者认为“非正常撤诉”危害极大。在肯定纠纷化解功能重要性的同时，并不能过分

---

① 2017 年最高人民法院在数据中不再统计和公布判决的具体情况，因此不能统计原告胜诉率。

② 黄启辉：“行政诉讼一审审判状况研究——基于对 40 家法院 2767 份裁判文书的统计分析”，载《清华法学》2013 年第 4 期。

③ 成协中：“行政行为违法性继承的中国图景”，载《中国法学》2016 年第 3 期。

④ 黄学贤：“行政诉讼撤诉若干问题探讨”，载《法学》2010 年第 10 期。

拔高行政诉讼中纠纷化解功能的地位。有时，行政诉讼的过多撤诉并不一定合法。我们设想，一是法院说服了原告，原告认为自己告得确实没有道理，然后撤诉，这种案件应该不多，因为可以等一个有可能胜诉的判决，而成本支出有限。二是行政机关发现行政行为违法，自己撤诉，这种情况也不多。因为当事人起诉十分慎重，一般起诉前要与行政机关沟通。事实证明，司法实践中，这两种均非主要情形，无论是行政审判，还是政府的行政复议，原告撤诉的案件有的由于法院和行政机关的“做工作”，所谓“赢一阵子，输一辈子”，要么忽视相对人的违法行为，损害法治利益。撤诉后多数都不了了之，以行政处罚为例，撤诉后，行政处罚没有撤销，但不再执行，实际上破坏了法治秩序。

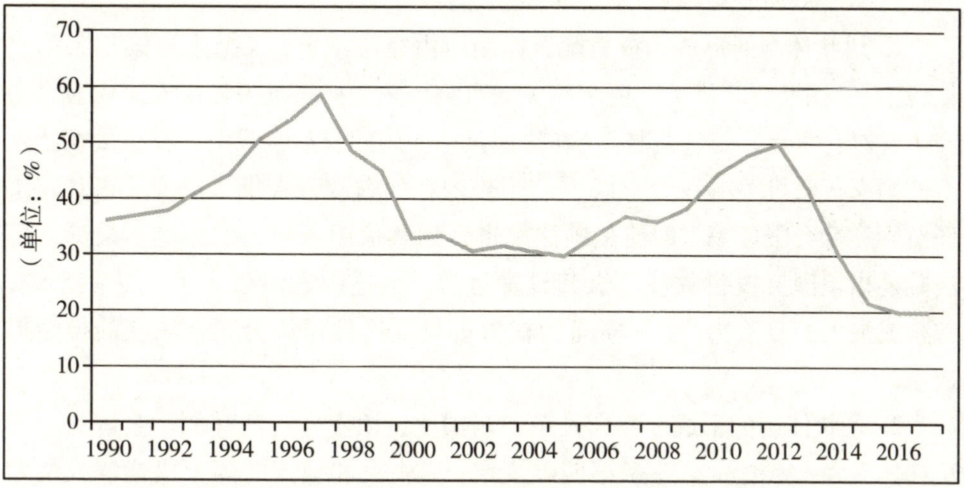

图 6　全国行政一审案件和解撤诉率变迁图（1990—2017 年）

（五）监督功能并没有得到官方话语的充分肯定

从上文中图 2 看，行政诉讼最主要的功能是权益保护，其次才是监督行政，而且监督行政与维护行政所占比例差别不大。从《工作报告》的描述来看，维护和监督依法行政多同时出现，“维护（支持）和监督（促进）行政机关依法行政”成为近 30 年来的一贯表述，只有 4 次将监督放在前面，表述为“监督和支持依法行政”。

三、行政诉讼监督功能缺失的体制性原因

行政诉讼是一种在公民参与下司法权与行政权的博弈，而且权力之间的博弈根本上源于特有的权力体制和模式。国家权力的配置模式是国家的基本建构，对行政权与司法权的关系有着决定作用。米尔伊安·R. 达玛什卡在《司法和国家权力的多种面孔》中建构了“科层型和协作型”两种治理模型，[①] 一般而言，分别对应政策实施型和纠纷解决型程序。西方国家在权力架构上倾向于协作性，而我国在党的领导下，人民代表大会制度和单一制的建构下，形成了特殊的“条块模型”。[②]

（一）我国权力体制的条块体制

1. 块状体制的形成。权力配置体制应由宪法规定，《宪法》第三条第三款规定：“国家行政机关、监察机关、审判机关、检察机关都由人民代表大会产生，对它负责，受它监督。”在法律具体实施的政治实践中，享有最宽泛权力的国家行政机关将权力分解成若干模块，如财政、人事、治安、审计、市场监管、社会服务等。即使美国法院也受到其他国家权力的影响，最高人民法院还指望国会拨付款项，供其日常运转。上述因素对最高人民法院来说，都构成强大的政治力量。[③] 横向的权力进行了这种模块分割，块状的模型形成了。

2. 条状体制的形成。我国是单一制国家，而不实行联邦制。全国有一套法律体系，《宪法》第三条第四款规定：“中央和地方的国家机构职权的划分，遵循在中央的统一领导下，充分发挥地方的主动性、积极性的原则。”最先强调的是中央的统一领导，地方没有独立于中央的单独权力。在现实中，一般下一级的主要领导任命均由上一级主导，特别是税务改革后，中央从人事和财政上完全掌握了地方的命脉，总体的条状体制已经形成。

3. 条块体制的强化。条块体制形成后，条状体制单独发挥作用，块状体

---

① 参见［美］米尔伊安·R. 达玛什卡：《司法和国家权力的多种面孔》，郑戈译，中国政法大学出版社 2004 年版，第 29 页。

② 需要说明的是，我们分析这种权力模型，并非批判，而是在现有权力模型中找到强化行政诉讼监督功能的钥匙。

③ ［美］戴维·奥布莱恩编：《法官能为法治做什么——美国著名法官讲演录》，何帆等译，北京大学出版社 2015 年版，第 26 页。

制单独发挥作用，而且还会有冲突，并不一定能形成一个整体的条块体制。这时，需要一种特殊的权力来整合条状体制和块状体制，我党担当了这一角色，它将块状体制和条状体制有机地粘和在一起，形成了高强度网状的条块体制。就像有学者指出的那样："条块关系，是在党地方政治治理中出现的特殊政治形态。"①

（二）条块体制的科层本质

无须赘言，条状体制是典型的科层体制，同时，我国的块状体制也呈现了科层特点。"我国的国家机关是人大领导下的权力分工，而不是权力分立。"② 我国权力配置体制的基本架构就是这样，从政治学上来讲，人民代表大会制度是我们国家的根本政治制度，全国人大是权力体制中的最顶层权力，地方人大是同级权力的顶层权力。同级的块状权力体制均成为人大权力的下位模块，人大权力将所有的权力模块整合在一起，形成了块状体制的科层结构。而且，党的领导地位又一次将科层运行到了实践之中，整个条块体制的科层化本质强有力地发挥作用。块状中的所有权力服从同级党委的中心工作，条状体制中的所有权力听从中央指挥，地方党委中心工作听从党中央，中央各权力模块也服从党中央。在科层体制下，严格等级制的逻辑要求决策必须接受上级的常规、全面的审查，与上级保持一致。这就不难理解，在20世纪90年代，中央强调民主与法制时，《工作报告》中强调行政诉讼的重要地位，行政诉讼案件急剧上升，原告的胜诉率很高。而20世纪末，强调社会和谐，法院开始强调纠纷化解，行政案件数量增长缓慢，原告胜诉率下降，撤诉率提高。

（三）条块体制下法院的位置与功能

法院就像一张渔网中的节点，也像镶嵌在棋盘中的围棋棋子。比起以上两种比喻，笔者更愿意将法院比作中国象棋中的一枚棋子，即每一枚棋子有自己独特的走法，与其他棋子共同承担维护"帅"的作用。

1. 维护人大权威。在条块体制下，人大处于权力的顶端，政府、法院等都要向其报告工作、对其负责。这一点在话语体系中表现得非常突出，最近，

---

① 刘忠："条条与块块关系下的法院院长产生"，载《环球法律评论》2012年第1期。

② 谢晖："行政权规范：现状·对策·意义"，载《宁夏社会科学》1995年第2期。

有的人大代表重提“个案监督”，并认为这是人大监督的基本形式，还主张特殊情况下，人大可以行使司法权。[①] 显示的就是在与法院关系的处理上，人大机关表现的强势。

2. 服从党的领导。实践中，法院最主要的是服从党的领导，并突出表现在对中心工作的支持上。在话语和行政诉讼中，都有非常明显的表现。事实上，不论在什么权力模型下，权力之间均有相似关系。就像美国一位法官所说：“如果将美国最高人民法院视为一个相对孤立、相对自主的机构，显然有失公允。事实上，它与错综复杂的政府体系，有着千丝万缕、无法隔断的联系。最高人民法院绝不是一家普通的法院。它在整个政府架构中的地位，取决于更加宽泛的政治原则，而非法律条文本身。”[②]

3. 受制于其他行政权。如前所述，行政权力过大，所以在实际运行中分解成了更多权力模块，而法院自身没有人事、财政等模块，所以在具体权力运行中，法院工作与这些行政权力模块产生千丝万缕的联系。在其他权力发挥作用时，制约法院也支持配合法院，同样，在行政诉讼中，司法权依照法律的规定对行政权力在执法中是否合法作出诉讼意义上的裁判，从此特殊关系可以看出，司法权和行政权并非我们想象中简单的约束和限制的关系，同时，也对权力架构中的其他模块给予配合和支持，同时也接受其他权利模块的支持与配合。[③]

正是由于我国权力架构的条块体制，以及法院在条块体制中地位不高，导致法院在人力、财务等方面受制于其他行政权力，这种权力模式和法院地位限制了行政诉讼监督功能的实际效果。

（四）条块模式下监督功能策略选择的博弈分析

在权力模块的具体运作中，互相之间发挥作用的过程更加复杂。有权力就会有博弈，就会有扩张，权力在实践中的运行从来都不会仅仅局限在制度和规范意义的符号权力的限制上。孟德斯鸠早就指出，拥有权力的人们在行使权力的过程中都会将权力用到极致，只有遇到阻碍无法再扩张时才会停

① 席文启：“关于人大个案监督的几个问题”，载《新视野》2016 年第 2 期。

② ［美］戴维·奥布莱恩编：《法官能为法治做什么——美国著名法官讲演录》，何帆等译，北京大学出版社 2015 年版，第 25 页。

③ 邓刚宏：“论我国行政诉讼功能模式及其理论价值”，载《中国法学》2009 年第 5 期。

止。[①] 制度在现实中的实践，更是不断对符号化的制度进行修正的过程，关键看，在权力博弈过程中，权力之间是否能在权力架构设计的功能之下维持大概的平衡。我们所期盼的制约其他权力的权力，也就是司法权力，在实践中是否能够在与其他权力的博弈中不轻易败下阵来，而是真正发挥自己特有的监督行政权力的作用。

以人事权为例分析，人事部门在法院有案件时，其可供选择的行为有两种，向法院（法官）施压或不向法院（法官）施压，施压的成本是在人事问题上不刁难或者是在不明显违反法律的范围内照顾法院，收益是自己的案件利益，收益显然大于成本；法院（法官）面临人事权施压时可供选择的行为有两种，严格按照法律规定和公正原则办案或在不明显违反法律的情况下予以倾斜，如果这种照顾不明显违反法律规定，照顾说情的当事人的成本除公正信仰的损失外无其他成本，收益是在法院人事问题上可以不被刁难甚至获益，收益是否大于成本在于公正信仰的程度，但理性分析，公正的信仰很难有如此大的力量，尤其是在不明显违背法律规定的情况下。很显然，在长期的博弈过程中，形成了法院向行政权力倾斜的状态。从法官个人角度讲，法官作为一个社会中的人，在买房、就医、社会保险、公积金贷款方面都会受到其他公权力和社会权力的影响，为了维系这些需要的社会关系，法官可能又会对相关行政权力妥协，一种博弈均衡状态形成，但司法权与其他权力模块却因此失衡。

（五）经济因素对监督功能策略选择的影响

博弈论的前提是利益最大化的理性人，此处的利益当然包括经济利益。立案难是一种“偷懒行为”，制度经济学家长期以来一直在努力解决“偷懒行为”问题，考核和严格的问责制度在像制造业这样特定性高的活动中比较可行，泰勒主义所需的监督机制也会导致高昂的代理成本，还有过度的严格、森严的等级和官僚作风。[②] 经济学家花费了很多的时间试图涉及各种能迫使员工们体现自身工作真正成效的激励机制，计件工资就是一种传统的方法。[③]

---

① ［法］孟德斯鸠：《论法的精神（上册）》，张雁琛译，商务印书馆1997年版，第154页。

② ［美］弗朗西斯·福山：《国家构建——21世纪的国家治理与世界秩序》，黄胜强、许铭原译，中国社会科学出版社2007年版，第62页。

③ ［美］弗朗西斯·福山：《国家构建——21世纪的国家治理与世界秩序》，黄胜强、许铭原译，中国社会科学出版社2007年版，第61页。

所以，我们看到非诉行政执行案件数量长期是行政诉讼案件的数倍，甚至一度在行政机关设立执行室，毕竟在前些年，民庭在抢高标的额案件收取诉讼费以彰显政绩时，行政庭只能靠非诉行政执行案件艰难竞争。在最近几年法院不再缺钱的情况下，全国非诉行政执行案件与行政诉讼案件之比下降明显。但这可能并非主要因素，因为样本较少的B市近几年非诉行政执行案件与诉讼案件比例一直大幅上升。此外，可能我们要重新审视我们的行政诉讼受理费制度，行政诉讼受理费极低可能也是导致法院不愿受理行政案件的因素。

（六）条块模式下监督功能策略选择的形成

法院通过行政诉讼很难在与政府相关部门的博弈中占据主动地位，因为一个行政行为的合法、违法判断远比不上对法院财政、人事、基建的控制，甚至比不上子女入学的照顾。法院在博弈中失衡，处于不利地位。法院是专业化的组织，专门从事审判业务，专业化和劳动分工需要组织成员不仅服从来自层级高于他们的权力，还要服从来自掌握这些专业知识人员的权力，实际上法律明文规定要求服从法院的裁判，在组织中存在的冲突和功能失常问题中，相当一部分恰恰涉及这种权力的不认可，或者按常用的词语来说，就是“争地盘”。[①] 法院在与同级政府的博弈中就更远远谈不上平衡了，甚至主动求和，以保全更重要的利益，因为作为党委副书记、省市县长的政府负责人有太多地方能控制法院，甚至直接“指挥”法院的工作。如果把专业人士们区分为不同的等级并且置于一个服从链条之中，由此使他们处在保持一致和顺从的压力之下，他们占据“地盘”的心理就会大大减弱。积极行使自己权力的欲望会降低，这些时候，权力的拥有者们更关注的是，时刻担心上级审查的心理促进着一种“合作的伦理”。[②]

法院通过行政诉讼不能实现自身的经济利益，也不能发挥好其中的权力，还有可能将信访问题引向自身，办理效果不好，在博弈中，还不如不审理，导致了行政案件立案难，同时导致了诉讼效果不佳，这才是背后真正的答案。

---

① ［美］弗朗西斯·福山：《国家构建——21世纪的国家治理与世界秩序》，黄胜强、许铭原译，中国社会科学出版社2007年版，第53页。

② 参见［美］米尔伊安·R. 达玛什卡：《司法和国家权力的多种面孔》，郑戈译，中国政法大学出版社2004年版，第29页。

四、行政诉讼监督功能的提升路径

分析我国权力架构中行政诉讼对行政权的监督功能，要从条块模式出发，分析嵌入式司法如何更好地实现行政监督的功能。

（一）总体思路：提高法院在权力体制中的地位

对于权力在一定范围内的关键作用，美国的弗朗西斯·福山有过精辟的论述：虽然我们并不想称霸全世界，但是我们必须高度重视权力的重要作用和必要性。我们应该尽最大努力集合更多合法的权力，并将之运用到追求特定目标的活动中，这是提高自身地位极为重要的事情。① 有学者指明了要害，司法监督行政的效果需要“司法权威的确立”。我国权力架构的实质是科层模式，在总体科层模式之下，出现权力模块的互相作用，在服从和维持最高权力的同时，互相之间又有监督制约的关系。在科层本质下，一个权力模块发挥作用的大小，特别是对其他权力的监督作用，关键看其在权力架构中的地位，不但看制度设计的权力模块的大小，更要看在运行中形成的对其他权力的制约监督作用的大小和对最高层权力的影响力大小。即使是在美国，最高人民法院在行使权力过程中，经常与强势的行政分支发生冲突。杰弗逊、林肯、罗斯福，都曾公然与最高人民法院对抗。② 在中国也存在权力对抗，只是我们看到的对抗来自法院与其他小的权力模块之间，而不是同级政府这一大的权力模块，对抗的层次比较低。“法院是法律帝国的首都，而法官则是帝国的王侯”。③ 从中可以看出，在法治健全的国家，司法权有着极为重要的地位。在权力均存在博弈和冲突的情况下，关键看权力地位的高低和大小，这才是决定司法监督行政行为效果的最重要因素。

（二）理念更新：审判行为独立而非权力本身独立

独立审判是制度的表现形式，而非制度本身。学界提出的法院监督功能发挥不佳的原因往往局限在以下几点，例如，我国法院的地位不够独立，法

---

① ［美］弗朗西斯·福山：《国家构建——21 世纪的国家治理与世界秩序》，黄胜强、许铭原译，中国社会科学出版社 2007 年版，第 115 页。

② ［美］戴维·奥布莱恩编：《法官能为法治做什么——美国著名法官讲演录》，何帆等译，北京大学出版社 2015 年版，第 29 页。

③ ［美］德沃金：《法律帝国》，李常青译，中国大百科全书出版社 1996 年版，第 361 页。

律制度和法治理念不够健全，法院工作所需的人、财、物等硬件需求过多地依赖于相关行政机关，等等。也有的学者认为，独立的司法机构是行政权力随意扩张的最大障碍。同时，只有法院完全独立于其他权力和政治力量，司法才能够客观地审查行政行为的合法性问题。[①] 但是，这种思维的出发点是权力架构的重新设计，需要打破现有的权力配置模式，极有可能动摇我国的国家政权基础，法院自身没有脱离权力架构的能力，更没有脱离权力架构所具备的充分的政治依据，我们承认以及不承认司法溶于政治或包裹于政治之内，可能仅仅是词语定义和表述的差异，而无本质不同。[②] 我国明确不搞西方的三权分立，所以司法权独立的提法违背宪法，违背党的意志，不具备实现的法律依据和现实基础。在西方行政司法不独立的国家，如行政诉讼的发端国法国，行政法院至今仍隶属于行政系统而不归属法院，[③] “政治的归政治，司法的归司法。”这一前提本身是人为的构建，而非基于现实世界已有路径的思考延伸，只是一厢情愿如前所述，我国权力架构的模型是条块模式，且紧密结合，任何一个模块的权力都不可能跃出权力架构之外，法院嵌入在条块模型之中，最好的方式是增强嵌入的自主性。所以，我们需要明确，应该将重点放在能够独立审判案件上，是行为上的独立审判，而不是权力上的独立建构。而法院只要有独立审判的能力，也会扩大司法权的范围和强度，权力的扩张性理论会引导法院多收案、强监督，提高监督行政权的效果。过分强调司法权自身的独立性只能引起其他权力的不满，特别是人大机关和党对法院工作的不支持。

（三）强化监督：行政诉讼功能话语体系的优化

话语是一种符号化的权力，是一种独有的体系。从本质上讲，法律文本自身也是一种话语，而且具有独有的话语体系、描述策略和语言风格。《工作报告》以及有关政策性文件和讲话形成了法院对外对内的话语体系，加强对行政权的监督，首先要在话语体系中体现，并以此引导行政诉讼实践，促进行政诉讼中监督功能的发挥。一是强化监督功能的地位。只有强调对行政权

---

① 胡肖华：《行政诉讼基本理论问题研究》，湖南人民出版社 1999 年版，第 23 页。

② 刘忠：“条条与块块关系下的法院院长产生”，载《环球法律评论》2012 年第 1 期。

③ 刘峰：“论行政诉讼判决形式的重构——从司法权与行政权关系的角度分析”，载《行政法学研究》2007 年第 4 期。

的监督功能，才能显示司法权的特殊性，提高司法权在权力架构中的地位。监督功能是行政诉讼与民事诉讼分野的重要原因。[①] 在《工作报告》等司法文件中，应突出行政诉讼对行政权的监督作用，同时弱化支持功能，避免形成司法是行政权附庸的局面。二是弱化解纷功能。除极特殊案件外，所有诉讼均为纠纷，诉讼本身就是解决纠纷的过程，但解决纠纷是司法的表面功能，也是基础功能，所有功能都建立在此基础上，这也是秩序价值的要求。但是司法，特别是行政诉讼应该有更高的功能、在纠纷化解功能之上的功能。强调行政诉讼的解纷功能，弱化了法院地位，损害了司法公信力。但是，实践中，《工作报告》的受众行政官员较多，为了得到赞成票，措辞迎合较多实属无奈，早有法院工作受制于“人财物票”的说法，也有学者呼吁对《法院工作报告》不再投票。从长期来说，法院话语的优化还依赖于摆脱投票的限制。

（四）地位提高：同级党委部门地位的确立

我国古代司法官员要么是县官，要么是同级权力架构中的关键官员。而在现在我国的政治制度中，权力较大的是人们俗称的“五大班子”，即党委、政府、人大、政协、纪检。这其中完全没有司法机关的影子，在权力的实际运作中，真正发挥强大作用的权力模块，比如意识形态、纪律、组织人事和社会治安部门地位都很高，意识形态、纪律、组织人事部门在地方均为常委部门，而在人们的日常观念和朴素的对客观情况的认识上，司法机关仅仅是一个部门，而且与隶属于行政机关之下的组成部门并没有什么区别，在实际权力的占有上，并不比财政、建设、土地、公安等部门的权力大，甚至实际上小很多。所以，在中国的场域下用中国的方式解决该问题，最基本也是最有效的方式，就是法院在中央成为权力模块中的中央政治局委员部门，在地方成为常委部门。一把手进入同级党委，有了更大的发言权，一般部门没有了与法院抗衡和斗争的能力，法院对其通过行政诉讼进行监督，在科层为主加权力模块的模型中发挥更大的作用，很多问题也会迎刃而解。

（五）监督场域：继续扩大行政诉讼受案范围

行政诉讼的受案范围决定了司法对行政的监督场域。我国行政诉讼法制

---

① 孔繁华：“行政诉讼性质研究”，载《武汉大学学报》（哲学社会科学版）2009 年第 1 期。

度中，司法权监督行政权在范围意义上的限制，集中表现在原告资格的认定和受案范围的强力限制上。在行政诉讼制度建立之初，这种原告资格的认定方式和受案范围在某种程度上起到了消除行政机关疑虑和减轻行政机关对行政诉讼抵触情绪的作用，也有效避免了在行政诉讼制度建立之初就面临案件数额高位运转的可能，减轻了有限司法资源的行政诉讼负荷，对于行政诉讼制度的顺利建立和初期运转发挥了较好的作用，是“先建立制度后逐渐完善”这种制度建设发展指导思想在行政诉讼这种具体制度上的实践，应当说在某个特定时期具有其合理性。但随着法治的进步，这种小范围的司法审查模式已不能满足社会的需要。其实，1989 年《行政诉讼法》实施以来，抽象行政行为、准行政行为、证明性行政行为、预备或者阶段性行政行为的可诉性都在不断地讨论之中，只是在立案难、胜诉难和司法权力不张的情况下，具体的制度改革没有显现亟待解决的紧迫性，而法治和社会的发展对此的要求却已经迫在眉睫，应随法院地位的提高同步解决。一是从权利到利益的转变。原告资格由权利标准向利益标准转变，[①] 与民事诉讼中的权益理论相互吻合和呼应。二是从已然到未然的转变。现在行政诉讼处理的是行政机关的行政行为已经对相对人的权利造成损害的矛盾纠纷，但随着时代的发展，这已经远远不够，应该适当拓展到损害未发生的阶段。如果行政相对人受到行政行为的侵害即将发生，侵害行为的发生已经是高概率事件，或者说行政行为正在持续侵害行政相对人的权利或利益，应当允许行政相对人提起停止侵害或侵害可能行为的诉讼。增设行政诉讼中的预防之诉，并增加行政诉讼禁令裁决制度，这也是与我国行政诉讼的客观法秩序模式相适应的。三是从公私法分割到共选的转变。当事人因行政机关的一个行政行为受到了侵害，这种侵害同时受公法和私法的调整，当事人可以分别根据不同法律的规定提起民事或行政两种诉讼，应当赋予当事人同时主张两种权利、同时发起两种诉讼程序的权利，以满足权利救济的不同需要。[②] 四是从个人诉讼模式到公益诉讼的转变。行政诉讼具有强烈的社会公益性，而且很多案件并非行政相对人个人有能力提起诉讼，或行政相对人很难确定，如环境执法的问题、拆迁

---

① ［日］谷口安平：《程序的正义与诉讼》，王亚新、刘荣军译，中国政法大学出版社 1996 年版，第 151 页。

② 曹达全：“公共行政改革与行政诉讼制度功能的变迁”，载《法学论坛》2010 年第 4 期。

的问题等。所以说，当公民面对制度性侵害行为或者权力体系性侵害行为时，应当赋予相关当事人或者社会团体向有关行政机关或者其他公共行政主体提起诉讼的权利，促进行政公益诉讼制度的发展，更好地保护大面积受害行政相对人的权利，并以此促进行政诉讼对行政权的监督。

结语

我国行政诉讼对行政权监督功能的设计和实际效果问题，均来自于深层次的权力架构和设计，在不改变我国权力架构的前提下，在理念、话语、权力运行等方面全面提高法院的话语地位和实际地位，才是提升行政诉讼功能的根本途径。换言之，用中国的方式解决中国的问题，这是提升行政诉讼监督功能的逻辑起点，也是应当遵循的本土化路径。

（作者单位：山东省高级人民法院　山东省滨州市中级人民法院）

高等学校针对博士后出站作出准驳行为不属于行政诉讼受案范围

夏文浩　李广娟

【裁判要旨】

高等学校在法律、法规授权的范围内能够以自己的名义从事教育行政管理活动，并承担相应的法律责任。高等学校的法定职责包括对受教育者进行学籍管理、奖励或处分，代表国家对受教育者颁发学历证书、学位证书等，因此高等学校作出的授予或者撤销学位的行政行为具有可诉性。学位分为学士、硕士、博士，而博士后不是一种学位，只是一种工作经历。《博士后证书》就是对博士后研究人员工作经历的认可，不具有高等教育学历学位证书属性。博士后研究人员起诉高等学校要求办理博士后出站手续不属于行政诉讼的受案范围。

【案号】

一审：南京铁路运输法院（2017）苏8602行初1102号。

二审：江苏省南京市中级人民法院（2018）苏01行终29号。

【案情】

上诉人（原审原告）：逄锦波。

被上诉人（原审被告）：河海大学

2008年9月，逄锦波进入河海大学工商管理博士后科研流动站从事博士后研究工作。逄锦波与河海大学签订《河海大学博士后研究人员协议书》，河海大学为甲方，逄锦波为乙方。协议书第2条约定，乙方在河海大学从事博士后科研工作期限为2008年1月至2010年1月。第3条约定，乙方的博士后工作合作导师为武博教授。第 8 条约定乙方在工作期满的三个月前即应确定分配去向，如无特殊情况应按时作出站报告（特殊情况应预先向校博士后工作办公室报告，得到批准后方可推迟）。出站报告完成后的一个月内不管是否留校都必须办理离站手续，并搬离博士后住房。第 10 条约定，乙方在流动站工作期间属短期流动在校从事科研工作的正式教工，其岗位工资和薪级工资按国家有关规定发放，绩效工资根据中期考核结果和出站考核结果发放；乙方在流动站工作期间必须接受学校及行政、学术二级管理单位的管理，必须遵守学校和全国博士后管委会的有关规章制度并履行应尽的义务，若有违反，应按有关规定处理。

2010 年 9 月，逄锦波经案外人向河海大学转交延期三年离站的申请。2012 年 3 月逄锦波申请博士后出站。2012 年 4 月，逄锦波博士后出站答辩经专家小组考核通过，逄锦波递交书面出站申请。2013 年 6 月后，逄锦波多次联系河海大学人事处博管站请求办理博士后出站事宜。2016 年 6 月，逄锦波找到博管站负责人李老师，李老师出具一份在站从事博士后工作的证明，未给关于出站的答复。2016 年 12 月，逄锦波通过博士后管理站网上查询得知，河海大学于 2013 年 6 月 14 日在网上驳回其博士后出站申请，2016 年 1 月对其在网上作了退站处理。逄锦波认为自己进站后完成了博士后研究计划，符合博士后出站要求，通过出站考核，河海大学滞留出站手续系行政不作为。2017 年 12 月 19 日，逄锦波向南京市铁路运输法院提起行政诉讼，请求法院责令河海大学依法履行职责办理博士后出站手续，承担违法责任。

【审判】

南京铁路运输法院一审认为，公民、法人或者其他组织提起行政诉讼，应当符合行政诉讼法规定的起诉条件。《行政诉讼法》第六条规定：“人民法院审理行政案件，对行政行为是否合法进行审查。”第四十九条规定：“提起诉讼应当符合下列条件：（一）原告是符合本法第二十五条规定的公民、法人或者其他组织；（二）有明确的被告；（三）有具体的诉讼请求和事实根据；（四）属于人民法院受案范围和受诉人民法院管辖。”第十二条规定了行政诉讼的受案范围。《国务院办公厅关于改革完善博士后制度的意见》（国办发〔2015〕87 号）明确：“博士后研究人员作为国家有计划、有目的培养的高层次创新型青年人才，在站期间是具有流动性质的科研人员……博士后研究人员享受设站单位职工待遇，设站单位应按单位性质与博士后研究人员签订事业单位聘用合同、企业劳动合同或工作协议，并按有关规定为博士后研究人员缴纳社会保险费。”《人力资源和社会保障部、全国博士后管理委员会关于贯彻落实〈国务院办公厅关于改革完善博士后制度的意见〉有关问题的通知》（人社部发〔2017〕20 号）明确：“具有下列情形之一，设站单位在告知本人或公告后须予以退站：……因旷工等行为违反所在单位劳动纪律规定，符合解除劳动（聘用）合同情形的；……合同（协议）期满，无正当理由不办理出站手续或在站时间超过 6 年的；……人事档案、户口转至设站单位的博士后人员退站后，应将人事档案按照有关规定转至人事（劳动）关系接收单位或公共就业和人才服务机构，将户口按照有关规定迁移至进站前常住户口所在地。”由此可见，博士后研究人员与博士研究生虽然名称接近，但两者在与学校与导师之间的权利义务关系方面存在根本区别。虽然设站单位与博士后研究人员之间也存在一定的管理与被管理关系，但是上述关系不是行政法律关系，设站单位办理博士后出站手续与否明显不属于行政行为。本案中，河海大学与逄锦波的关系即为设站单位与博士后研究人员的关系，河海大学与逄锦波签订的《河海大学博士后研究人员协议书》的约定也表明逄锦波在流动站工作期间属短期流动在校从事科研工作的正式教工。因此，逄锦波所提诉讼请求不属于行政诉讼受案范围。

逄锦波对一审裁定不服，向南京市中级人民法院上诉。

南京市中级人民法院二审认为，《行政诉讼法》第四十九条规定：“提起诉讼应当符合下列条件：（一）原告是符合本法第二十五条规定的公民、法人或者其他组织；（二）有明确的被告；（三）有具体的诉讼请求和事实根据；（四）属于人民法院受案范围和受诉人民法院管辖。”《最高人民法院关于适用〈中华人民共和国行政诉讼法〉的解释》第二十四条第三款规定：“当事人对高等学校等事业单位以及律师协会、注册会计师协会等行业协会依据法律、法规、规章的授权实施的行政行为不服提起诉讼的，以该事业单位、行业协会为被告。”结合上述法律规定及司法实务，大学作为法律法规授权组织，具有授予学位的法定职权，授予或者撤销学位的行为是可诉的行政行为。本案中，逄锦波的诉讼请求为：责令河海大学依法履行职责办理博士后出站手续，承担违法责任。《高等教育法》第十六条第一款规定：“高等学历教育分为专科教育、本科教育和研究生教育。”第二十二条第一款规定：“国家实行学位制度。学位分为学士、硕士和博士。”《学位条例》第三条规定：“学位分学士、硕士、博士三级。”《普通高等学校学生管理规定》第二条规定：“本规定适用于普通高等学校、承担研究生教育任务的科学研究机构（以下称学校）对接受普通高等学历教育的研究生和本科、专科（高职）学生（以下称学生）的管理。”根据上述规定，博士后经历不属于高等学历教育，博士后研究人员不属于普通高等学校学生，针对博士后出站作出之准驳行为亦不同于授予或者撤销学位的行为。结合《国务院办公关于改革完善博士后制度的意见》《人力资源社会保障部、全国博士后管理委员会关于贯彻落实〈国务院办公厅关于改革完善博士后制度的意见〉有关问题的通知》的相关规定以及逄锦波与河海大学签订的《河海大学博士后研究人员协议书》约定的内容来看，虽然逄锦波在从事博士后研究工作期间与河海大学之间存在一定的管理与被管理的关系，但此关系不属于行政法律关系。故逄锦波起诉要求河海大学为其办理博士后出站手续不属于行政诉讼的受案范围，原审法院裁定驳回其起诉并无不当。综上，逄锦波的上诉理由缺乏事实和法律依据，裁定驳回上诉，维持原裁定。

【评析】

本案提出如下值得讨论的问题：（1）高等学校能否作为行政诉讼的适格被告；（2）高等学校针对博士后出站作出之准驳行为是否属于行政诉讼受案范围；（3）博士后研究人员对高等学校作出的博士后出站准驳行为不服应当如何救济。

一、高等学校能够作为行政诉讼的适格被告

《高等教育法》第三十条规定：“高等学校自批准设立之日起取得法人资格。高等学校的校长为高等学校的法定代表人。高等学校在民事活动中依法享有民事权利，承担民事责任。”根据上述法律规定，高等学校具有民事主体的特征，参与民事活动并受民事法律调整。但是从 1998 年至今，通过田永诉北京科技大学案、于艳茹诉北京大学案等一系列案例，司法实务已经普遍认可：高等学校作为法律、法规授权的组织具有审查授予学位的法定职权。法律、法规授权的组织，即是根据法律、法规的规定，可以以自己的名义从事行政管理活动、参加行政复议和行政诉讼并承担相应法律责任的非政府组织。《最高人民法院关于适用〈中华人民共和国行政诉讼法〉的解释》第二十四条第三款规定："当事人对高等学校等事业单位以及律师协会、注册会计师协会等行业协会依据法律、法规、规章的授权实施的行政行为不服提起诉讼的，以该事业单位、行业协会为被告。"也就是说，大学作为一种特殊的法人组织，在从事民事活动时是以民事主体身份享受权利、承担义务，而在实施法律、法规授权的行政行为时则是适格的行政主体。因此，高等学校能够作为适格被告参与行政诉讼的前提条件，便是其根据法律、法规授权以自己的名义从事行政管理活动。根据我国法律、法规规定，高等学校对受教育者有进行学籍管理、奖励或处分的权力，有代表国家对受教育者颁发学历证书、学位证书的职责。高等学校与受教育者之间属于教育行政管理关系，受教育者对高等学校涉及受教育者基本权利的管理行为不服的，有权提起行政诉讼，高等学校是行政诉讼的适格被告。

二、高等学校针对博士后出站作出准驳行为不属于行政诉讼受案范围

第一，博士后并不是一种学位，而是一种工作经历。《高等教育法》第十六条第一款规定："高等学历教育分为专科教育、本科教育和研究生教育。"第二十二条第一款规定："国家实行学位制度。学位分为学士、硕士和博士。"《学位条例》第三条规定："学位分学士、硕士、博士三级。"第六条规定："高等学校和科学研究机构的研究生，或具有研究生毕业同等学力的人员，通过博士学位的课程考试和论文答辩，成绩合格，达到下述学术水平者，授予博士学位：（一）在本门学科上掌握坚实宽广的基础理论和系统深入的专门知识；（二）具有独立从事科学研究工作的能力；（三）在科学或专门技术上做出创造性的成果。"《普通高等学校学生管理规定》第二条规定，该规定适用于普通高等学校、承担研究生教育任务的科学研究机构对接受普通高等学历教育的研究生和本科、专科（高职）学生的管理。因此，博士后是在获得博士学位后，在高等学校或研究机构从事科学研究的工作职务，不是学位，仅表示一段工作经历。

第二，高等学校与博士后之间的法律关系并非行政管理关系。《国务院办公厅关于改革完善博士后制度的意见》明确："博士后研究人员作为国家有计划、有目的培养的高层次创新型青年人才，在站期间是具有流动性质的科研人员……博士后研究人员享受设站单位职工待遇，设站单位应按单位性质与博士后研究人员签订事业单位聘用合同、企业劳动合同或工作协议，并按有关规定为博士后研究人员缴纳社会保险费。”《人力资源社会保障部、全国博士后管理委员会关于贯彻落实〈国务院办公厅关于改革完善博士后制度的意见〉有关问题的通知》明确：“……设站单位应与博士后人员签订事业单位聘用合同或企业劳动合同（在职博士后人员签订工作协议），结合科研项目要求签订科研计划书。”因此，对于全脱产的博士后人员，其与高等学校之间签订的是人事聘用合同，属于人事劳动关系；而对于在职博士后，其与高等学校之间签订的是工作协议，属于民事法律关系。具体到本案中，逄锦波是在职博士后，其与河海大学之间签订了《河海大学博士后研究人员协议书》，在签订该协议时双方当事人地位是平等的，此时河海大学是以民事主体身份参与民事活动，享受民事权利、承担民事责任，并不是基于法律、法规授权以自己的名义从事行政管理活动，其针对博士后出站作出之准驳行为不是行政行为，因而不属于行政诉讼受案范围。

三、博士后研究人员对高等学校作出的博士后出站准驳行为不服应当通过劳动人事争议途径寻求救济

有权利则有救济。高等学校针对博士后出站作出准驳行为不属于行政诉讼受案范围，并不意味着博士后研究人员的权益受到侵犯没有救济渠道。如上所述，虽然博士后研究人员在从事博士后研究工作期间与高等学校之间存在一定的管理与被管理的关系，但此关系不属于行政法律关系，而是劳动人事法律关系。劳动人事法律关系的一方当事人认为自己的权益受到侵犯，应当通过劳动人事争议途径寻求救济。《劳动争议调解仲裁法》第四条规定：“发生劳动争议，劳动者可以与用人单位协商，也可以请工会或者第三方共同与用人单位协商，达成和解协议。”第五条规定：“发生劳动争议，当事人不愿协商、协商不成或者达成和解协议后不履行的，可以向调解组织申请调解；不愿调解、调解不成或者达成调解协议后不履行的，可以向劳动争议仲裁委员会申请仲裁；对仲裁裁决不服的，除本法另有规定的外，可以向人民法院提起诉讼。”因此，博士后研究人员与高等学校就博士后出站之准驳行为发生争议，可以选择的纠纷解决途径包括协商、和解、调解、仲裁和诉讼，其中仲裁是诉讼的前置程序。可以看到，法律对该类争议不但安排了救济途径，而且选择多元、成本较低、效率较高。据了解，实践中存在少数仲裁机构和法院基于对博士后研究人员和高等学校之间法律关系的错误认识，对于博士后研究人员或者高等学校申请劳动仲裁、提起劳动争议诉讼不予受理，该种处理方式封堵了相关主体的救济途径，应当予以纠正。

综上所述，高等学校在对受教育的学生进行学籍管理、奖励或处分以及授予学位时，是法律、法规授权组织，可以作为行政主体。但是博士后不是学位，只是一种工作经历，学校无权授予相应学历资格。博士后经历不属于高等学历教育，博士后研究人员不属于普通高等学校学生，针对博士后出站作出之准驳行为亦不同于授予或者撤销学位的行为，因此不属于行政诉讼受案范围。当事人之间发生争议，应当依照《劳动争议调解仲裁法》的规定寻求救济。

（作者单位：南京铁路运输法院）

兜底条款在资格考试违规行为处理中的具体适用

姚佐莲　陆　华

【裁判要旨】

兜底条款是为应对无法穷尽的个案情形和不断演变的社会变迁，弥补列举式立法的不周延性，保持对社会情势变更的应对能力而采用的概况性规定。考试结束铃声打响后、收卷前离座取手机拍摄试卷的行为，虽未直接影响当次考试应试人员知识能力水平的真实性，但违反了考试考场纪律规定，对考试工作的正常管理秩序造成了危害。对具体处理规定的理解适用，应当符合法条的制定目的和逻辑体系。在法律规定未明确列举时，适用兜底条款，应与同条之内确定性的规定具有相同或相似的立法价值，与同条已明确列举的行为性质、影响程度相当，而不得任意适用。

【案号】

一审：上海市徐汇区人民法院（2017）沪0104行初122号。

二审：上海市第三中级人民法院（2017）沪03行终788号。

【案情】

上诉人（原审原告）：周某。

被上诉人（原审被告）：上海市职业能力考试院（以下简称市职业能力考试院）。

被上诉人（原审被告）：上海市城乡建设和管理委员会行政服务中心（以下简称市建管委服务中心）。

周某于2017年5月13日参加2017年一级注册建筑师资格考试的“建筑

方案设计（作图题）”科目考试，其在考试结束铃声打响后、收卷前离座取手机拍摄试卷，后被监考人员发现并当场制止，在监考人员监督下删除了照片。2017 年 5 月 27 日，考试机构市职业能力考试院与市建管委服务中心进行公告，拟对周某“使用规定以外的电子用品”的违纪违规行为，依据中华人民共和国人力资源和社会保障部令第 31 号《专业技术人员资格考试违纪违规行为处理规定》（以下简称 31 号令）第七条第（五）项规定，处理意见为“当次全部科目考试成绩无效，并记入专业技术人员资格考试诚信档案库，记录期限为五年”。

经过复核并听取周某的陈述意见，2017 年 6 月 19 日，市职业能力考试院、市建管委服务中心作出编号 S0120170008 的《上海市 2017 年度全国一、二级注册建筑师资格考试违纪违规行为处理决定书》（以下简称被诉处理决定），主要内容为：周某在本市 2017 年度全国一、二级注册建筑师资格考试建筑方案设计科目考试过程中，存在其他一般违纪行为，根据 31 号令第六条第（十）项的规定，经考试主管部门研究决定，给予“当次该科目考试成绩无效”处理，并告知复议诉讼权利。

周某不服，以其在考试结束铃声打响后的行为不属于考试过程中的行为，且已及时删除照片消除影响，不应适用 31 号令第六条第（十）项兜底条款对其作出处理决定为由，提起诉讼，请求法院撤销被诉处理决定。

【审判】

上海市徐汇区人民法院经审理认为：周某在考试结束尚未收卷的情况下离座取手机拍摄试卷，应属于在考试过程中存在违反考场纪律的行为，为保障本次考试公平公正，市职业能力考试院与市建管委服务中心对周某的考试违纪违规行为作出“当次该科目考试成绩无效”的决定。被诉处理决定认定事实清楚，适用法律正确，程序合法，并无不当。周某的诉讼请求缺乏事实和法律依据，不予支持。依照《行政诉讼法》第六十九条之规定，判决驳回周某的诉讼请求。

周某不服一审判决，持一审起诉理由向上海市第三中级人民法院提起上诉，要求撤销原判，支持一审诉讼请求。

上海市第三中级人民法院经审理认为：就本案争议焦点即被诉处理决定

的法律适用问题，判评如下：

1. 周某的行为是否属于31号令所规定的“考试过程中”的行为。从考试工作的实际情况来看，周某的行为即发生在答题结束后的收尾阶段。从立法目的来看，如仅将“考试过程中”解释为以发出考试信号为标志的答题过程，则考试开始信号发出前、结束信号发出后的各种行为均得不到约束，考试的公平公正性无法得到全面保障，导致公共利益受损。这显然不符合31号令的立法本意。从31号令第六条对应试人员在考试过程中违纪违规行为的具体处理规定来看，也包括了从进入考场到答题前的准备阶段和答题结束到交卷离开考场的收尾阶段。因此，周某的行为属于31号令所规定的“考试过程中”的行为。

2. 应否适用31号令第六条第（十）项兜底条款对周某作出被诉处理决定。31号令第六条第（十）项规定：“应试人员在考试过程中有下列违纪违规行为之一的，给予其当次该科目考试成绩无效的处理：……（十）其他应当给予当次该科目考试成绩无效处理的违纪违规行为。”该条款属于兜底条款。

其一，关于周某行为性质的认定。考场规则规定，专业技术人员资格考试中严禁将各种电子、通信、计算、存储或其他设备带至座位，已带入考场的要按监考人员的要求切断电源并放在指定位置；考试结束铃响，经监考人员清点允许后，方可离开考场，不得将试卷（试题本）、答题纸、答题卡和草稿纸带出考场；尚未公布的试题及答案属于国家秘密，已考完但尚未评阅的试卷为机密级事项。在周某的准考证中亦印制了考生须知和注意事项。周某的行为已违反了考试考场纪律规定，属于违纪违规行为。

其二，关于周某违纪违规行为危害程度的认定。31号令第七条系对严重违纪违规行为“给予其当次全部科目考试成绩无效的处理，并将其违纪违规行为记入专业技术人员资格考试诚信档案库，记录期限为五年”的处理规定，该条第（五）项列举了“使用禁止带入考场的通讯工具、规定以外的电子用品”的情形。周某使用手机拍摄试卷的行为，虽与第七条第（五）项规定的情形有类似之处，但其并未在考试所不允许的范围内寻求试题答案或者为他人提供答案，其行为本身并未影响当次考试应试人员知识能力水平的真实性，且在被当场发现后自行消除了危害后果。而综观第七条的全部规定及所列举的行为类型，系对应试人员在考试过程中抄袭、互相传递试卷等材料、持伪造证件参加考试、本人离开考场后在考试结束前传播考试试题及答案等考试作弊行为作出的处理规定。第七条第（五）项的规定亦明确在“通讯工具”上，可见，该条款应主要针对使用电子工具的通讯传播功能，影响应试人员知识能力水平真实性反映的作弊行为。故周某的行为，不属于31号令第七条所规定的严重违纪违规行为，应属一般违纪违规行为。

其三，周某行为的性质、危害程度是否与31号令第六条规定的违纪违规行为相当。根据31号令第六条规定，应试人员有该条规定的违纪违规行为之一的，“给予当次该科目考试成绩无效处理”。在31号令对应试人员考试过程中违纪违规行为作出处理的各项规定中，第六条的处理决定最轻。关于第六条的适用情形，在该条第（十）项作出兜底规定前，明确列举了九项违纪违规行为。周某的行为虽不能与该九项列举事项完全对应，但是，其行为同时与第六条第（一）项、第（四）项和第（七）项规定的三项行为的部分情形相关。周某在考试过程中使用手机拍摄试卷内容的行为，会导致将试卷带出考场的后果。综合违纪违规情节，适用31号令第六条第（十）项兜底条款，对周某作出被诉处理决定，与周某违纪违规行为的事实、性质、情节以及危害程度相适合，并无不当，予以支持。

综上，周某的上诉请求和理由，缺乏相应的事实根据和法律依据，不予支持。依据《行政诉讼法》第八十九条第一款第（一）项之规定，判决驳回上诉，维持原判。

【评析】

本案的争议焦点就在于31号令第六条第（十）项兜底条款的法律适用问题。该条款规定：“应试人员在考试过程中有下列违纪违规行为之一的，给予其当次该科目考试成绩无效的处理：……（十）其他应当给予当次该科目考试成绩无效处理的违纪违规行为。”本案周某的行为具体包括以下几个情节：1. 在考试结束铃响后收卷清点完毕前，擅自离座取手机；2. 使用手机拍摄试卷内容；3. 被监考人员当场制止，在其监督下删除拍摄的照片。

一、对“考试过程中”的理解适用：发出答题结束信号并非考试全程结束

被诉处理决定适用了31号令关于应试人员在考试过程中的违纪违规行为

处理规定，对于规定中“考试过程中”的理解适用，本案运用了通常解释、目的解释和逻辑体系解释的方法。

从通常解释来看，应试人员从进入考场参加考试到全体人员考试结束离开考场的全程，可分为准备、答题和收尾三个阶段。准备阶段是指应试人员在正式答题前进行准备活动的过程，包括在规定的时间内凭真实有效证件入场、按规定座位入座、填写身份信息、阅读或收听考场规则等。答题阶段是指应试人员在规定的时间里对试题进行作答的过程，一般以发出铃声等信号作为答题开始和结束的标志。收尾阶段是指应试人员结束答题后，按考场要求将试卷交给考试工作人员并经允许后离开考场的过程。考试结束铃声打响，答题应当停止，但并不意味着考试全程结束，后续尚有收齐试卷、答题卡、答题纸、草稿纸，所有人员按要求离开考场等工作。

从目的解释来看，31 号令第一条规定首先明确，系为加强专业技术人员资格考试工作管理，保证考试的公平、公正，规范对违纪违规行为的认定与处理，维护应试人员和考试工作人员合法权益。应试人员在考试全程的任何阶段发生违纪违规行为，都会对考试的工作管理、公平公正性产生影响。如仅将“考试过程中”解释为以发出考试信号为标志的答题过程，则考试的公平公正性无法得到全面保障，显然不符合规定制定的本意。

从逻辑体系解释来看，31 号令第六条所列举的考试过程中的违纪违规情形中，第六条第（一）项规定的“携带通讯工具、规定以外的电子用品或者与考试内容相关的资料进入座位”行为涉及考试准备阶段；第六条第（六）项规定的“在考试开始信号发出前答题，或者在考试结束信号发出后继续答题”行为，分别涉及准备阶段和收尾阶段；第六条第（七）项规定的“将试卷、答题卡、答题纸带出考场”行为，则涉及收尾阶段。

综上，本案中周某在考试结束铃声打响后的行为系在考试的收尾阶段，属于 31 号令所规定的“考试过程中”的行为。

二、对“使用规定以外的电子用品”的理解适用：对具体条款的文义理解应与整条规定的逻辑体系相符

按照应试人员在考试过程中违纪违规行为的严重程度，31 号令依次在第六条、第七条、第八条分别规定了一般违纪违规、严重违纪违规、特别严重违纪违规行为的处理。其中，31 号令第七条第（五）项规定，应试人员在考试过程中有使用禁止带入考场的通讯工具、规定以外的电子用品的严重违纪违规行为的，给予其当次全部科目考试成绩无效的处理，并将其违纪违规行为记入专业技术人员资格考试诚信档案库，记录期限为五年。

从字面理解，使用手机拍摄试卷的行为，与上述规定的情形有类似之处。但综观第七条的全部规定及所列举的行为类型，包括抄袭、互相传递试卷等材料、持伪造证件参加考试、本人离开考场后在考试结束前传播考试试题及答案等行为，均为影响考试真实性的作弊行为。再理解第七条第（五）项，规定亦明确在“通讯工具”上，应主要针对使用电子工具的通讯传播功能，影响应试人员知识能力水平真实性反映的作弊行为。本案中，周某虽使用了手机的拍摄功能，但并未在考试所不允许的范围内寻求试题答案或者传播试题答案，未影响本次考试应试人员知识能力水平的真实性，故对其行为不应适用31号令第七条第（五）项严重违纪违规的情形。

三、对第六条第（十）项兜底条款的理解适用：行为的性质、程度应与整条的立法价值、确定性规定相当

兜底条款是为应对无法穷尽的个案情形和不断演变的社会变迁，弥补列举式立法的不周延性，保持对社会情势变更的应对能力而采用的概况性规定。兜底条款的适用，应与同条之内确定性的规定具有相同或相似的价值，与同条已明确列举的行为性质、影响程度具有一致性，符合立法目的，而不得任意适用。在31号令第六条的规定中，并未列举与本案完全对应的情形。单从第六条第（十）项兜底规定中解读，适用“给予当次该科目考试成绩无效”处理后果的要件为：1. 行为的性质为“违纪违规行为”；2. 行为的程度为“应当给予当次该科目考试成绩无效处理的”；3. 行为特征没有具体或概括性的描述，属于“其他”行为。由于兜底条款缺乏明确性的特征描述，故应根据该条规定的规范目的、同条之内确定的列举情形进行理解适用。

1. 关于违纪违规行为性质的认定。依照《专业技术人员资格考试考场规则》《专业技术人员资格考试考务工作规程（试行）》等规则要求，专业技术人员资格考试中严禁将各种电子、通信、计算、存储或其他设备带至座位，已带入考场的要按监考人员的要求切断电源并放在指定位置，考试结束铃响，经监考人员清点允许后方可离开考场，不得将试卷（试题本）、答题纸、答题卡和草稿纸带出考场，尚未公布的试题及答案属于国家秘密，已考完但尚未评阅的试卷为机密级事项。本案中，上述内容在周某的准考证中以及考场中均进行了公示。周某在考试尚未结束时未经允许离开座位又返回座位、擅自将手机带至座位、拍摄复制获取属于国家秘密的试卷并欲带出考场，其行为明显已违反了考试考场纪律规定，属于违纪违规行为。

2. 关于第六条规定的立法目的价值。从31号令对应试人员考试过程中违纪违规行为作出处理的规定体系看，第六条的处理决定最轻。关于第六条的适用情形，在该条第（十）项作出兜底规定前，明确列举了九项违纪违规行为，包括：（1）携带通讯工具、规定以外的电子用品或者与考试内容相关的资料进入座位，经提醒仍不改正的；（2）经提醒仍不按规定书写、填涂本人身份和考试信息的；（3）在试卷、答题纸、答题卡规定以外位置标注本人信息或者其他特殊标记的；（4）未在规定座位参加考试，或者未经考试工作人员允许擅自离开座位或者考场，经提醒仍不改正的；（5）未用规定的纸、笔作答，或者试卷前后作答笔迹不一致的；（6）在考试开始信号发出前答题，或者在考试结束信号发出后继续答题的；（7）将试卷、答题卡、答题纸带出考场的；（8）故意损坏试卷、答题纸、答题卡、电子化系统设施的；（9）未按规定使用考试系统，经提醒仍不改正的。可见，第六条系针对尚未构成严重违纪违规但对考试工作管理秩序造成危害的一般违纪违规行为的处理规定。该条的价值在于保障整个考试工作的正常有序进行，及时避免发生考试作弊及试卷内容外泄行为，保护考场内所有试卷的安全，确保答题时间、考试阅评等工作的公平公正性。

3. 关于行为程度相当性的判定。本案中，周某的行为虽不能与第六条九项列举事项完全对应。但是，其行为同时与第六条第（一）项规定的“携带通讯工具、规定以外的电子用品或者与考试内容相关的资料进入座位，经提醒仍不改正的”和第（四）项规定的“未在规定座位参加考试，或者未经考试工作人员允许擅自离开座位或者考场，经提醒仍不改正的”，以及第（七）项规定的“将试卷、答题卡、答题纸带出考场的”行为的部分情形相关。周某的行为虽轻于31号令第七条规定的严重违纪违规行为，且在被发现后消除了危害后果。但是，周某擅离座位并将手机带入座位的行为影响了正常的考场秩序，对考场内的试卷安全造成了威胁。其使用手机拍摄试卷内容的行为，已经构成违法复制存储国家秘密，亦会导致将机密级的试卷带出考场的后果。综合周某的违纪违规情节，适用31号令第六条第（十）项的兜底条款并无不当。

（作者单位：上海市第三中级人民法院）

依职权引入专业人员协助法庭调查质证时应遵循正当程序

吴华兵

【裁判要旨】

人民法院审查行政处罚合法性时，对涉及专业技术认定的问题，可以通知相关专业技术人员出庭说明情况，并尊重专业技术人员的专业分析和判断，但专业技术人员在辅助调查和提供专业技术意见时应遵循正当程序。

【案号】

一审：北京市东城区人民法院（2016）京0101行初766号。
二审：北京市第二中级人民法院（2017）京02行终449号。
再审：北京市高级人民法院（2018）京行申323号。

【案情】

申请人（原审原告）：高原杰。

被申请人（原审被告）：北京市公安局公安交通管理局东城交通支队（以下简称东城交通支队）。

2015年10月18日，高原杰驾驶小轿车与冯某某驾驶的无号牌摩托车发生交通事故。12月22日，东城交通支队作出《道路交通事故认定书》，认定高原杰驾驶机动车通过路口遇黄灯亮时未及时发现情况、未确保安全发生交通事故的违法行为。高原杰不服该认定，申请复核。2016年1月22日，东城交通支队作出维持的复核结论。1月25日，高原杰向东城交通支队提出重新调查的信访事项，4月5日，东城交通支队作出维持答复。4月27日，高原杰向北京市公安局公安交通管理局提出信访复查请求，5月18日，北京市公安局公安交通管理局作出复查答复——撤销东城交通支队作出的信访答复意见书。同日，东城交通支队撤销《道路交通事故认定书》，后于7月14日重新作出《道路交通事故认定书》，认定高原杰驾驶机动车违反道路交通信号通行的行为违法，并对高原杰处以200元罚款。高原杰不服，诉至一审法院。

【审判】

北京市东城区人民法院一审经审理认为，东城交通支队提供的证据3（现场录像）并未显示高原杰所行驶方向的交通信号灯指示情况，且画面模糊不清，不能清晰、准确反映机动车类型、号牌及停止线等。高原杰提供的证据4（东城交通支队作出的《复查信访事项答复意见书》）、证据5（北京市公安局公安交通管理局作出的《处理信访事项答复意见书》）与本案不具有直接关联性，不予接纳。结合东城交通支队提供的其他证据，不足以证明高原杰实施了违反道路交通信号灯通行的违法行为，综合认定被诉处罚决定证据不足，撤销东城交通支队作出的《公安交通管理行政处罚决定书》。东城交通支队提起上诉。

北京市第二中级法院经审理认为，本案争议的焦点问题系东城交通支队所作被诉处罚决定认定高原杰驾驶机动车违反道路交通信号灯通行的行为违法，该事实认定是否成立。东城交通支队在一审诉讼期间提交的证据3（现场录像）、证据4（东城区安定门外大街蒋宅口路口交通信号灯相位顺序放行时间情况证明材料）、证据5（第1101015201500096-1号《道路交通事故认定书》），涉及道路交通事故认定领域的专门性、专业性问题。二审法院依职权通知了北京市公安局公安交通管理局事故处对本市交通事故认定工作负有指导、监督、审核职责的专业人员出庭对本案涉及的专门性、专业性问题进行了说明。经专业人员说明并经庭审质证，认定：东城交通支队一审诉讼期间提交并在一审庭审中出示的证明被诉处罚决定认定的案件事实的证据3中的2015年10月18日事发现场录像，虽存在画面不清晰，不能直观辨别交通信号灯颜色及现场停止线等问题，但结合东城交通支队一审诉讼期间提交并在一审庭审中出示的证明被诉处罚决定认定的案件事实的证据4、证据5，可以形成完整的证据链，证明东城交通支队所作被诉处罚决定认定的案件事实正确，据此撤销一审判决。高原杰不服，申请再审。

北京市高级人民法院经审查认为，二审法院结合相关证据认定案件事实并无不当，裁定驳回再审申请。

【评析】

在道路交通事故成因认定过程中，涉及事发现场路况、车况、驾驶人、天气等一系列专业技术鉴定与判断。行政诉讼过程中，对公安交通管理部门出具的《道路交通事故认定书》的证据效力如何认定，司法实践中存在不同观点。本案中，一审法院对《道路交通事故认定书》认定的违反交通信号通行不予认可，认为其证据不能够达到行政处罚排除合理怀疑的证明标准，对东城交通支队所作行政处罚予以撤销。二审法院依职权通知专业人员出庭协助法庭进行说明演示，进一步解读交通事故认定过程，查明了事实，消除了疑点。通过本案，笔者认为在涉及交通事故认定的行政处罚案件中，应坚持以下三点。

一、交通事故认定书作为公安交通管理部门出具的事故成因的认定，如没有相反证据证明，一般应遵循尊重行政主体首次判断原则，认可其结论

《道路交通安全法》第七十三条规定，公安机关交通管理部门应当根据交通事故现场勘验、检查、调查情况和有关的检验、鉴定结论，及时制作交通事故认定书，作为处理交通事故的证据。该规定表明：交通事故认定书是公安机关交通管理部门处理交通事故的证据，公安部门可以根据责任认定对交通事故的责任人作出罚款、拘留、限制驾车人员的资格等行政处理决定，是公安机关作出行政决定所必经的程序和步骤，是具体行政行为的一部分。目前，交通事故责任认定是一种行政证明行为而非行政确认行为，不具有可诉性。责任认定的主要功能在于为公安机关行使最终的行政处罚权提供依据。

行政诉讼坚持合法性审查原则，被告对被诉行政行为合法性承担举证责任，大部分证据都是行政证据在诉讼过程中的再现。而且，随着社会分工专业化趋势增强，行政程序中形成的证据往往具有较强的专业性和技术性。这些证据的形成与行政机关的专业职能有着密不可分的联系，如建设规划许可的鉴定报告、工伤鉴定以及本案交通事故认定等。基于行政诉讼证据的复审性、专业性等特征，法院在认证过程中采取特定的态度，尊重行政主体首次判断。即在认证过程中除有相反证明，一般不轻易推翻行政认知。一是对行政专业技术证据的认定，以程序合法性审查为主要着力点，在没有相反证据证明的情况下，应当认定为定案证据。二是对行政程序证据所构成的事实图像，需要尊重行政机关的专业认知。[①]

法院对交通事故认定的审查，可以进一步区分为合法性与准确性两方面。交警资格、认定程序、是否违法、证据采信、因果关系等都可以归入合法性审查的范畴。准确性涉及专业判断，原则上要尊重公安机关的断定，除非是法官依常识、日常经验等可以直接作出判断外，否则需依靠责任认定与专家意见。[②]《最高人民法院关于审理道路交通事故损害赔偿案件适用法律若干问题的解释》第二十七条规定，公安机关交通管理部门制作的交通事故认定书，人民法院应依法审查并确认其相应的证明力，但有相反证据推翻的除外。本案中，在东城交通支队已对事故认定法定职权、执法主体、认定程序进行全面举证的情况下，如不采信交通事故认定结论须有相反证据。因视频录像不是由闯红灯探灯拍摄，依日常经验难以作出直接判断，故在双方对争议的事实存在模糊认识的情况下，如需增强法官内心确信，达到证据确凿，完全可以引入专业第三方。

二、证据存疑时，可以引入专业人员帮助质证

在《最高人民法院关于行政诉讼证据若干问题的规定》中“证据的对质辨认和核实”部分，即第四十八条规定，对被诉具体行政行为涉及的专门性问题，当事人可以向法庭申请由专业人员出庭进行说明，法庭也可以通知专业人员出庭说明。当事人对出庭的专业人员是否具备相应专业知识、学历、资历等专业资格有异议的，可以进行询问。当前，法律法规对专业人员何时参与诉讼程序并未规定。从有关学者统计分析的100份有专业人员参加的案例看，有专业人员（即专家辅助人）参与诉讼的时间，一审庭审前参与率为零，一审鉴定后申请占41%，二审期间申请占31%，申请再审和再审期间申请占28%[③]。行政诉讼中当事人尤其是被告运用专家辅助人制度的意识滞后，给在先程序中法官对证据认证的判断增加风险，本案即是一例。《中共中央全

---

① 吉罗洪、池寒冰主编：《行政诉讼证据前沿实务问题研究》，中国法制出版社2014年版，第45页。

② 余凌云：“道路交通事故责任认定研究”，载《法学研究》2016年第6期。

③ 窦淑霞：“法官对专家辅助人意见的采信与心证形成的路径分析”，载《法学杂志》2018年第2期。

面推进依法治国若干重大问题的决定》提出完善审级制度，一审重在解决事实认定和法律适用，二审重在解决事实法律争议、实现两审终审，再审重在解决依法纠错，维护裁判权威。如果能在诉讼中将专家辅助人参与庭审的阶段前移，能更加高效地促进争议案件事实的认定，减少当事人诉累，也有利于减轻案件改判风险。因此，在对一审证据存疑的情况下，法官可以引入第三方专业人员，不轻易使用证据规则。

专家辅助人对法官的认证影响作用较大。“人们假定法官知法。理论上，当事人无须为法律问题的判断而向法官提供必要的资料和信息，关于事实问题，做类似的假定是不可能的”[①] 法官出于自身专业的限制，在案件审理中涉及其他专业性的证据材料时，往往难以作出清晰的结论，从而在案件认定事实上显得力不从心。在诉讼中引入专家辅助人制度即是为帮助当事人、法官来解答案件中所涉专业性证据材料或案件事实中的专业问题，并发表专业意见，虽然其直接作用在于协助当事人，但对于法官心证的影响还是不容忽视的。行政诉讼由民事诉讼衍生而来，由于更多涉及公共利益和对社会管理，在专业性、技术性问题上，其受专家辅助人影响更大。因此，作为对法官和当事人权益有实质影响的制度，在适用时须遵循适宜程序，充分发挥其作用。

三、专业人员出庭应遵循正当程序原则

作为一项基本法治原则，正当程序原则已基本获得社会认同。正当程序原则起源于英国的自然公正原则，其核心要素就是避免偏私和听取意见。那么，行政诉讼中，专业人员出庭协助质证是否要避免偏私而适用回避制度呢？事实上，专业人员出庭协助质证三大诉讼法都有规定，但是否需要适用回避制度，还存有争议。有学者认为虽然《刑事诉讼法》第一百九十七条第四款规定“第二款规定的有专门知识的人出庭，适用鉴定人的有关规定”，但因专业人员主要是为申请人服务，所以还需要适用回避制度。[②]《民事诉讼法》第七十九条规定：“当事人可以申请人民法院通知有专门知识的人出庭，就鉴定人作出的鉴定意见或者专业问题提出意见。”《最高人民法院关于适用〈中华人民共和国民事诉讼法〉的解释》第一百二十二条第二款规定：“具有专门知识的人在法庭上就专业问题提出的意见，视为当事人的陈述。”因此，民

① ［英］J. A. 乔罗威茨：《民事诉讼程序研究》，吴泽勇译，中国政法大学出版社 2008 年版。

② 孙则政：“‘有专门知识的人’之职能分析与制度完善”，载《公民与法》2013 年第 6 期。

事理论和实践中，法官均认为专业人员参与庭审具有明显的立场倾向。因为其系接受当事人的委托，凭借所掌握的专业知识，帮助己方当事人解释或澄清案件中涉及的专业技术问题，所发表的意见也直接视为己方当事人的陈述。[①]

《最高人民法院关于行政诉讼证据若干问题的规定》中，对专家辅助人参与庭审规定了两种方式，即当事人申请参加庭审和法庭依职权通知。笔者认为，应依参与方式不同，适用不同制度。在当事人申请专家辅助人参与庭审的案件中，如前所述，应不适用回避制度，并视作当事人陈述；在法庭依职权通知参与庭审的案件中，应适用回避制度。对于后者，专家辅助人的选任由法院来决定，其主要的作用是为法庭查明认定事实服务，其内在的中立属性决定其应成为回避对象。实践中，其作用类似于知产案件中的技术调查官[②]，在技术调查官各项规程中，均有回避的规定。因此，在本案中，二审法院依职权通知北京市公安局公安交通管理局交通事故处专业人员出庭进行说明演示，应考虑是否有回避事项。再审中，再审申请人以专业人员与本案有利害关系，由其作为专业人员出具专业意见有失公正的意见，再审裁定对其主张的利害关系问题进行回应，指出本案所涉交通事故认定由北京市公安局公安交通管理局东城交通支队和平里大队作出，复核由北京市公安局公安交通管理局东城交通支队作出，北京市公安局公安交通管理局对交通事故认定复查信访处理，没有证据证明北京市公安局公安交通管理局相关专业人员与本案存在利害关系。而且二审中，高原杰对相关专业人员出庭发表意见的身份并未提出异议，二审法院据此结合相关证据认定案件事实并无不当，据此裁定驳回了高原杰的再审申请。

（作者单位：北京市高级人民法院）

---

① 许波："解读我国首个涉及药品专利的指导性案例"，载《北京审判》2018 年第 7 期。

② 许波："解读我国首个涉及药品专利的指导性案例"，载《北京审判》2018 年第 7 期。

司法文件

最高人民法院关于行政机关在履行职责过程中使用其指定经营者免费提供的商品的行为如何定性问题的批复

（2015）行他字第14号

广东省高级人民法院：

你院《关于上诉人广东省教育厅、广联达公司与被上诉人斯维尔公司侵犯公平竞争权行政纠纷一案的请示》收悉。经研究，批复如下：

人民法院在行政诉讼中查明，行政机关在履行职责过程中，未经公开公平的竞争性选择程序且无国家安全需要、保守国家秘密、突发事件应对等正当理由，使用其指定的经营者免费提供的商品，使该经营者在商品市场声誉、用户使用习惯等方面受益，进而损害市场公平竞争秩序的，应当认定上述行为构成《中华人民共和国反垄断法》第八条和第三十二条规定的“滥用行政权力，排除、限制竞争”的行为；行政机关仅以上级机关在履行相关职责过程中先行使用相同商品为由提出抗辩，人民法院不予支持。

此复。

二〇一六年九月六日

最高人民法院关于当事人因征地批复行为起诉省级人民政府不履行行政复议职责类案件是否属于行政诉讼受案范围问题的答复

（2015）行立他字第2号

四川省高级人民法院：

你院《关于当事人因征地批复诉省级人民政府不履行行政复议职责类案件法院应否受理的请示报告》收悉，经研究，答复如下：

当事人针对省级人民政府的行政行为向同级机关申请行政复议，复议机关未在法定期限内作任何处理，当事人以其不履行法定职责为由提起行政诉讼的，人民法院应当依法受理。

此复。

二〇一五年九月十六日

征稿启事

《行政执法与行政审判》是最高人民法院针对行政审判工作出版发行的唯一的综合指导性图书。丛书自出版以来，深受全国各地法院行政审判法官、行政执法人员和专家学者的普遍欢迎和好评。对各级法院行政审判工作具有权威的指导作用，对各级各部门行政机关依法行政和行政法、行政管理专业的专家学者具有较强的参考作用。

本丛书及时刊登行政法的最新司法解释、司法文件、司法政策及解读，具有典型和指导意义的审判案例及分析，行政执法和行政审判的调研信息及成果等内容，设有“大法官论坛”“理论探索”“案例分析”“实务争鸣”“调查研究”“司法文件”等栏目。现编委会竭诚向全国的行政执法和行政审判理论和实务工作者征稿。来稿要求：

一、稿件应属未公开发表的作品。请勿一稿两投。

二、优先发表在本书所涉领域有创见的、高水平的文章，来稿采用与否以理论和实务价值为标准。

三、稿件引文应当注明出处，注释体例参见本书“写作体例说明”。

四、稿件最好为附打印稿的 word 文件电子版。

五、稿件一经发表，文责自负，但编者保留对来稿进行技术性加工处理的权利。文章一经采用，由本编辑部统一付给稿酬。

六、来稿请按以下联系方式寄送：

地址：北京市东城区东交民巷 27 号

最高人民法院行政审判庭　梁凤云

邮编：100745

请在信封正面注明“《行政执法与行政审判》来稿”字样。

E－mail：zgfyxzt@ sohu. com

《行政执法与行政审判》编委会

写作体例说明

一、交付稿件要求

（一）总体要求

齐（不缺页、不缺件）、清（稿面清楚）、定（已定稿的稿件）。提供稿件电子版，并附打印清样，出版社视清样为最终定稿。

（二）具体要求

纸样用 A4 纸，单面打印。

电子版内容一定要与提供的清样内容相同。

二、编辑体例

正文编码顺序按：一、（一）1. （1）① 第一，其一，等来编排。

三、技术规范

数字用法：

统计数字、时间、物理量等均用阿拉伯数字（如：100kg　45.8 万元　11 个月　4.9 万册　12.4 亿人）；法条号尊重原文，即原文是汉字的用汉字，原文是阿拉伯数字的用阿拉伯数字。

注释方法：

1. 一般原则

（1）注释采取页下注，注释号每页重新起算；

（2）引注作品的，注释应完整；

（3）作者为三人或三人以上的，首次引用时应显示全部作者，重复出现时可在第一作者之后加“等”字样。

2. 著作引文注释范例

一般格式：作者/书名/出版社/出版年代/页码

如：×××/×××编著/×××主编：《×××》，××出版社××年版，第××页。

3. 文章引文注释范例

一般格式：作者/文章题目/引自何种出版物/出版时间/页码

（1）著作中文章

××：《文章名》，见：××主编：《书名》，××出版社××年版，第××页。

（2）期刊中的文章

××：《文章名》，载《期刊名》××年第×期。

（3）报纸上的文章

××：《文章名》，载《报纸名》××年××月××日，第×版。

图书在版编目（CIP）数据

行政执法与行政审判. 总第73集 / 中华人民共和国最高人民法院行政审判庭编. —北京：中国法制出版社，2019. 4

ISBN 978-7-5093-9974-3

Ⅰ. ①行… Ⅱ. ①中… Ⅲ. ①行政执法-中国-丛刊②行政诉讼-审判-中国-丛刊 Ⅳ. ①D922. 11-55②D925. 318. 2-55

中国版本图书馆 CIP 数据核字（2019）第015829号

责任编辑 周琼妮（zqn-zqn@126. com） 熊林林（xionglinlin@zgfzs. com） 封面设计 杨鑫宇

行政执法与行政审判（总第73集）

XINGZHENG ZHIFA YU XINGZHENG SHENPAN（ZONG DI-73 JI）

编者/中华人民共和国最高人民法院行政审判庭

经销/新华书店

印刷/三河市国英印务有限公司

开本/710毫米×1000毫米 16开 印张/17. 75 字数/238千

版次/2019年4月第1版 2019年4月第1次印刷

中国法制出版社出版

书号 ISBN 978-7-5093-9974-3 定价：68. 00元

北京西单横二条2号

邮政编码 100031 传真：010-66031119

网址：http：//www. zgfzs. com **编辑部电话：010-66066620**

市场营销部电话：010-66033393 **邮购部电话：010-66033288**

（如有印装质量问题，请与本社印务部联系调换。电话：010-66032926）